社会科学研究方法丛书

张 雷 侯杰泰 主编

STRUCTURAL EQUATION MODELS

AND THEIR APPLICATIONS

结构方程模型及其应用

侯杰泰 温忠麟 成子娟 著

教育科学出版社

·北 京·

总　序

对现代科学尤其是社会科学而言，研究方法的发展在很大程度上能够起到推动整个学科发展的作用，研究方法的落后必然会限制学科的发展。在我国现阶段，同学科专业的建设及发展相比，社会科学研究方法的建设和普及却显得相对薄弱，很多学科的研究方法，尤其是量化方法，还远远落后于世界先进水平，这无形中妨碍了有关学科专业的进一步发展。

社会科学研究方法的落后，首先表现在缺乏一大批热心于研究方法的学者，多数优秀学者往往致力于专业研究，而较少顾及研究方法的研究。其次表现为此领域相关书籍的匮乏，特别是介绍、讲解现代研究方法的专著不仅数量有限，而且内容陈旧，更没有一套可以系统介绍社会科学研究方法的教材，很多学科苦于找不到合适的方法课用书。而在先进国家，在每一学科中都可找到每一种主要的统计分析方法的多种专著及更多的普及读物，以供学者、学生选用。针对这样的情况，我们决定编辑这套社会科学研究方法丛书。

在我国学科建设飞速发展的20年里，社会科学研究方法在西方也经历了一场空前的革命，20世纪70年代EM（expectation maximization）算法的出现和计算机技术的发展，带来了新一代的统计和测量理论及方法。传统的回归及方差分析和经典测量理论，虽然仍广泛应用，但已不再是主要的，更不是唯一的研究方法系统，也无法应付新一代研究方法带动下的学科专业发展。

新一代统计分析方法最突出的发展是结构方程的发展和应用。到了20世纪80年代，结构方程这套新的数据分析系统已经成熟，目前正为广大社会科学研究人员所接受，并成为各类社会科学学科研究生的必修课。结构方程的路径分析思想拓展了社会科学研究的思路，很多学科的专业课题已由过去的只研究单变量转变成研究多变量，由分析主效应进展到同时分析交互效应，由对单指标和直接观测变量进行研究延伸到对多指标和潜变量进行研究。与此同时，结构方程的技术日趋专业化、深入化和复杂化，不少学者以此为研究专业，并且有专门的学术期刊专注于结构方程及其相关技术的发展和应用。

统计分析方法的另一大突破性发展是多层分析的理论和方法。多层和嵌套分析的思想由来已久，但直到20世纪90年代才发展成一套完整而系统的理论和方法，并逐渐推广和为研究人员所接受。多层分析技术系统地解决了困扰社会科学半个多世纪的生态谬误（ecological fallacy）问题。在教育、管理、经济以及社会学、心理学等领域的研究中，取样往往呈嵌套结构，例如学生嵌套于学校，学校又嵌套于社区，对这种嵌套型的样本用传统的OLS回归方法分析会导致估计误差。多层分析方法不仅可以减少这种统计误差，而且可以避免由于人为选择分析单位而可能出现的错误。在多层分析中各层样本均可作为分析单位，而且可以研究它们之间的交互作用，从而拓宽了各专业的研究范围，深化了各专业的研究思路。目前多层分析方法日趋成熟，并在新一代统计分析方法中处于前沿位置。

新一代统计方法的发展还体现在对追踪数据和发展模型的处理上。这一进展的主要特点是借助和延伸已有的方法，建构一套处理重复数据的具体步骤。目前最为广泛接受的是基于结构方程的追踪数据分析方法和基于多层分析技术的发展模型方法。这些方法通过对结构方程与多层分析的巧妙应用，各自形成了一套独立的系统。

此外，在上述统计方法系统发展的同时，很多专门的数据处理技术也迅速改进。分析类别变量（categorical variable）的方法就是其中一个例子。传统的统计方法多建立在对连续变量进行分析的基础上，而对建立在分类资料基础上的社会科学问题不能很好地解决，分析类别变量的方法则解决了这一难题。另一个困扰研究者的统计问题是如何对缺失值（missing value）进行处理，新一代的基于Bootstrap等的方法则能更有效、更完整地对缺失值进行处理。

随着新一代统计分析理论及方法的发展、推广与应用，测量方法也有了质的飞跃。与自然科学相比，社会科学的主要难题在于难以直接、精确地对人类行为加以测量，而要依靠测量理论对其进行推断。然而，经典测量理论不能同时对项目难度和考生能力进行估计，无法应付大规模自适应考试的要求。随着计算机技术的发展，经典测量理论在教育和心理测量领域的应用逐渐让位于项目反应理论（item response theory，IRT）。美国和欧洲的著名测量机构均把 IRT 应用于设计、测试集成、测试校准、建构测试题库以及其他的测验发展过程。计算机自适应测验（computer adaptive test）的普遍应用更是 IRT 在测量应用方面的一大贡献。

另一个新一代的测量理论和方法是概化理论，概化理论最近的发展是同人们对考试认识的改变分不开的。越来越多的学者和教育工作者对标准化、多重选择类的考试方法提出了质疑，表现性评价（performance assessment）的思想则逐渐生根。然而，随之出现的问题是由这种直接操作的测试方法所产生的多种误差无法用传统测量理论来解决，于是概化理论在这种新环境中的作用逐渐被人们所认识并得到发展。此外，人力资源测评、管理咨询等也推动了概化理论的发展和应用。

这套丛书将对上面提到的新一代数据分析和测量评估的理论及方法陆续进行介绍，旨在推动我国社会科学研究方法的发展，改变该领域发展滞后的现状。每一本专著的作者都是该领域颇有建树的专家，在写作风格上既强调数理及专业技术方面的严谨性，也兼顾语言和介绍方式上的通俗化，从而适合具有不同数学背景读者的需要。丛书的另一个特点是对方法应用性的强调，旨在满足大多数社会科学专业研究人员对应用研究方法的需要。为了加强其应用性，丛书要求作者从实际操作入手，以具体研究为例，准确清楚地介绍各研究方法的操作步骤。丛书的第三个特点是重点突出，一般只抓住某一方法和理论的中心，尽量不涉及偏难及纯技术的，尤其是在理论上尚有争议或技术上不成熟的问题，从而使初学者能够掌握到要领而又不致过于肤浅，或者感到信息量太大而难于接受、消化。最后，这套丛书的内容均是作者结合自己的研究实践亲笔撰写而就，并非翻译、编纂之作。

这套丛书可以作为教育、心理以及其他社会科学学科的研究生和部分本科生的教材，也可以作为从事社会科学研究的人员的参考书、工具书。我们希望这套丛书的出版能起到抛砖引玉的作用，唤起更多热心于方法研究的学者多出书、出好书，多参与我国社会科学研究方法和理论的建设工作，把我国的社会科学研究方法推向一个新起点。

张 雷 侯杰泰

2002 年 12 月于香港

重印前言

结构方程模型在心理、行为、管理、教育等社科领域有广泛应用。尤其是结构方程分析的特例——验证性因子分析，已经成为问卷设计和量表评价不可或缺的工具。

本书最初付梓时，是以当时比较流行的结构方程分析软件 LISREL 为平台写作的。但 LISREL 的编程难度较大，让许多读者却步。Mplus 后来居上，无论在功能上还是在编程容易程度上，都比 LISREL 优秀，因而成为当下最受应用工作者欢迎的结构方程分析软件。

从第 15 次印刷起，本书改用 Mplus 为分析工具，内容上做了许多相应的改变。全书正文中与编程有关的内容，全部改用 Mplus 语句，并做相应解释。删去了第十二、十三两章有关 LISREL 和 PRELIS 的语法结构的介绍，以及两个附录（LISREL 与 PRELIS 示范程序），新增一个附录介绍 Mplus 编程入门和语法基础。为使读者容易读懂相关的文献，附录中还加入了结构方程的符号体系。

对于结构方程本身的内容，也因应理论发展和应用实践做了一些修改，补充了一些新的文献。例如，对于多组因子模型的比较步骤，早期文献认为，在检验负荷不变性之后，是检验因子协方差不变性，而误差方差不变性是最后才考虑的。但后来人们更多从测量的角度考虑不变性，因而误差方差不变性检验就应当放在因子协方差不变性检验前面。修订的时候，我们考虑了这种变化。

本次重印修订，除了原作者外，李晓煦博士也加入修订工作，主要负责将原来的 LISREL 相关内容改为 Mplus 相关内容。温忠麟博士做了统筹和统稿的大量工作。在此表示衷心感谢。

侯杰泰

2020 年 7 月 1 日

前　　言

在社会科学以及经济、市场、管理等研究领域，有时需要处理多个原因、多个结果的关系，或者会碰到不可直接观测的变量（即潜变量），这些都是传统的统计方法不好解决的问题。20 世纪 80 年代以来，结构方程分析迅速发展，弥补了传统统计方法的不足，成为多元数据分析的重要工具。

简单而言，与传统的回归分析不同，结构方程分析能同时处理多个因变量，并可比较及评价不同的理论模型。与传统的探索性因子分析不同，在结构方程模型中，我们可提出一个特定的因子结构，并检验它是否吻合数据。通过结构方程多组分析，我们可了解不同组别（如不同性别）内各变量的关系是否保持不变，各因子的均值是否有显著差异。

学一门新的统计方法，对害怕数学的人来说是件苦差事。因为结构方程模型涉及的统计概念、方法和软件较多，许多初学者的感觉是无从下手。本书通过简单易懂的例子、详尽的编程和结果解释、螺旋式的内容编排，希望铺就一条比较平坦的路，能让初学者比较轻松地步入结构方程的阵地。

本书是一本由初级到中上程度的结构方程分析著作，可作为有关专业本科高年级学生或研究生的教科书和应用工作者的参考书。读者应具备基本的统计知识（如：标准差、t 检验、相关系数），明白回归分析和因子分析的基本概念。部分读者可能对结构方程的数学模型有兴趣，为此，我们在第九章至第十一章，以矩阵为基础，比较深入地介绍了结构方程的统计原理。但其他各章，并不要求矩阵知识和高等数学。

根据以往的经验，初学者会用自己的数据，修改或模仿书上的例子，去学习结构方程模型，并尝试用于自己的研究。例题越多越有助于学习和借鉴。

自1995年以来，我曾先后在北京师范大学、华东师范大学、东北师范大学、华南师范大学、南京大学、吉林大学、江西师范大学等高等学府举办结构方程模型研习班，深感许多研究生和年轻教师统计基础良好、求学态度认真，在时间短、资料有限的情况下，大都能掌握结构方程分析的基本概念。本书的另外两位作者，都是在研习班上开始学习结构方程模型的，后来成了我的博士研究生。温忠麟撰写了本书的第九章至第十一章以及大部分附录，并协助我对全书进行统稿。成子娟为本书第二章、第六章、第七章撰写了部分初稿。其余工作由我完成。

在过去举办研习班时，我曾得到各高等院校诸多教授的支持和鼓励，借此书出版之际，再致万分谢意。此外，在本书的出版过程中，教育科学出版社的韦禾和葛都两位编辑付出了辛勤的劳动，我们也表示衷心感谢。

如何写一本深入浅出的好书，可能比学习结构方程还难。本书只是一个尝试，期望能对推广结构方程的应用，略尽一点绵力。书中难免有错漏之处，敬请海内外专家和广大读者指正。

侯杰泰

2003年12月18日

于香港中文大学

目　　录

第一部分　结构方程模型入门

第二部分　结构方程模型应用

第三部分　结构方程模型专题研究

第四部分　结构方程模型统计原理

第一部分

结构方程模型入门

第一章　引　　言

一、描述数据

（一）描述数据的两难：要准确还是要简洁

假设我们收集到 100 名学生的数学测验得分，它们是：68，68，68，68，68，68，…，68，68。那么一个既准确又简洁的报告是：所有得分都是 68 分。这类既准确又简洁的结果，在真实研究中罕见。

假设学生的得分是：66，50，70，55，69，77，62，65，…，最准确的报告似乎是列出所有得分。但是这样做不仅工作量大，而且难以了解它们的分布趋向。如果关注的不是具体某个学生的成绩，而是整个集体的数学表现，这种列出所有数据的做法，对我们帮助不大。学过统计的读者都知道，对这 100 个分数，我们可以计算它们的均值和标准差（假设均值 $M=65$，标准差 $SD=10$）。只要报告 $M=65$，$SD=10$，其他研究者对这些学生的数学表现就会有大致的了解。

那么，是逐一列出 100 个得分，不管其复杂性，只要求准确性，还是用一个不一定准确，但简洁得多的方法来描述数据（例如，报告 $M=65$，$SD=10$）更好？

许多时候，准确与简单并无必然矛盾。如果数据基本上呈正态分布，用均值和标准差就能既简单又准确地描述数据。但若数据呈偏态分布，单用均值和标准差，虽然简单，却不能准确描述数据的形态。

（二）好模型是尽可能准确且相对简洁的

追求简单而准确地分析数据的方法，选择简单而准确地描述数据的模型，是统计学的一个永恒主题。但是，最简单又最准确的方法或模型通常是不存在的，好方法或好模型是尽可能准确且相对简单的。

简单来说，在验证性因子分析①和结构方程分析中，我们用一些简化了的结构（因子）和它们的关系（路径）建立模型，来描述并替代一些烦琐复杂的变量间关系。若一个模型中的简化关系已能相当准确地描述原有的复杂关系，那么它是一个既简单又准确的好模型。若模型中的简化关系与原有的复杂关系相差甚远，那么我们不能用它来描述原有数据的关系。

二、具体例子展示准确与简洁的考虑

（一）输入观测变量的相关矩阵 S

很多变量间关系均可用相关来表示。假设我们计算 101 名学生在 9 个不同学科间的相关系数，得到表 1－1 的相关矩阵。若要回答“各科目间的关系怎样?”我们当然可以逐一列出相关系数，指出“每个学科都与其他学科有关”，作为学科间关系的总结。这样做看来很准确，但人们面对这一大堆相关系数，可能对 9 个学科间的关系仍无多少了解。

表 1－1　9 个不同学科间观测所得的相关矩阵 S

学科	1	2	3	4	5	6	7	8	9
学科 1	1.00								
学科 2	0.12	1.00							
学科 3	0.08	0.08	1.00						

① 因子分析也称为因素分析。在教育和心理统计中，两种术语都有人用。但内地的数理统计论著通用“因子分析”。在方差分析中，“因素”是一个重要的概念，它与因素分析中的“因素”显然是不同的概念。基于上述考虑，在本书中我们采用“因子分析”。

续表

学科	1	2	3	4	5	6	7	8	9
学科 4	0.50	0.11	0.08	1.00					
学科 5	0.48	0.03	0.12	0.45	1.00				
学科 6	0.07	0.46	0.15	0.08	0.11	1.00			
学科 7	0.05	0.44	0.15	0.12	0.12	0.44	1.00		
学科 8	0.14	0.17	0.53	0.14	0.08	0.10	0.06	1.00	
学科 9	0.16	0.05	0.43	0.10	0.06	0.08	0.10	0.54	1.00

（二）提出简洁模型

假设某学者提出模型 M_1，认为这 9 个学科可分为三组（即三个因子），学科 1、4、5 为一组，学科 2、6、7 为一组，学科 3、8、9 为一组，这三组成绩可能互有关联。M_1 可用图 1—1（称为路径图）表示。

虽然模型 M_1 看起来相当简洁，比单单说每个学科都与其他学科有关更有实际意义，但我们还要检视 M_1 是否真的可以充分反映这 9 个学科间的关系。

结构方程模型（structural equation model，SEM）可以帮助我们检验 M_1 是否吻合数据，是否为一个好的模型。结构方程模型应用很广，当用于验证某一因子模型（例如图 1—1 所示模型）是否与数据吻合时，称为验证性因子分析（confirmatory factor analysis，CFA）。就是说，CFA 是 SEM 的特例。

有多种软件可以用来分析结构方程模型，目前比较流行的是 Mplus、AMOS 和 LISREL。我们需要输入下列基本要素：（1）被试人数（如 $N=101$）；（2）变量的协方差矩阵（或相关矩阵，如表 1—1 的 $\boldsymbol{S}$）；（3）我们构想的模型（即假设的模型，如 M_1；可用图形或指令方法输入）。本书会详细介绍如何编写和输入 Mplus 指令。本书中关于结构方程模型的原理和方法，对学习和使用其他结构方程软件也是适用的。

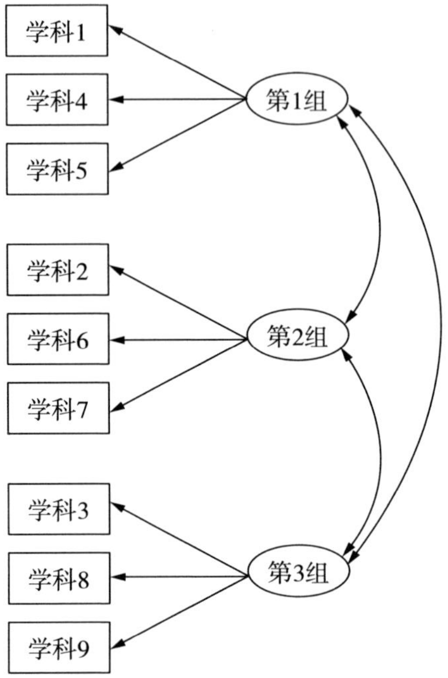

图 1—1　9 个不同学科间关系（模型 M_1）

（三）程序回馈最接近的再生矩阵 $\boldsymbol{\Sigma}$

分析结构方程模型的软件（如 Mplus），会依据输入的相关矩阵 $\boldsymbol{S}$ 和模型（如 M_1），用一定的数学方法，找出另一个相关矩阵，称为再生矩阵（reproduced matrix），记为 $\boldsymbol{\Sigma}$（模型 M_1 的再生矩阵见表 1—2）。这矩阵既符合模型 M_1，又与 $\boldsymbol{S}$ 在某种意义上最接近。$\boldsymbol{\Sigma}$ 模型与 M_1 有关，具体地说，与模型的路径参数（如因子负荷、因子间相关系数等）有关，在计算 $\boldsymbol{\Sigma}$ 的同时，软件会提供各路径参数的估计值（见图 1—2）。因子负荷（factor loading）是因子指向观测变量的路径系数。

$\boldsymbol{\Sigma}$ 与 $\boldsymbol{S}$ 的差距越小，表示模型 M_1 越能吻合数据。软件在迭代计算过程中，尽量找一个与 $\boldsymbol{S}$ 的差距最小的 $\boldsymbol{\Sigma}$，但如果找出最佳的 $\boldsymbol{\Sigma}$，仍与 $\boldsymbol{S}$ 有很大的差异，则表示 M_1 不吻合数据 $\boldsymbol{S}$。

表 1—2 依据输入的相关矩阵 *S* 和模型 M_1 所得的再生矩阵 $\boldsymbol{\Sigma}$

学科	1	2	3	4	5	6	7	8	9
学科 1	1.00								
学科 2	0.10	1.00							
学科 3	0.11	0.10	1.00						
学科 4	0.50	0.09	0.10	1.00					
学科 5	0.48	0.09	0.09	0.45	1.00				
学科 6	0.10	0.46	0.10	0.09	0.09	1.00			
学科 7	0.09	0.44	0.09	0.09	0.08	0.44	1.00		
学科 8	0.13	0.12	0.53	0.12	0.12	0.12	0.11	1.00	
学科 9	0.11	0.10	0.43	0.10	0.10	0.10	0.09	0.54	1.00

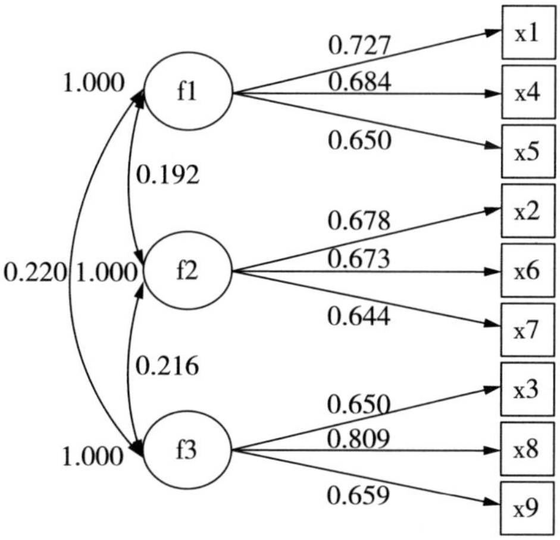

图 1—2 依据输入的相关矩阵 *S* 和模型 M_1 估计的各路径参数值

可能有人在想，可不可以通过选取一些恰当的因子负荷和因子间相关系数，使 $\boldsymbol{\Sigma}$ 与 $\boldsymbol{S}$ 的每一个元素均完全相等？在一般情况下，这是不可能的。例如，学科 1 与学科 9 的相关系数，在 $\boldsymbol{S}$ 中是 0.16，但在 $\boldsymbol{\Sigma}$ 中则是 0.11。熟悉统计的人会指出，图 1—2 中学科 1 至学科 9 间路径的乘积便是这两个变量的相关系数。就是说，$\boldsymbol{\Sigma}$ 中变量 1 与变量 9 的相关系数＝0.73×0.22×0.66（学科 1 负荷×两因子间相关系数×学科 9 负荷）≈0.11。那么我们可否增加因子负荷或因子间相关系数，使得这个 $\boldsymbol{\Sigma}$ 矩阵的 0.11 增大至 0.16，与 $\boldsymbol{S}$ 的对应元素完全一致？这种企图让每个 $\boldsymbol{\Sigma}$ 中元素完全等于 $\boldsymbol{S}$ 中对应元素的做法，一般来说不会成功。如果增大学科 1 的负荷，也会增大 $\boldsymbol{\Sigma}$ 中其他涉及学科 1 的元素，导致那些元素与 $\boldsymbol{S}$ 中对应元素的差异更大，得不偿失。所以软件所提供的解答 $\boldsymbol{\Sigma}$，是在一定的准则下，所有可能解答中最优的一个。

（四）检查模型的准确性和简洁性

因 $\boldsymbol{S}$ 与 $\boldsymbol{\Sigma}$ 各含多个元素，应当用一个什么数量去反映 $\boldsymbol{S}$ 与 $\boldsymbol{\Sigma}$ 的差异呢？这个数量称为拟合优度指数（goodness of fit index），简称为拟合指数，它与模型和样本都有关，是一个统计量，在软件中称为拟合优度统计量（goodness of fit statistics）。不同学者提出了许多不同的拟合指数（见第八章），本章我们先简单地用 χ^2、TLI、CFI 做比较。χ^2 值越小表示 $\boldsymbol{\Sigma}$ 与 $\boldsymbol{S}$ 差异越小，TLI、CFI 通常在 0 至 1 之间，靠近 1 表示 $\boldsymbol{\Sigma}$ 与 $\boldsymbol{S}$ 拟合得好。模型 M_1 各拟合指数均很理想（见表 1－4），可见这个模型可以用来描述 9 个学科间的关系。

我们希望模型越简单越好，模型的复杂性通常以自由度来反映。自由度等于协方差矩阵中不重复的元素个数减去模型要估计的参数个数。模型越简单，要估计的参数越少，自由度越大。反之，模型越复杂，自由度越小。设问题涉及 p 个变量，则协方差矩阵是一个 p 阶对称方阵，共有 $p(p+1)/2$ 个不重复的元素。在前面的例子中，有 9 个变量（学科），即 $p=9$，所以协方差矩阵中有 $\frac{9\times 10}{2}=45$ 个不重复的元素。M_1 模型要估计 9 个因子负荷，3 个因子间相关系数，还有 9 个变量（学科）的误差方差，共需要估计 21 个参数，所以模型 M_1 的自由度＝45－21＝24。

（五）检查其他可能模型

前面说过，自由度越大，模型越简单。我们追求的是既简单（自由度大），又拟合得好（$\boldsymbol{S}$ 与 $\boldsymbol{\Sigma}$ 相差小，由拟合指数来衡量）的模型。结构方程分析的一大贡献，是可以让研究者计算不同的可能模型（也称为竞争性模型）的拟合指数，通过比较，从中找出一个相对来说既简单又拟合得好的模型。

假设我们可以根据学科理论或其他理由，提出 M_1 以外的 6 种可能模型来拟合数据（见图 1—3 至图 1—8，表 1—3）。在第三章第一节（五）中，我们将列出 M_1 至 M_7 的对应程序（见本书第 55 页）。

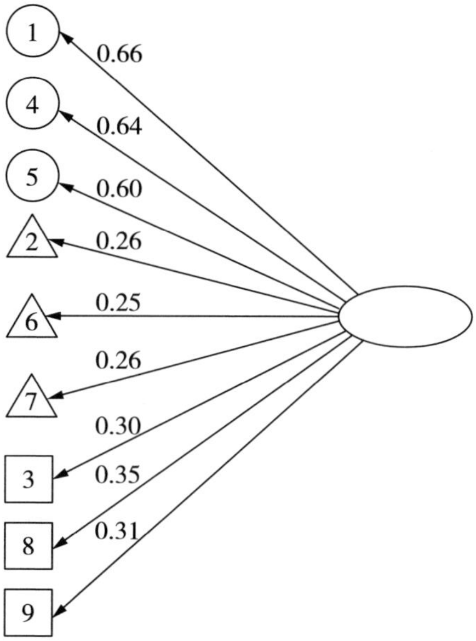

图 1—3 模型 M_2

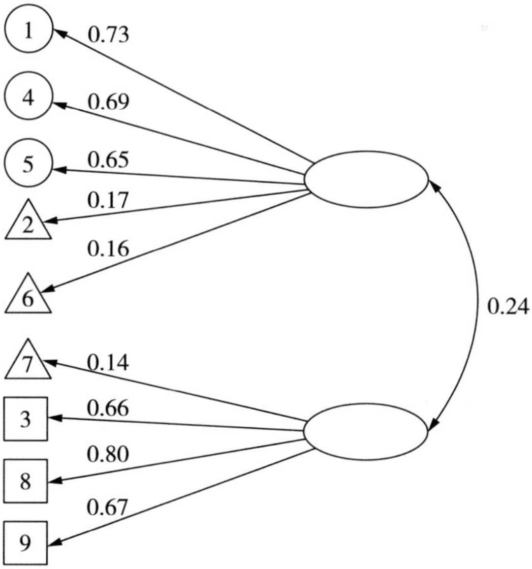

图 1—4 模型 M_3

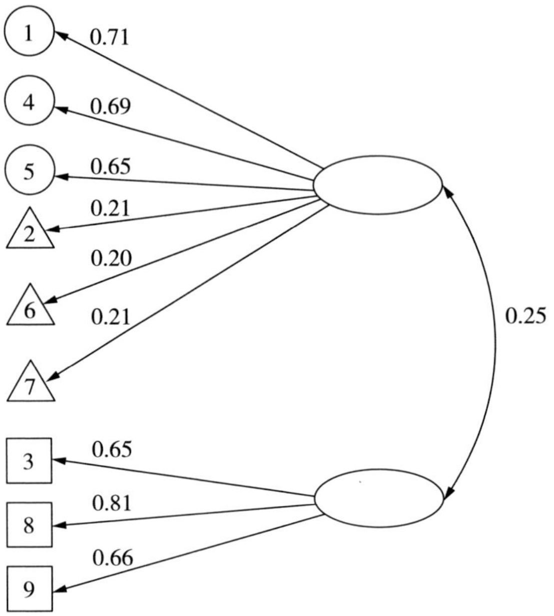

图 1—5 模型 M_4

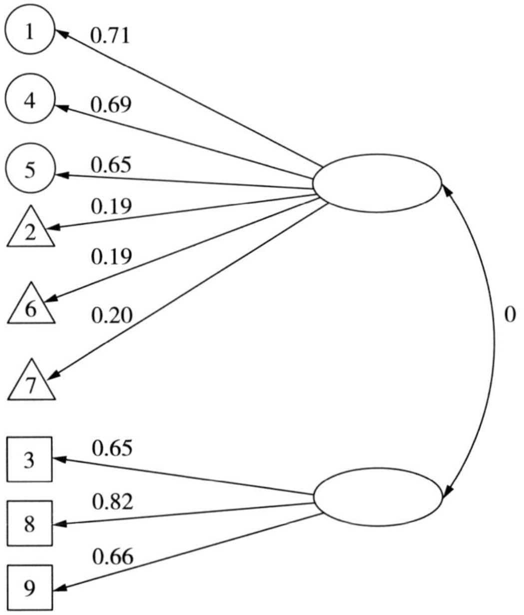

图 1—6 模型 M_5

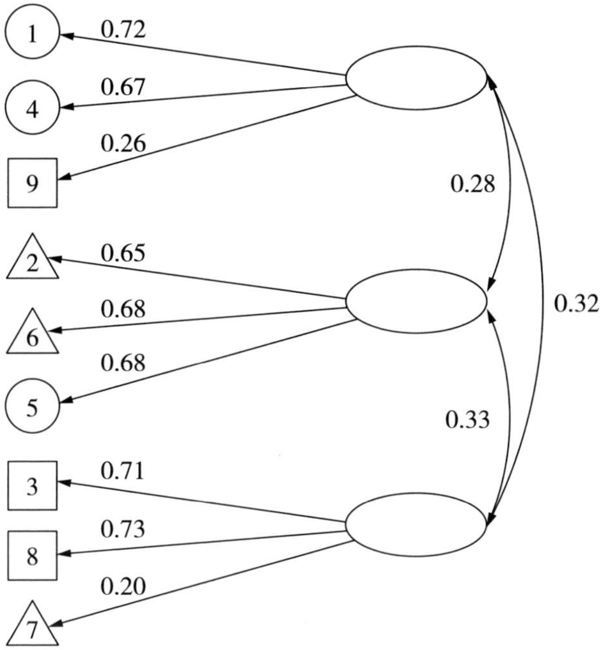

图 1－7　模型 M_6

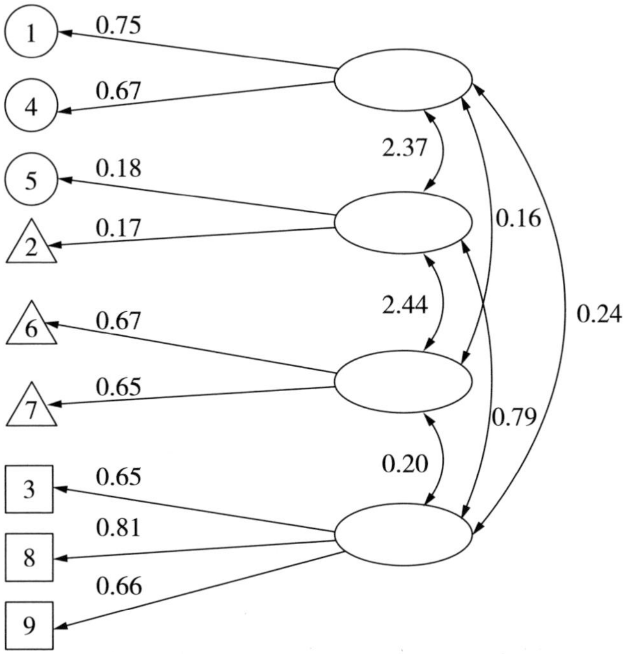

图 1－8　模型 M_7

表 1—3 7 个可能模型的描述

模型	描述
M_1	学科可分为 3 组，学科 1、4、5 为 1 组，学科 2、6、7 为 1 组，学科 3、8、9 为 1 组，这 3 组有相关。
M_2	这 9 个学科反映一个共同能力，可用一个普遍能力因子表示。
M_3	这些学科可分两组，学科 1、4、5、2、6 为第 1 组，学科 7、3、8、9 为第 2 组，这 2 组有相关。
M_4	与 M_3 相似，学科可分为 2 组，但学科 1、4、5、2、6、7 为第 1 组，学科 3、8、9 为第 2 组，这 2 组有相关。
M_5	分组与 M_4 相同，但这 2 组不相关。
M_6	分组与 M_1 相似，学科可分为 3 组，但学科 1、4、9 为 1 组，学科 2、6、5 为 1 组，学科 3、8、7 为 1 组，3 组有相关。
M_7	学科可分为 4 组，学科 1、4 为 1 组，学科 5、2 为 1 组，学科 6、7 为 1 组，学科 3、8、9 为 1 组，4 组有相关。（注：此模型的解不恰当，见第七章第四节。）

表 1—4 7 个可能模型的自由度、拟合指数①和需要估计的参数个数

模型	自由度	χ^2	CFI	TLI	需要估计的参数个数
M_1	24	10	1.000	1.122	21=9 负荷+9 误差方差+3 因子相关
M_2	27	11	9.460	0.280	18=9 负荷+9 误差方差
M_3	26	64	0.776	0.690	19=9 负荷+9 误差方差+1 因子相关
M_4	26	63	0.785	0.703	19=9 负荷+9 误差方差+1 因子相关
M_5	27	66	0.771	0.694	18=9 负荷+9 误差方差
M_6	24	106	0.519	0.279	21=9 负荷+9 误差方差+3 因子相关
M_7	21	28	0.958	0.927	24=9 负荷+9 误差方差+6 因子相关

① 部分不同版本软件所得的拟合指数，与本书的结果可能略有不同。

（六）模型比较

简单来说，从表 1－4 可以看出，模型 M_1 的自由度与其他模型相差不大，拟合优度则明显高于其他模型。当然上述的分析，只能说明模型 M_1 在所考虑的模型中是最好的，但不能保证它是所有模型中最好的，因为可能存在一个我们没有考虑到的更简洁又拟合得很好的模型。不过，在结构方程分析中，构建模型应基于理论或经验，至少应当有合理性，而不是盲目跟着数据走，不断修改模型，纯粹追求统计上的好模型。否则，得出的模型，除了难以解释外，也不能重复地在其他样本中得到相同结果。

在结构方程分析中，我们基于变量间的相关（或协方差）矩阵 $\boldsymbol{S}$（有时候还需要变量的均值），建立一个或多个有理论依据的可能模型（即理论模型）。软件包如 Mplus 会以数学方法，找出一个既符合某指定模型，又与 $\boldsymbol{S}$ 差异最小的 $\boldsymbol{\Sigma}$ 矩阵，同时会估计各路径参数（因子负荷、因子相关系数等）的数值。软件包还会依据 $\boldsymbol{\Sigma}$ 与 $\boldsymbol{S}$ 的差异、模型的自由度、变量数目和样本容量等信息，计算出各种拟合指数来反映模型与数据的拟合程度。参见图 1－9 和表 1－5。一个好的模型是既简单又吻合数据的。

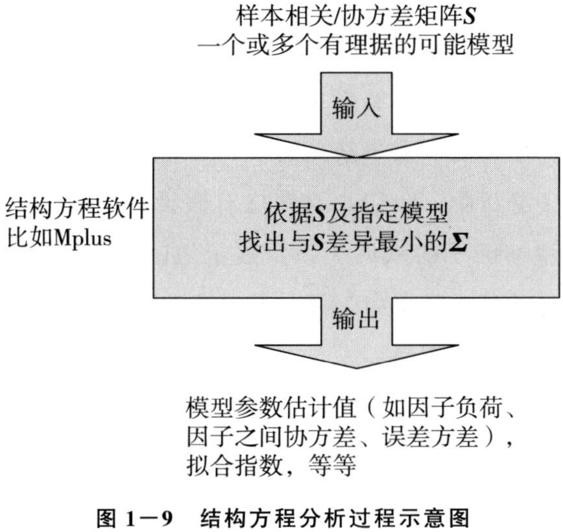

图 1－9　结构方程分析过程示意图

表 1—5 结构方程分析的输入及输出

输入	输出
◇ 相关或协方差矩阵（correlation / covariance matrix）***S***	◇ 既符合设定模型，又与 ***S*** 差异最小的矩阵 **Σ**
◇ 一个或多个有理据的可能模型（alternative models）	◇ 各种参数（parameter）估计值：因子负荷（loading）、因子协方差（covariance）等
◇ 样本容量（sample size）	◇ 各种拟合指数（goodness of fit indexes）
	◇ ……

三、探索性与验证性因子分析比较

如表 1—6 所示，在探索性因子分析（exploratory factor analysis，EFA）中，我们不知道变量由多少个因子组成，也不清楚因子与变量间的从属关系。探索性因子分析结果，会提供每个因子对应的特征值（eigenvalue）、方差贡献百分比（variance explained,%），以及累积（cumulative）方差贡献百分比等。通常根据特征值的大小（如：特征值大于 1 的个数）、累积方差贡献百分比（如：超过 65%）、碎石图（scree plot）检查，以及因子的可解释性，决定因子数目。我们需要决定，因子之间要么彼此都不相关（正交），要么彼此都相关（斜交）。若是后者，分析结果还会提供因子间相关系数。

在探索性因子分析的最终结果中，每一变量在每一因子上都有或大或小的因子负荷，就算变量不从属于某一因子，对应的因子负荷一般也不是零。

在验证性因子分析中，我们心目中已有假设的模型，不仅知道有多少个因子，还知道变量与因子的从属关系。因子之间可以相关，也可以不相关。在验证性因子分析的最终结果中，每一变量只在它从属的因子上有因子负荷，在不从属的因子上的负荷都是零。

表 1—6 探索性与验证性因子分析比较

探索性因子分析（EFA）	验证性因子分析（CFA）
开始分析时不知道有多少个因子 根据特征值的大小（如大于 1 的个数）、碎石图检查及因子含义等确定因子数目	预先确定模型的因子个数
开始时不清楚变量与因子从属关系	预先确定变量与因子从属关系
因子之间要么彼此都不相关（正交），要么彼此都相关（斜交）	因子之间允许有的相关、有的不相关
在最终的分析结果中，就算变量不从属于某一因子，对应的负荷很小但一般也不等于零	变量只在所从属的因子上有负荷，在不从属因子上的负荷等于零

第二章　结构方程模型简介

一、结构方程模型的重要性

(一) 结构方程模型的概念和重要性

结构方程模型、协方差结构模型（covariance structure modeling，CSM）、LISREL（linear structural relationship）等类似名词由 1990 年代开始渐流行，现在已经成为一种十分重要的数据分析技巧。在大学高等学位研究课程中，它是多变量分析（multivariate analysis）的重要课题。有些比较重要的社会学、教育学、心理学期刊，曾经将整整一期的版面，都用来介绍结构方程分析（如 Connell & Tanaka，1987；Jöreskog & Sörbom，1982）。研究和应用结构方程的论文更是难计其数。可以说，它在统计学中所建立的声望及崇高地位，不容置疑。

结构方程分析，也常称为结构方程建模（structural equation modeling，SEM），是基于变量的协方差矩阵来分析变量之间关系的一种统计方法，所以也称为协方差结构分析。本书只考虑线性结构方程模型，前面提到的 LISREL，其实有两种含义，除了表示一种 SEM 分析软件外，还表示线性结构方程模型。

(二) 为何要用结构方程模型

很多社会、心理研究中涉及的变量，都不能准确、直接地测量，这种变量称为潜变量（latent variable），如智力、学习动机、家庭社会经济地位等等。我们只好退而求其次，用一些外显指标（observable indicators），去间接测量这些潜变量。例如，以学生父母教育程度、父母职业及其收入（共 6 个变量），作为学生家庭社会经济地位（潜变量）的指标，以学生语文、数学、英语（以下简称语、数、英）3 科学业成绩（外显变量），作为学业成就（潜变量）的指标。传统的统计分析方法不能妥善处理这些潜变量，而结构方程模型能同时处理潜变量及其指标。

简单来说，结构方程模型是一个包含面很广的数学模型，可用以分析一些涉及潜变量的复杂关系。许多流行的传统方法（如回归分析），虽然容许因变量含测量误差，但需要假设自变量是没有误差的。例如，当我们用回归方法以生长时间预测某植物的高度（生长时间是自变量，高度是因变量），或者用方差分析，对四组不同教育程度的父母，比较他们子女的考试成绩（父母教育程度是自变量，子女成绩是因变量）时，我们都假设了生长时间和父母教育程度（自变量）的测量不含测量误差，但高度和成绩（因变量）容许测量误差。

以回归分析为例。设 x 是生长时间（以日计算），y 是高度（厘米），e 为高度测量和预测上的误差（也称为干扰项）。线性回归方程为

$$y = a + bx + e$$

当自变量和因变量都不能准确测量时，理论上来说，上述方程不能用来估计变量之间的关系。又如，用 5 个题目测量学生的外向性格，用 4 个题目测量学生的自信，要分析外向性格与自信的关系。传统上，我们先分别计算外向题目的总分（或平均分）和自信题目的总分（或平均分），再计算两个总分的相关。这样计算所得两个潜变量（外向与自信）的关系，不一定恰当，结构方程模型能提供更佳的解答。

此外，结构方程分析经常用以比较不同模型。例如，被试学生接受多个科目（语文、数学、英语、生物、化学、物理、地理、历史等）的测验，我们提出不同模型去解释各种能力间的关系，这包括：（1）所有能力可用一个一般能力（与心理学上一般智力 g 因子类似）来表达；（2）各种能力可分为

语文、数理及社会科学三大类；（3）各种能力只可分为文、理两大类。结构方程分析将同一组数据用不同的模型去拟合，看看哪一个模型拟合得更好，从而推想学生各科目能力的结构（见第三章第一节例子）。

二、结构方程模型的结构

读者可先了解本节的概念，待学习完第三章第三节全模型后，再研习本节。简单来说，结构方程模型可分为测量方程（measurement equation）和结构方程（structural equation）两部分。测量方程描述指标与潜变量之间的关系，如家庭收入等指标与社会经济地位的关系、3 科成绩与学业成就的关系。结构方程则描述潜变量之间的关系，如社会经济地位与学业成就的关系。

指标含有随机误差和系统误差，前者指测量上的不准确性行为（与传统测量误差相当），后者反映指标也同时测量潜变量（即因子）以外的特性（与因子分析中的特殊因子相当）。如数学文字题，既测量数学能力，也反映研究兴趣范围外的语文能力。以后将这两种误差统称为测量误差或简称误差。但潜变量不含这些误差（Jöreskog & Sörbom，1993；McDonald，2014）。

（一）测量模型

对于指标与潜变量（例如 6 个社会经济指标与社会经济地位因子）间的关系，通常写成如下测量方程[①]：

$$\boldsymbol{x}=\boldsymbol{\Lambda}_x\boldsymbol{\xi}+\boldsymbol{\delta}$$

$$\boldsymbol{y}=\boldsymbol{\Lambda}_y\boldsymbol{\eta}+\boldsymbol{\varepsilon}$$

其中，

$\boldsymbol{x}$ ——外源（exogenous）指标（如 6 个社会经济指标）组成的向量。

$\boldsymbol{y}$ ——内生（endogenous）指标（如语、数、英成绩）组成的向量。

$\boldsymbol{\xi}$ ——外源潜变量（如单维潜社会经济地位）。

① 若不研究指标、潜变量的均值，可视其为中心化处理后的指标、潜变量，此时方程无截距。

$\boldsymbol{\eta}$ ——内生潜变量（如学业成就）。

$\boldsymbol{\Lambda}_x$ ——外源指标与外源潜变量之间的关系（如 6 个社会经济地位指标与社会经济地位的关系），是外源指标在外源潜变量上的因子负荷矩阵。

$\boldsymbol{\Lambda}_y$ ——内生指标与内生潜变量之间的关系（如语、数、英成绩与学业成就的关系），是内生指标在内生潜变量上的因子负荷矩阵。

$\boldsymbol{\delta}$ ——外源指标 $\boldsymbol{x}$ 的误差项。

$\boldsymbol{\varepsilon}$ ——内生指标 $\boldsymbol{y}$ 的误差项。

（二）结构模型

对于潜变量间（例如，社会经济地位与学业成就）的关系，通常写成如下结构方程：

$$\boldsymbol{\eta}=\boldsymbol{B\eta}+\boldsymbol{\Gamma\xi}+\boldsymbol{\zeta}$$

其中，

$\boldsymbol{\eta}$ ——内生潜变量（如学业成就）。

$\boldsymbol{\xi}$ ——外源潜变量（如社会经济地位）。

$\boldsymbol{B}$ ——内生潜变量间的关系（如学业成绩与其他内生潜变量的关系）。

$\boldsymbol{\Gamma}$ ——外源潜变量对内生潜变量的影响（如社会经济地位对学业成就的影响）。

$\boldsymbol{\zeta}$ ——结构方程的残差项，反映了 $\boldsymbol{\eta}$ 在方程中未能被解释的部分。

潜变量间的关系，即结构模型，通常是研究的兴趣重点，所以整个分析也称结构方程模型。

三、结构方程模型的优点

概括来说，结构方程模型有下列优点（Bollen & Long，1993）。

（一）同时处理多个因变量

结构方程分析可同时考虑并处理多个因变量。在回归分析中，就算统计结果的图表中展示了多个因变量，其实在计算回归系数时，仍是对每个因变量逐一计算。所以，虽然图表貌似同时考虑多个因变量，但在回归分析中计算对某一个因变量的影响或关系时，都忽略了其他因变量的存在及其影响。

（二）容许自变量和因变量含测量误差

态度、行为等变量，往往含有误差，也不能简单地用单一指标（题目）测量。如上文所述，结构方程分析容许自变量和因变量均含测量误差。变量也可用多个指标（题目）测量。用传统方法计算的潜变量（如用指标的均值作为潜变量的观测值，含误差）间相关系数（或回归系数），与用结构方程分析计算的潜变量（通过测量方程排除了误差部分）间相关系数（或回归系数），可能相差很大（见第七章第一节），这种差距的大小取决于潜变量与其指标间关系（因子负荷）的强弱。

（三）同时估计因子结构和因子关系

假设要了解潜变量之间的相关，每个潜变量都用多个指标或题目测量，传统上常用两步的做法。第一步，对每个潜变量（如自信），先用因子分析计算潜变量（即因子）与题目的关系（即因子负荷），进而得到因子得分，作为潜变量的观测值（如自信的因子得分作为自信这个变量的观测值）。第二步，计算因子得分（如自信与外向性格因子得分）的相关系数，作为潜变量之间的相关系数。

这是两个独立的步骤，用自信题目计算自信的因子得分时，并不考虑外向因子；反过来也一样。但是，在结构方程分析中，这两步同时进行，即同时考虑题目与因子之间的关系和因子与因子之间的关系。例如，自信题目与自信因子、外向题目与外向因子，以及自信因子与外向因子间的关系，全都在同一步骤中估计。

我们再从另一角度，看结构方程分析与传统的统计分析的差异。假设在新的研究中，对上述同一组被试还要考虑自信与合群性的关系，即一共要计算两个（自信与外向，自信与合群性）相关系数。用传统分析方法，在新研究的原有因子内的结构和关系，仍然不变。就是说，新研究内自信题目与自信因子的关系、外向题目与外向因子的关系，与原有关系完全相同。这说明，各因子内结构不会因为其他因子的存在而变化。然而，在结构方程分析中，自信因子的结构，会兼顾其他同时存在的变量而有所调整和改变。就是说，同一个研究中其他共存的因子及其结构，会互相影响，不仅影响因子间关系，也影响因子的内部结构（即因子与指标的关系）。

（四）容许更大弹性的测量模型

传统上，我们只容许每一题目（指标）从属于单一因子，但结构方程分析容许更加复杂的模型。例如，在多质多法模型中（见第三章第二节），我们用英语书写的数学试题，去测量学生的数学能力，则测验得分（指标）既从属于数学因子，也从属于英语因子（因为得分也部分反映英语能力）。传统因子分析难以处理一个指标从属多个因子，或者考虑高阶因子等有比较复杂的从属关系的模型。

（五）估计整个模型的拟合程度

在传统路径分析中，我们只估计每一路径（变量间关系）的强弱。在结构方程分析中，除了上述参数的估计外，我们还可以计算不同模型对同一个样本数据的整体拟合程度，从而判断哪一个模型整体上更接近数据所呈现的关系。

四、结构方程模型包含的统计方法

常用的统计方法，部分蕴含从属关系。例如，方差分析用以检查两组或更多组别的均值差异，但 t 检验只能处理两组，所以 t 检验是方差分析的特例。但（没有重复测量的）方差分析又是回归分析的特例，因为理论上，方差分析所涉及的问题，都可在回归模型下处理，所以回归分析涵盖方差分析和 t 检验。

简单来说，结构方程分析包括测量模型（因子与指标的关系）和结构模型（因子间关系）（见本章第二节），若各因子可以直接测量（因子本身就是指标），则结构方程分析就是回归分析。若只考虑因子之间的相关，不考虑因子之间的因果关系，即没有结构模型这部分，则结构方程分析就是因子分析。此时若要检验数据是否符合某个预先设定的先验模型，结构方程分析便成为验证性因子分析。

从模型的简单从属关系来看，结构方程分析除了可以处理上文提及的复杂模型外，也可做一般的 t 检验、方差分析、回归分析等等。当然在进行这些分析时，运作上未必如其他一般统计软件（如 SPSS、SAS）那样方便，但结构方程模型可以处理更复杂的问题种类。

结构方程模型可以解决的问题很多，包括第三章所展示的验证性因子分析，即检验各观测变量（如问卷题目、考试得分）的因子结构与构想的是否相符。在验证性因子分析中，因子（潜变量）没有外源与内生之分。在回归类型的结构方程分析中，我们找寻多个自变因子如何影响多个因变因子。例如，学生性格、家庭背景、学习态度如何影响考试成绩、学业自信等（见第三章第三节）。

在多组结构方程分析中，我们不仅可以比较不同组别的各因子关系的差异（例如，女生组自信对成绩的影响较大，男生组自信对成绩的影响较小），也可以比较各组因子均值的差异（如男生自信因子均值比女生的低，见第四章第二、三节）。

结构方程也适用于交互作用模型（例如，严厉管教对孩子学习动机的效果，可正可负。在父母高关怀环境中，严厉的效果为正；在低关怀环境中，严厉的效果为负。就是说，严厉与关怀对动机的影响有交互作用。参见温忠麟 等，2003）、增长模型（例如，观察一群小孩在不同时段的运动量，去分析它对身高体重的影响。参见 Duncan et al.，2006；Wen et al.，2002）、与多层数据结合的模型（例如，班内学生成绩如何受教师性格、校风、教育投资影响。参见张雷 等，2003）。其中，增长模型很适用于追踪性研究。在大部分传统研究中，被试需同步地一起接受多次观测。但结构方程模型的分析方法，容许各被试在不同时间接受观测，使得研究设计更有弹性。

此外，许多人误以为结构方程模型只适用于调查类研究，其实结构方程模型对分析实验类设计也很有帮助，包括使用虚（dummy）变量或多组分析法。

五、路径图的图标规则

使用结构方程模型的路径图，对学习、理解和建构模型都很有帮助。表2—1列出了结构方程模型的路径图的图标及其含义。

表2—1　结构方程模型路径图常用图标及其含义

图标	含义
	圆或椭圆表示潜变量或因子
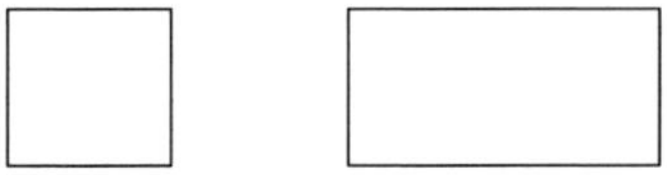	正方形或长方形表示观测变量或指标
	单向箭头表示单向影响/效应
	双向弧形箭头表示相关或协方差
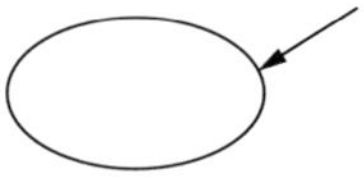	单向箭头指向因子表示内生潜变量未被解释的部分（disturbance）
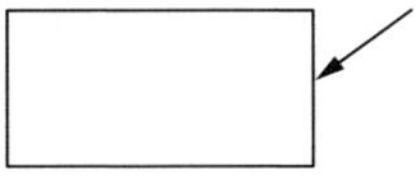	单向箭头指向指标表示测量误差

六、结构方程分析软件包

虽然本书以Mplus为例来介绍结构方程分析的基本原理，但可以分析结构方程的软件很多，且各有特点（可留意 *Structural Equation Modeling* 期刊或其他书刊上的软件比较文章）。目前比较流行的是 Mplus、LISREL、EQS、AMOS 和 R 软件。Mplus 功能很强大，更新速度快，容易上手。LISREL 在 2000 年前后很流行，不学 LISREL 的人很难看懂当时期刊上发表的结构方程方法论文。但这个软件比较难学，而且更新升级速度慢。使用 AMOS（Analysis of Moment Structures）的人不少，尤其是自学结构方程的人，因为它容易上手，不需要写语句，直接画图就可以构建模型。其缺点是只通过画图无法构建一些较为复杂的模型，灵活度不高，做方法研究的人仅仅掌握 AMOS 是不够的。EQS（Equations）比 LISREL 容易学习，但优势不如 Mplus。R 软件不限于做结构方程模型，可以处理各种统计问题，受到很多专业研究者的青睐。

上述几个软件的网址如下：

（1）Mplus：Bengt Muthén 和 Linda Muthén 设计及代理（www. statmodel. com）。

（2）AMOS：James Arbuckle 设计，IBM SPSS 代理（www. spss. com）。

（3）EQS：Peter M. Bentler 设计，Multivariate Software 代理（www. mvsoft. com）。

（4）LISREL：Karl Jöreskog 和 Dag Sörbom 设计，Scientific Software International Inc. 代理（www. ssicentral. com）。

（5）R 软件：R 是一款免费软件，最早由新西兰奥克兰大学的 Ross Ihaka 和 Robert Gentleman 所开发，因两人名字都以 R 开头，故软件称为 R（www. r-project. org）。

七、Mplus 操作入门

在计算机上安装并运行 Mplus 软件后，将出现一个窗口。开始使用时通常会做以下操作中的一种。

（1）新建一个 Mplus 程序。击选菜单“File”下的“New”，打开一个新子窗口，进入如图 2－1 所示的编辑界面。这时就可以编写 Mplus 程序。在编写好程序后，保存为命令文件并起名字（后缀为 inp，如 exl. inp，文件名及其所在目录的系统路径都不能含有中文，否则运行时就会报错）。再点击RUN（或按快捷键 Alt＋R），运行这个程序。运行完毕，自动展示输出的文件（如 exl. out）。

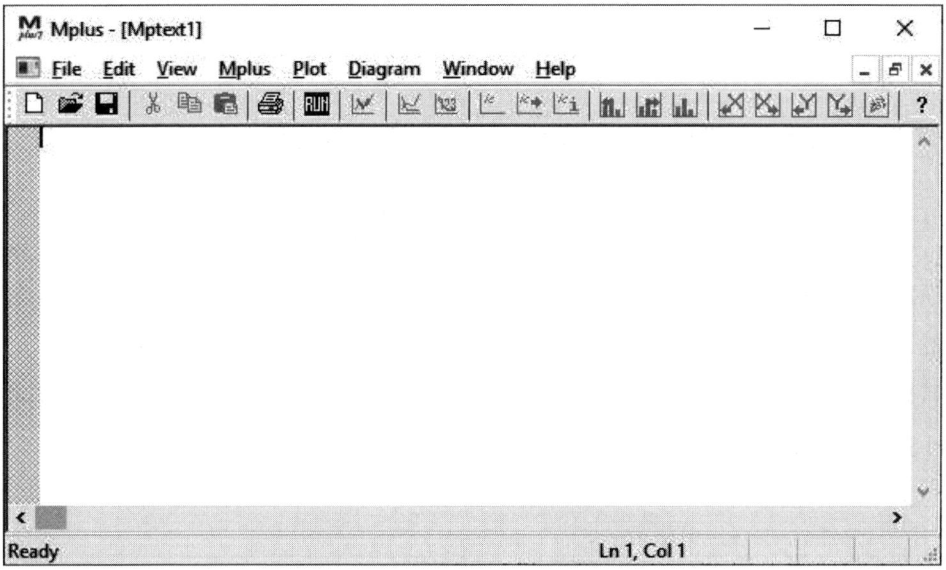

图 2－1 Mplus 窗口（新建命令文件）

（2）打开一个命令文件。点选菜单“File”下的“Open”，然后找到要打开的文件，即可打开。编辑程序，再点击 RUN，运行这个程序。也可以通过点选菜单“Mplus”下的“Run Mplus”运行程序。

（3）编辑数据文件。Mplus 的数据文件（＊. dat、＊. txt、＊. csv 等）用任何文本编辑器都可以浏览和编辑，推荐以 Excel（或 Mac 系统的 Numbers)、SPSS 概览，在对齐表格中检查、修订录入错误，再另存为制表符分隔[①]的 *.txt（或 *.dat）纯文本数据文件。Mplus 数据的变量名称写在程序语句中，不出现在数据文件里。在 Excel 另存 *.txt 数据文件之前，要先删去第一行的变量名；在 SPSS 另存制表符分隔的 *.dat 文件的操作界面，不选“将变量名写入电子表格”。数据文件和命令文件保存在同一个子目录中，这个目录的全路径中不要出现中文字符。掌握上述操作后，就可以对本书中的例子进行练习。

八、互联网上的结构方程模型国际兴趣小组

在互联网上有一个专门讨论结构方程的国际兴趣小组，讨论（以英语进行）十分活跃。常有热心人士对初入门者不厌其烦地解释一些十分基础的概念，也有很高深甚至哲学性的激烈争论。当然有很多组员只是做旁观者，从不参与讨论。有兴趣者可以免费申请参与该兴趣小组，成为组员。有关资料可到此网址查阅：https：//listserv. ua. edu/archives/semnet. html。

① Mplus 默认将连续多个制表符间隔解读为一个间隔，将连续多个英文逗号（“,”）间隔的 *.csv 数据解读为多个间隔的缺失值。如果 Excel、SPSS 整理的数据是下半三角形的相关矩阵或协方差矩阵，应使用 *.csv 格式数据，否则 Mplus 会因为上半三角形多出的英文逗号间隔而报错。采用制表符分隔的纯文本数据格式，可避免这个麻烦。

第二部分

结构方程模型应用

第三章　应用示范一：验证性因子分析和全模型

一、验证性因子分析

（一）模型简介

在结构方程分析中，如果我们的兴趣只在于因子间的相关（以双向弧形箭头表示），而不在因子间的因果效应（以单向直线箭头表示）上，这类分析统称为验证性因子分析。验证性因子分析在问卷编制中十分有用，它可帮助我们了解问卷中各题目与维度（因子）的从属关系是否正确，有没有错误地归属于不相关的维度。

假设我们用 17 个题目（Q_1 至 Q_{17}，见图 3－1）了解学生的各种学习态度及取向（包括是否将成就归因于努力，是否要表现出比他人强，是否要超越自己）。例如，“我十分关心我的分数是否高于班中其他同学”，学生用 7 点量表回答（从“十分同意”至“十分不同意”）。假设可以将学习态度及取向分为五个维度 A、B、C、D、E，分别用 4、4、3、3、3 个题目进行测量。表 3－1 是依据 350 个学生的答卷得出的 17 行、17 列相关矩阵。考虑的模型 M_A 见图 3－1。

表 3—1 学习态度及取向相关矩阵（N=350）

	1	2	3	4	5	6	7	8	9	10	11	12	13	14	15	16	17
1	1.00																
2	0.34	1.00															
3	0.38	0.35	1.00														
4	0.02	0.03	0.04	1.00													
5	0.15	0.19	0.14	0.02	1.00												
6	0.17	0.15	0.20	0.01	0.42	1.00											
7	0.20	0.13	0.12	0.00	0.40	0.21	1.00										
8	0.32	0.32	0.21	0.03	0.10	0.10	0.07	1.00									
9	0.10	0.17	0.12	0.02	0.15	0.18	0.23	0.13	1.00								
10	0.14	0.16	0.15	0.03	0.14	0.19	0.18	0.18	0.37	1.00							
11	0.14	0.15	0.19	0.01	0.18	0.30	0.13	0.08	0.38	0.38	1.00						
12	0.18	0.16	0.24	0.02	0.14	0.21	0.21	0.22	0.06	0.23	0.18	1.00					
13	0.19	0.20	0.15	0.01	0.14	0.24	0.09	0.24	0.15	0.21	0.21	0.45	1.00				
14	0.18	0.21	0.18	0.03	0.25	0.18	0.18	0.18	0.22	0.12	0.24	0.28	0.35	1.00			
15	0.08	0.18	0.16	0.01	0.22	0.20	0.22	0.12	0.12	0.16	0.21	0.25	0.20	0.26	1.00		
16	0.12	0.16	0.25	0.02	0.15	0.12	0.20	0.14	0.17	0.20	0.14	0.20	0.15	0.20	0.50	1.00	
17	0.20	0.16	0.18	0.04	0.25	0.14	0.21	0.17	0.21	0.21	0.23	0.15	0.21	0.22	0.29	0.41	1.00

注：17 行、17 列包含对角线的下半三角形相关矩阵，153 个数值，保存为 chap3_1.txt。

（二）验证性因子分析 Mplus 程序和解释

最简单的 Mplus 程序由三个部分组成：数据输入（DATA）、变量命名（VARIABLE）模型建构（MODEL）。常见的 Mplus 程序还可以包括标题（TITLE）、分析算法（ANALYSIS）、结果输出（OUTPUT）。详细解释参见 Mplus 安装目录 Documentation 子目录中的文档 *Mplus User's Guide*（《Mplus 用户手册》）第 20 章。

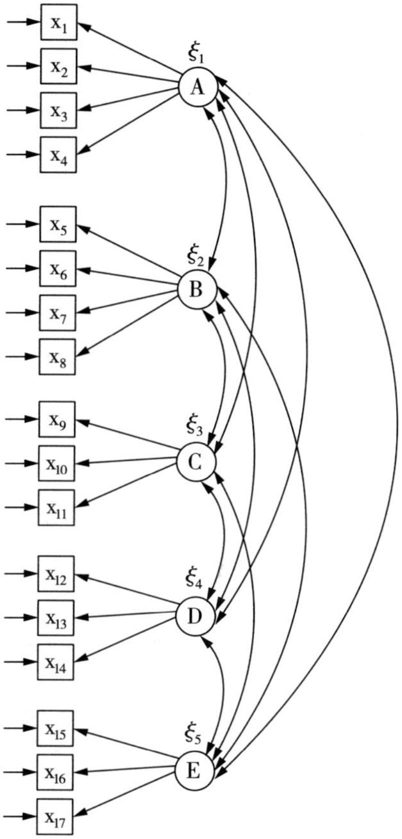

图 3—1　学习态度及取向模型 M_A

1. 固定负荷法

下面是模型 M_A 的程序。

```
TITLE:
    chap3 _ 1 _ 2 _ CFA Model A, Loading Fixed
！默认为固定负荷
DATA:
    FILE＝chap3 _ 1. txt;
```

```
    TYPE=CORR;
    NOBSERVATIONS=350;
VARIABLE:
    NAMES=x1 - x17;
MODEL:
    A BY  x1 - x4;
    B BY  x5 - x8;
    C BY  x9 - x11;
    D BY  x12 - x14;
    E BY  x15 - x17;
    A B C D E WITH A B C D E;       ! 这一行也可以省略不写
OUTPUT: MOD (ALL 0) STD STDYX;
```

程序解释：

（1）Mplus 程序的每一句都以（英文输入法下的）分号结束，除标题行外，不能省略。

（2）TITLE：定义标题，不影响程序运行。程序中还可以用英文符号“!”加入不影响程序运行的注释，本例有两处这样的注释。

（3）DATA：定义数据。FILE=chap3 _ 1. txt 表示数据的数值从文本文件 chap3 _ 1. txt 读取，其中包含 153 个相关系数（17 个变量的相关矩阵的对角线及以下元素），详见表 3—1。“TYPE=CORR”表示这些数值为相关系数矩阵，只包括矩阵对角线在内的下半个三角形区域；“NOBSERVATIONS = 350”表示样本量为 350。

如果数据（chap3 _ 1. txt）包含整个相关系数矩阵（17×17=289 个数值），把这句“TYPE=”子命令改为“TYPE=FULLCORR”。

如果数据是原始的 350 条个案记录（350 行×17 列=5950 个数值），则把“TYPE=”和“NOBSERVATIONS=”这两个子命令删去。

本例用相关系数矩阵做分析（不过有时并不适宜用相关矩阵，见第六章第六节）。如果用协方差而非相关系数，“TYPE＝”子命令的“CORR”和“FULLCORR”相应改为“COVA”和“FULLCOV”。

（4）VARIABLE：定义变量名。Mplus 的数据表格文件不包含变量名表头，在程序的“VARIABLE：NAMES＝”后面列出变量名。“NAMES＝x1－x17”表示数据（chap3 _ 1. txt）的变量名为 x1，x2，x3，…，x17。Mplus 代码可以用“－”连接首尾序号后缀的两个变量名，简洁地表示从头到尾的一大串变量名。比如：本例因子 A、B、C、D、E 若改名为 f1、f2 至 f5，程序中的最后一行就可以简写为“f1－f5 WITH f1－f5”。

（5）MODEL：建构模型。“A BY x1－x4”表示从因子 A 出发，分别指向 x1、x2、x3、x4 的四条路径，意味着题目 x1－x4 是因子 A 的指标。一般地说，对模型中变量（题目或因子）间的路径，需要估计数值大小的，都会设定为自由路径，让 Mplus 去估计。将路径固定为零，也就是将路径删去。此外，有时候也需要将路径固定为非零的数。

对简单模型来说，在两种情况下要将路径固定（用“@”赋予固定值）。第一种情况是假设某两个变量（指标或因子）间没有关系，将代表该关系的路径固定为 0。例如，x1 不从属于因子 B，将 B 指向 x1 的路径系数（即负荷）$\lambda_{1,2}$ 固定为 0，把“B BY x5－x8”改写为“B BY x5－x8 x1@0”，会得到原来代码同样的结果。又如，假设因子 A 和因子 B 不相关，则将对应的因子相关 $\varphi_{2,1}$ 固定为 0，在 MODEL 命令中添加一行“A WITH B @0”，得到与原来代码不同的结果，因为少了一个自由估计的参数，模型的自由度从 109 变为 110。

第二种情况，需要设定因子的度量单位（scale）。因为观测变量（指标）所隐含的因子本身没有单位，不设定其单位就无法计算。Mplus 的默认做法是每个因子的第一个负荷固定为 1，简称为固定负荷法。如果将一个因子的所有负荷都自由估计，通常就应当将该因子的方差固定为 1，简称为固定方差法。本例中，如果将因子 B 改为固定方差为 1、4 个负荷都自由估计，可将“B BY x5－x8”改写为“B@1；B BY x5＊ x6－x8”。其中“B@1”表示将因子 B 的方差固定为 1。“B BY x5 * x6 - x8”表示因子 B 的第一个指标 x5 的负荷不再固定为 1，而是自由估计，之后的其他 3 个负荷默认情形即自由估计。“B BY x5 * x6 - x8”也可以写为“B BY x5 - x8 *”，表示 4 个负荷都自由估计。

在什么情况下要将模型中的参数（单向路径、双向协方差、因子方差等等）设定为自由估计？一般来说，模型中除了因设定因子的度量单位而固定的路径（或因子方差，见上一段解释），所有需要估计的参数，包括因子负荷、指标的误差方差、因子之间的协方差、因果路径系数等等，都要设定为自由，让程序去估计。

Mplus 的默认设定是，每个因子的第一个指标的负荷固定为 1，其余负荷自由估计；因子之间的协方差自由估计；指标的误差方差自由估计，指标的误差协方差固定为 0。固定的参数在 Mplus 代码运行结果中报告标准误（S. E.）严格为 0。

CFA 只涉及外源变量（即 x、ξ 部分）。如果用 N_x 代表（x 部分）观测变量（即指标）的个数（本例中为 17），用 N_ξ 代表（ξ 部分）潜变量（即因子）的个数（本例中为 5），从因子出发指向指标的单向路径为一个 N_x 行× N_ξ 列（本例中为 17×5）矩阵，用 $\boldsymbol{\Lambda}_x$ 标记这个矩阵（即负荷矩阵），其中的第 i 行第 j 列元素标记为 λ_{xij}，表示（x、ξ 部分）指标与因子的关系。如表 3—2 所示，所有因子与指标的从属关系，都用 $\boldsymbol{\Lambda}_x$ 元素的自由或固定去指定。矩阵元素的列下标表示路径出发的因子下标，矩阵元素的行下标表示路径指向的指标下标。比如，第 1 个因子 ξ_1 指向第 3 个指标 x_3 的路径即 λ_{x31}。$x_3=\lambda_{x31}\xi_1+\lambda_{x32}\xi_2+\cdots+\lambda_{x35}\xi_5+\delta_3=\lambda_{x31}\xi_1+\delta_3$，其中 λ_{x32}、λ_{x33}、λ_{x34}、λ_{x35} 这 4 个负荷固定为 0。单向负荷的矩阵元素按惯例总是从列下标的原因变量指向行下标的结果变量。λ_{x31} 的第一个下标（即行下标）3 与等式左边的结果变量 x_3 下标一致，λ_{x31} 的第二个下标（即列下标）1 与等式右边乘上的原因变量 ξ_1（本例中的因子 A）下标一致。

表 3—2 模型 M_A 固定负荷情形的 $\boldsymbol{\Lambda}_x$ 矩阵

指标 x/因子 ξ	ξ_1=A	ξ_2=B	ξ_3=C	ξ_4=D	ξ_5=E
x_1	固定为 1	固定为 0	固定为 0	固定为 0	固定为 0
x_2	自由估计	固定为 0	固定为 0	固定为 0	固定为 0
x_3	自由估计	固定为 0	固定为 0	固定为 0	固定为 0
x_4	自由估计	固定为 0	固定为 0	固定为 0	固定为 0
x_5	固定为 0	固定为 1	固定为 0	固定为 0	固定为 0
x_6	固定为 0	自由估计	固定为 0	固定为 0	固定为 0
x_7	固定为 0	自由估计	固定为 0	固定为 0	固定为 0
x_8	固定为 0	自由估计	固定为 0	固定为 0	固定为 0
x_9	固定为 0	固定为 0	固定为 1	固定为 0	固定为 0
x_{10}	固定为 0	固定为 0	自由估计	固定为 0	固定为 0
x_{11}	固定为 0	固定为 0	自由估计	固定为 0	固定为 0
x_{12}	固定为 0	固定为 0	固定为 0	固定为 1	固定为 0
x_{13}	固定为 0	固定为 0	固定为 0	自由估计	固定为 0
x_{14}	固定为 0	固定为 0	固定为 0	自由估计	固定为 0
x_{15}	固定为 0	固定为 0	固定为 0	固定为 0	固定为 1
x_{16}	固定为 0	固定为 0	固定为 0	固定为 0	自由估计
x_{17}	固定为 0	固定为 0	固定为 0	固定为 0	自由估计

因子间的协方差矩阵（见表 3—3）标记为希腊文 $\boldsymbol{\Phi}$，为一个 $N_\xi \times N_\xi$（本例中为 5×5）对称矩阵。采用固定负荷法时，对角线和下半三角形的各元素都自由估计，这是 Mplus 的默认设定。实际上，例子中“A B C D E WITH A B C D E”可以不写，Mplus 会给出同样的结果。如果要将因子两两之间的相关固定为 0，逐一写出每个协方差的子命令，代码将非常烦琐。比较简洁的写法是将因子名字用数字后缀连续编号。本例可以写为：“f1 BY x1 - x4；f2 BY x5 - x8；f3 BY x9 - x11；f4 BY x12 - x14；f5 BY x15 - x17；f1 - f5 WITH f1 - f5 @0；”。

如果每个因子都采用固定方差法，那么对角线元素固定为 1，下半三角形的各元素自由估计。上半三角形各元素的对称约束由程序自动完成，不需要人为设定。

表 3—3 模型 M_A 固定负荷情形与固定方差情形的 Φ 矩阵

固定负荷	ξ_1	ξ_2	ξ_3	ξ_4	ξ_5
ξ_1	自由估计	对称约束	对称约束	对称约束	对称约束
ξ_2	自由估计	自由估计	对称约束	对称约束	对称约束
ξ_3	自由估计	自由估计	自由估计	对称约束	对称约束
ξ_4	自由估计	自由估计	自由估计	自由估计	对称约束
ξ_5	自由估计	自由估计	自由估计	自由估计	自由估计
固定方差	ξ_1	ξ_2	ξ_3	ξ_4	ξ_5
ξ_1	固定为 1	对称约束	对称约束	对称约束	对称约束
ξ_2	自由估计	固定为 1	对称约束	对称约束	对称约束
ξ_3	自由估计	自由估计	固定为 1	对称约束	对称约束
ξ_4	自由估计	自由估计	自由估计	固定为 1	对称约束
ξ_5	自由估计	自由估计	自由估计	自由估计	固定为 1

x_i 指标的误差（$=\delta_i$）彼此之间的方差-协方差矩阵记为希腊文 $\boldsymbol{\Theta_\delta}$，包含 N_x 行× N_x 列的元素（本例中为 17×17，见表 3—4）。一般情况下，对角线元素（方差）自由估计，对角线外元素（协方差）固定为 0，即设定误差之间不相关（其他设定及考虑见第七章第六节）。

表 3—4 指标误差的设定

	x_1	x_2	x_3	x_4	x_5	x_6	x_7	x_8	x_9	x_{10}	x_{11}	x_{12}	x_{13}	x_{14}	x_{15}	x_{16}	x_{17}
x_1	1	0	0	0	0	0	0	0	0	0	0	0	0	0	0	0	0
x_2	0	1	0	0	0	0	0	0	0	0	0	0	0	0	0	0	0
x_3	0	0	1	0	0	0	0	0	0	0	0	0	0	0	0	0	0
x_4	0	0	0	1	0	0	0	0	0	0	0	0	0	0	0	0	0

续表

	x_1	x_2	x_3	x_4	x_5	x_6	x_7	x_8	x_9	x_{10}	x_{11}	x_{12}	x_{13}	x_{14}	x_{15}	x_{16}	x_{17}
x_5	0	0	0	0	1	0	0	0	0	0	0	0	0	0	0	0	0
x_6	0	0	0	0	0	1	0	0	0	0	0	0	0	0	0	0	0
x_7	0	0	0	0	0	0	1	0	0	0	0	0	0	0	0	0	0
x_8	0	0	0	0	0	0	0	1	0	0	0	0	0	0	0	0	0
x_9	0	0	0	0	0	0	0	0	1	0	0	0	0	0	0	0	0
x_{10}	0	0	0	0	0	0	0	0	0	1	0	0	0	0	0	0	0
x_{11}	0	0	0	0	0	0	0	0	0	0	1	0	0	0	0	0	0
x_{12}	0	0	0	0	0	0	0	0	0	0	0	1	0	0	0	0	0
x_{13}	0	0	0	0	0	0	0	0	0	0	0	0	1	0	0	0	0
x_{14}	0	0	0	0	0	0	0	0	0	0	0	0	0	1	0	0	0
x_{15}	0	0	0	0	0	0	0	0	0	0	0	0	0	0	1	0	0
x_{16}	0	0	0	0	0	0	0	0	0	0	0	0	0	0	0	1	0
x_{17}	0	0	0	0	0	0	0	0	0	0	0	0	0	0	0	0	1

注："0"表示该元素为固定，而"1"表示设定该元素为自由估计。x_i 对应的误差为 δ_i ，表格中自由估计、固定的元素分别是 δ_i 的方差、协方差，不是 x_i 的方差、协方差。

（6）额外的输出结果

"OUTPUT：MOD（ALL 0）STD STDYX;"是结果的输出命令。如果不写这一行命令，会输出最基本的结果，包括参数估计值、标准误、t 值和拟合指数等。

MOD（ALL 0）表示要求输出所有的修正指数（modification index）及其参数，如果只写 MOD 就会只输出大于 10 的修正指数及其参数。STD 表示要求输出参数的标准化解（指因子是标准化变量时的参数估计）。STDYX 表示输出参数的完全标准化解（指因子和指标都是标准化变量时的参数估计，本例数据中，指标已经标准化，STDYX 结果与 STD 大体一致[①])。

2. 固定方差法

本例的五个因子如果都采用固定方差法，代码如下。

```
TITLE:
    chap3_1_2_CFA Model A, Factor Variances Fixed
! 默认为固定负荷，本例改用固定方差
DATA:
    FILE=chap3_1.txt;
    TYPE=CORR;
    NOBSERVATIONS=350;
VARIABLE:
    NAMES=x1-x17;
MODEL:
    f1 BY  x1-x4*;
    f2 BY  x5-x8*;
    f3 BY  x9-x11*;
    f4 BY  x12-x14*;
    f5 BY  x15-x17*;
    ! 路径*表示自由估计，采用默认的初值
    f1-f5@1;
    ! 因子@1 表示方差固定为 1
OUTPUT: MOD STD STDYX;
```

① 本例中两种标准化数值结果的细微差别来自指标方差计算公式的分母取 N 还是 $N-1$。STDYX 报告的标准化路径结果是 STD 结果的 $\sqrt{\frac{N}{N-1}}=\sqrt{\frac{350}{349}}\approx 1.001432$ 倍。

3. 验证性因子模型设定规则小结

简单来说，验证性因子模型的设定涉及 3 个矩阵 $\boldsymbol{\Lambda}_x$、$\boldsymbol{\Phi}$ 及 $\boldsymbol{\Theta}_\delta$。$\boldsymbol{\Lambda}_x$ 是指标与因子的从属关系，$\boldsymbol{\Phi}$ 是因子间的关系，$\boldsymbol{\Theta}_\delta$ 是误差间的关系。

在绝大多数情况下，对于简单模型，$\boldsymbol{\Theta}_\delta$ 只需设定对角线元素自由估计便可，即 Mplus 的默认设定。

因为要设定因子的度量单位，故 $\boldsymbol{\Lambda}_x$ 和 $\boldsymbol{\Phi}$ 可依固定方差或固定负荷方法去设定。

在固定方差法下，$\boldsymbol{\Lambda}_x$ 中凡是表示指标与因子有从属关系的元素，均设定为自由估计，而 $\boldsymbol{\Phi}$ 则固定对角线元素为 1。

设定 $\boldsymbol{\Phi}$ 的方法包括：若所有因子间容许相关，即 Mplus 默认设定，可以不写。也可以写为“A B C D E WITH A B C D E”或“f1 - f5 WITH f1 - f5”。固定因子方差为 1，写为“f1 - f5@1”或者“A@1 B@1 C@1 D@1 E@1”，但不可以写为“A B C D E@1”。

固定负荷法与上述固定方差法有两个不同的地方。用固定负荷法时，一是设定 $\boldsymbol{\Phi}$ 的对角线元素为自由估计，即 Mplus 默认的设置。二是对每个因子，都要选取一个负荷（任何一个均可，一般取负荷较大者），固定它为 1。如果将固定负荷的指标排在代码中第一个指标，即 Mplus 默认的设置，则固定第一条路径，自由估计其后的路径。比如，“B BY x5 - x8”将 x_5 的负荷固定为 1，其他 3 个负荷自由估计。

4. 一个补充例子

下面再看一个例子，以加深对固定方差法与固定负荷法的印象。假设有 9 个 x 题目，第 1、2、3 题属于第一个因子 f1，第 4、5、6 题属于第二个因子 f2，第 7、8、9 题属于第三个因子 f3。

（1）设因子 f1、f2、f3 互有相关

①固定方差法

```
MODEL:
    f1 BY x1 - x3 * ; f2 BY x4 - x6 * ; f3 BY x7 - x9 * ;
    f1 - f3@1;
```

②固定负荷法

```
MODEL：
    f1 BY x1 - x3； f2 BY x4 - x6； f3 BY x7 - x9；
```

（2）设因子 1 和因子 3 无关，因子 1 和因子 2、因子 2 和因子 3 相关

① 固定方差法

```
MODEL：
    f1 BY x1 - x3 * ； f2 BY x4 - x6 * ； f3 BY x7 - x9 * ；
    f1 - f3@1； f1 WITH f3 @0；
```

② 固定负荷法

```
MODEL：
    f1 BY x1 - x3； f2 BY x4 - x6； f3 BY x7 - x9；
    f1 WITH f3 @0；
```

（三）模型 M_A 的固定负荷法输出结果和要点解释

模型 M_A 的 Mplus 输出结果要点如下，中文是对结果的解释。

1. 概览（SUMMARY OF ANALYSIS）

Number of groups	1 （本例只有一组，不是多组研究）
Number of observations	350（被试人数）
Number of dependent variables	17 （观测变量中的因变量个数）
Number of independent variables	0 （观测变量中的自变量个数）
Number of continuous latent variables	5 （潜变量中的连续变量个数）

注：在 Mplus 中，有单向箭头所指的观测变量即属于因变量（dependent variables）；否则属于自变量（independent variables）。就是说，潜变量的指标都属于因变量。

2. 观测变量与潜变量列表

```
Observed dependent variables（观测变量）
  Continuous（观测变量中的连续变量，本例只涉及连续变量）
  X1    X2    X3    X4    X5    X6
  X7    X8    X9    X10   X11   X12
  X13   X14   X15   X16   X17
Continuous latent variables（潜变量中的连续变量，本例只涉及连续变量）
  A     B     C     D     E
```

3. 算法细节（略）

4. 数据文件

```
Input data file(s)     （输入数据的文件名）
  chap3_1.txt
Input data format   FREE（数据格式为“自由”格式，即普通文本）
```

5. 模型拟合

```
THE MODEL ESTIMATION TERMINATED NORMALLY（运算正常结束）
MODEL FIT INFORMATION（模型拟合信息）
Number of Free Parameters            44（自由估计的参数个数）
Loglikelihood                          （似然函数对数，略）
…
Information Criteria                   （信息量指标，略）
…
```

```
Chi-Square Test of Model Fit (模型拟合的卡方统计量)
    Value                          195.128 (卡方统计量)
    Degrees of Freedom                 109 (卡方自由度)
    P-Value                         0.0000 (p 值，通常可忽略)
RMSEA (Root Mean Square Error Of Approximation)
(拟合指数 RMSEA)
    Estimate                         0.048 (点估计)
    90 Percent C.I.            0.037 0.058 (90%置信度区间估计①)
    Probability RMSEA<=.05           0.636
                                  (总体参数≤0.05 假设下的 p 值)
CFI/TLI                           (与基准模型相比较的一组拟合指数)
    CFI                              0.911
    TLI                              0.889
Chi-Square Test of Model Fit for the Baseline Model (基准模型拟合的卡
方统计量)
    Value                         1107.953
    Degrees of Freedom                 136
    P-Value                         0.0000
SRMR (Standardized Root Mean Square Residual) (拟合指数 SRMR)
    Value                            0.054
```

解释：哪一个拟合指数较好？这是一个复杂的课题（见第八章），在本书中我们报告 χ^2（Minimum Fit Function Chi-Square，卡方）、df（degrees of freedom，自由度）、RMSEA、CFI 和 TLI。χ^2 及其自由度 df 主要用于比较多个模型（见第五章）。一般认为，如果 RMSEA 在 0.08 以下（越小越好），CFI 与 TLI 在 0.9 以上（越大越好），所拟合的模型可以接受（Marsh，Hau，& Wen，2004；温忠麟 等，2004）。

---

① 通常解读为 95%置信度的两个单边置信区间。RMSEA 总体参数在 95%置信度下大于 0.037，同时小于等于 0.058。本例的研究假设是 RMSEA 总体参数足够小，只用到后者。

6. 模型的参数估计结果

Mplus 输出的模型 M_A 的参数估计值（标准化解）如图 3—2 所示。

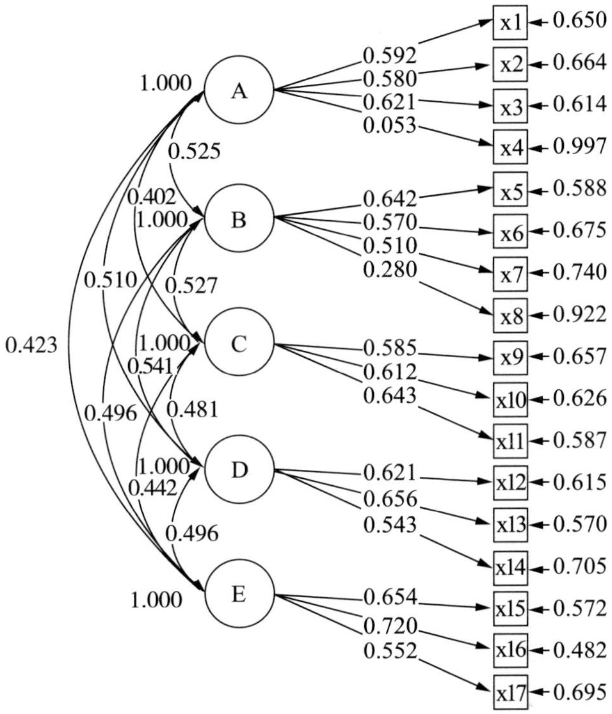

图 3—2　模型 M_A 的参数估计值（标准化解）

MODEL RESULTS（参数、点估计、标准误、点估计/标准误＝t 统计量、p 值）

	Estimate 估计值	S. E. 标准误	Est. /S. E. t 值	Two-Tailed P-Value p 值
A BY（负荷）				
X1	1.000	0.000	999.000	999.000
X2	0.980	0.144	6.827	0.000

```
    X3                 1.050      0.150      6.977      0.000
    X4                 0.089      0.110      0.810      0.418
……
E        BY
    X15                1.000      0.000    999.000    999.000
    X16                1.100      0.131      8.394      0.000
    X17                0.844      0.111      7.619      0.000
B        WITH                          （协方差，双向弧形箭头）
    A                  0.199      0.040      4.911      0.000
……
E        WITH
    A                  0.163      0.037      4.378      0.000
    B                  0.208      0.041      5.016      0.000
    C                  0.169      0.037      4.556      0.000
    D                  0.201      0.040      5.002      0.000
Variances                                           （因子方差）
    A                  0.349      0.073      4.750      0.000
    B                  0.411      0.078      5.239      0.000
    C                  0.342      0.071      4.789      0.000
    D                  0.384      0.075      5.145      0.000
    E                  0.427      0.077      5.576      0.000
Residual Variances                              （指标误差方差）
    X1                 0.648      0.067      9.641      0.000
    ……
    X17                0.693      0.063     10.928      0.000
STANDARDIZED MODEL RESULTS
STDYX Standardization              （因子与指标都标准化后的结果）
```

```
……
STD Standardization                              （因子标准化后的结果）
……
QUALITY OF NUMERICAL RESULTS                       （数值结果的精度）
……
```

7. 修正指数

```
MODEL MODIFICATION INDICES
Minimum M. I. value for printing the modification index 0.000（修正指数报告的下限）
                         M. I.     E. P. C.    Std E. P. C.   StdYX E. P. C.
                         χ² 变化   参数估计值   标准化          完全标准化
ON/BY Statements（ON/BY 新增路径）
X1      ON B      /
B       BY X1    0.059     0.037       0.024          0.024
……
X4      ON B      /
B       BY X4    0.000     0.001       0.001          0.001
X4      ON C      /
C       BY X4    0.032     0.024       0.014          0.014
X4      ON D      /
D       BY X4    0.009     0.013       0.008          0.008
X4      ON E      /
E       BY X4    0.032     0.021       0.014          0.014
……
X8      ON A      /
A       BY X8    41.453    0.975       0.576          0.577
```

……

WITH Statements（WITH 新增路径）

……

8. 图示信息与运行占用时间（略）

9. 模型分析结果解释

观察到如下结果：(1) x_4 在因子 A 中的完全标准化负荷很小（0.05），但它在其他因子中的修正指数也不高（接近 0），显示这一题不从属于 A 因子，但也不归属于其他因子。(2) x_8 在因子 B 中的负荷不高（0.28），但在因子 A 中的修正指数是 41.5，显示它可能归属因子 A（在因子 C、D、E 中的修正指数相对小得多）。(3) 各因子间有中等程度相关（0.40 至 0.54）。(4) 拟合指数说明模型拟合可以接受：χ^2（109）＝195.13，RMSEA＝0.048，CFI＝0.91，TLI＝0.89。

无论是固定方差还是固定负荷，无论固定因子的哪一个指标的负荷（固定负荷法），无论负荷或方差的固定值是多少，完全标准化解的参数估计以及所有拟合指数是唯一确定的（数值不变），不同的只是参数的未标准化的估计值。

在固定负荷法中，将哪一个指标的负荷固定为 1（或其他合理值），并不影响完全标准化解的结果，不过我们尽量找负荷最高（即与因子关系最强）的指标，固定其负荷为 1。这是因为被选取固定负荷为 1 的指标，将不会获得负荷的标准误及 t 值（＝Est./S.E.，点估计/标准误），不能检验负荷是否显著异于零。若对某变量的负荷异于零没有信心，就不要固定它的负荷为 1，以获取该负荷的标准误及 t 值。

除了参考负荷的 t 值外，还要检查完全标准化的解。一般来说，希望标准化的负荷在 0.5 或以上，如果小于 0.4，对应的指标要考虑删除。

虽然要用固定负荷法或固定方差法去设定因子的度量单位，但如果忘记将因子方差或部分负荷固定为 1，在许多情况下，Mplus 程序会以最常用的固定方式默认处理，程序可能还可运行。

（四）模型修正

在仔细检查 x_4 和 x_8 的题目内容后，我们认为 x_4 反映的是班上的学习气氛，而不是个人学习态度，所以删去该题；而 x_8 归入因子 A 更为合理。做了上述两项修正后的模型记为 M_B。不过我们要注意，如果仅仅看修正指数或因子负荷，但缺乏其他实质理论根据（如题目含义）的支持，随便将题目增删转移，并不合适。

1. 模型修正一（模型 M_B）

将原模型 M_A 中的 x_4 删除，x_8 移至第一个因子，得到模型 M_B（见图 3—3）。

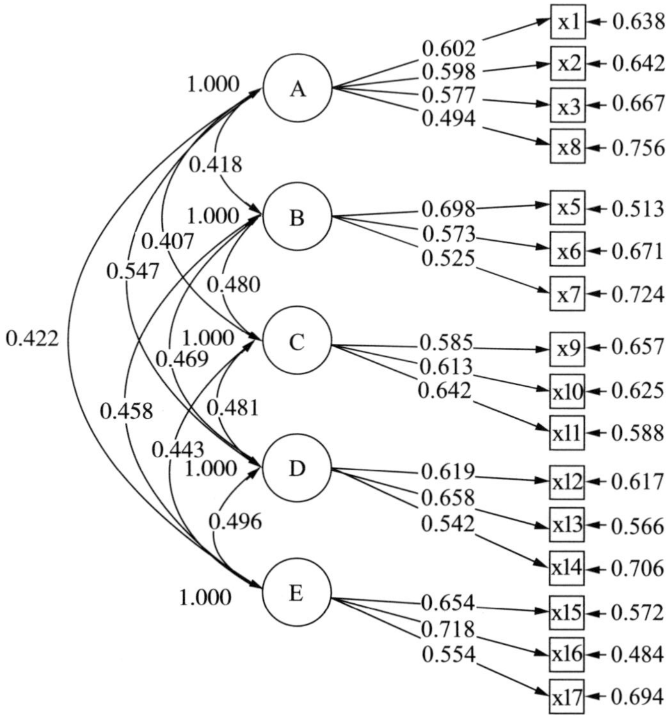

图 3—3　模型 M_B 的参数估计值（标准化解）

（1）模型 M_B 的 Mplus 程序

```
TITLE:
    chap3_1_2_CFA Model B, Loading Fixed
DATA:
    FILE=chap3_1.txt;
    TYPE=CORR;
    NOBSERVATIONS=350;
VARIABLE:
    NAMES=x1-x17;
    USEVARIABLES=x1-x3 x5-x17;        ! 不使用 x4
MODEL:
    A BY  x1-x3 x8;
    B BY  x5-x7;
    C BY  x9-x11;
    D BY  x12-x14;
    E BY  x15-x17;
OUTPUT: MOD (ALL 0) STDYX;
```

（2）模型 M_B 的输出结果（拟合指数与完全标准化参数估计）

```
MODEL FIT INFORMATION
Number of Free Parameters                              42
……
Chi-Square Test of Model Fit
    Value                                         149.940
    Degrees of Freedom                                 94
    P-Value                                        0.0002
```

```
RMSEA (Root Mean Square Error Of Approximation)
      Estimate                                   0.041
      90 Percent C.I.                    0.028   0.053
      Probability RMSEA <=.05                    0.880
CFI/TLI
      CFI                                        0.943
      TLI                                        0.928
Chi-Square Test of Model Fit for the Baseline Model
      Value                                   1106.408
      Degrees of Freedom                           120
      P-Value                                   0.0000
SRMR (Standardized Root Mean Square Residual)
      Value                                      0.044
STANDARDIZED MODEL RESULTS
STDYX Standardization
                                                              Two-Tailed
                        Estimate      S.E.    Est./S.E.        P-Value
A      BY
      X1                  0.602      0.049      12.257          0.000
      X2                  0.598      0.049      12.147          0.000
      X3                  0.577      0.050      11.552          0.000
      X8                  0.494      0.053       9.298          0.000
B      BY
      X5                  0.698      0.051      13.812          0.000
      X6                  0.573      0.052      11.028          0.000
      X7                  0.525      0.053       9.853          0.000
```

```
C        BY
    X9                0.585    0.051    11.462    0.000
    X10               0.613    0.050    12.150    0.000
    X11               0.642    0.050    12.860    0.000
D        BY
    X12               0.619    0.049    12.662    0.000
    X13               0.658    0.048    13.708    0.000
    X14               0.542    0.051    10.568    0.000
E        BY
    X15               0.654    0.046    14.167    0.000
    X16               0.718    0.045    15.968    0.000
    X17               0.554    0.049    11.230    0.000
B        WITH
    A                 0.418    0.074     5.637    0.000
C        WITH
    A                 0.407    0.074     5.480    0.000
    B                 0.480    0.073     6.583    0.000
D        WITH
    A                 0.547    0.069     7.969    0.000
    B                 0.469    0.074     6.382    0.000
    C                 0.481    0.073     6.608    0.000
E        WITH
    A                 0.422    0.071     5.969    0.000
    B                 0.458    0.071     6.475    0.000
    C                 0.443    0.071     6.234    0.000
    D                 0.496    0.069     7.176    0.000
……
```

Residual Variances

X1	0.638	0.059	10.788	0.000
X2	0.642	0.059	10.907	0.000
X3	0.667	0.058	11.568	0.000
X5	0.513	0.070	7.282	0.000
X6	0.671	0.060	11.253	0.000
X7	0.724	0.056	12.949	0.000
X8	0.756	0.052	14.434	0.000
X9	0.657	0.060	10.990	0.000
X10	0.625	0.062	10.104	0.000
X11	0.588	0.064	9.190	0.000
X12	0.617	0.061	10.182	0.000
X13	0.566	0.063	8.954	0.000
X14	0.706	0.056	12.682	0.000
X15	0.572	0.060	9.467	0.000
X16	0.484	0.065	7.495	0.000
X17	0.694	0.055	12.708	0.000

……

（3）模型 M_B 的结果解释

模型 M_B 的 x_8 归属于 A 因子，因子负荷为 0.49，$\chi^2(94)=149.94$，RMSEA＝0.041，CFI＝0.94，TLI＝0.93。虽然 M_A 与 M_B 并没有嵌套关系，但比较两者的拟合指数，仍有助于选择模型。模型 M_B 比 M_A 好。

2. 模型修正二（模型 M_C）

虽然把 x_8 归入因子 A 较好，但研究者可能希望了解，这题可否同时从属于因子 A 和因子 B。将模型 M_B 中的 x_8 改为同时从属于因子 A 和因子 B，得到模型 M_C（见图 3－4）。

（1）模型 M_C 的 Mplus 程序

```
TITLE：
    chap3 _ 1 _ 2 _ CFA Model C，Loading Fixed
DATA：
    FILE=chap3 _ 1. txt；
    TYPE=CORR；
    NOBSERVATIONS=350；
VARIABLE：
    NAMES=x1 - x17；
    USEVARIABLES=x1 - x3 x5 - x17；
MODEL：
    A BY   x1 - x3 x8；
    B BY   x5 - x8；
    C BY   x9 - x11；
    D BY   x12 - x14；
    E BY   x15 - x17；
OUTPUT：MOD（ALL 0）STDYX；
```

（2）模型 M_C 的输出结果（略）

参数估计结果见图 3－4，主要的拟合指数如下：$\chi^2(93)=149.04$，RMSEA=0.041，CFI=0.94，TLI=0.93。

（3）模型 M_C 的结果解释

x_8 在因子 A 上的负荷为 0.54，在因子 B 上的负荷为－0.08。因为概念上 x_8 应与因子 B 成正相关（除非题目的词义与其他题目方向相反），故 M_C 不合理。而且这一负荷相对来说很低，所以我们选择 M_B。通常，我们希望每题只归属于一个因子，就算 M_C 拟合得比 M_B 好些，最终我们也宁愿要 M_B。

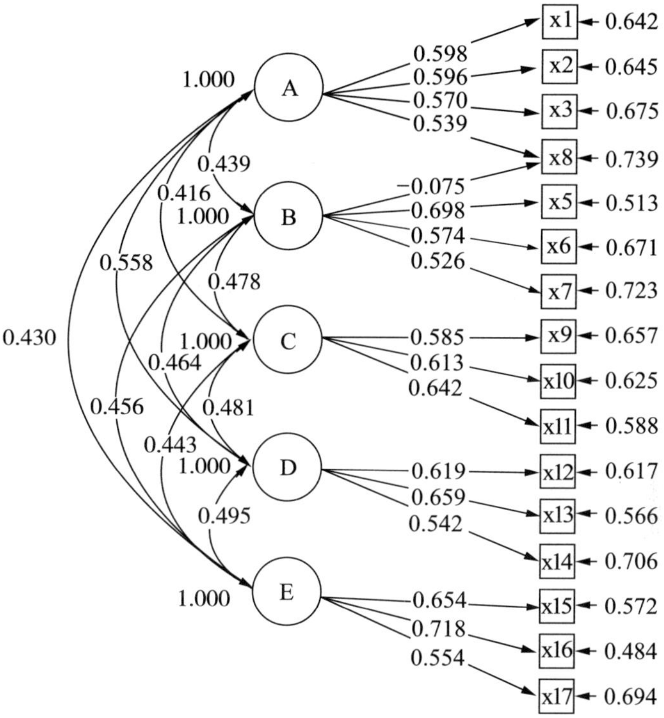

图 3—4　模型 M_C 的参数估计值

3. 修正前后模型的拟合指数比较

为了便于比较，将修正前后模型的拟合指数列成表 3—5。

表 3—5　修正前后模型的拟合指数比较

模型	*df*	χ^2	RMSEA	CFI	TLI	备注
M_A	109	195	0.048	0.91	0.89	原模型
M_B	94	150	0.041	0.94	0.93	删去第 4 题，第 8 题从属于因子 A
M_C	93	149	0.041	0.94	0.93	删去第 4 题，第 8 题同时从属于因子 A 和 B
$M_{B\text{-}2ord}$	99	152	0.039	0.95	0.94	二阶因子模型（见本章第四节）

总结一下，我们输入一个 17×17 的相关（或协方差）矩阵 ***S***、被试人数（NOBSERVATIONS＝350）以及心中的假设模型 M_A（用“MODEL”命

令）。软件依据 $\boldsymbol{S}$ 和 M_A，找出一个既符合 M_A，又与 $\boldsymbol{S}$ 最接近的再生矩阵 $\boldsymbol{\Sigma}$。

在这个例题中，各拟合指数显示 M_A 已拟合得不错，不过在检查模型各参数（因子负荷、因子相关等）的估计值后，对模型做出多次修改，经过比较，最后认为 M_B 不仅符合数据（拟合不错），而且各路径关系也合理，故选它为最终模型。

一般来说，若我们心目中对题目与因子的从属关系已有一些想法或假设，我们会从 CFA 入手（参见第五章第一节的分析类型），必要时对这些模型做出一些修订，得到最终的模型。

如果我们对题目的关系全无概念，只能用探索性因子分析。依据特征值的大小、碎石图、因子的方差贡献率等决定因子数目，也要参考及比较不同数目因子的估计结果（如：比较 4 因子模型和 5 因子模型的结果），选取比较合理、容易解释的因子模型。

克龙巴赫 α 系数（Cronbach's alpha）被广泛用于衡量量表题目的结构。但它有许多弱点，例如当题数增加时，α 系数自然提高。因而题多的量表与题少的量表不能比较 α 系数。尽管如此，做了 CFA，同时又报告每个因子对应题目的 α 系数，在文献中也常见。不过，报告整份量表（即不同因子的题目合在一起，例如：5 个性格因子共 40 个题目）的 α 系数是没有意义的，其中一个原因是，当题目增多时，α 系数通常都很高，并不说明量表题目是一致的（或者说是一维的）。

在做 EFA 时，第一个因子捕捉了最大的变异量，从属于它的题目通常也较多。有些时候，CFA 能清楚区分多个因子，例如，某一个 5 因子模型拟合不错，但 EFA 只产生 1 个或 2 个主要因子而已，误导我们认为数据不支持 5 因子模型。例如，假设老师的教学质量（如：请学生填答他们对老师教学的意见问卷）包含 5 个因子：老师的工作态度、教学的清晰性、对学生的关心、恰当使用教具、合适的作业量。用 CFA，能得出一个拟合很好的 5 因子模型；但如果用 EFA，可能只得到 2 个解释量较大的因子。所以，我们应当依据因子所包含题目内容的合理性，小心处理验证性和探索性因子分析结果的差异。简单地说，就算 CFA 展示了一个拟合很好的模型，改用 EFA 于同一批数据，也有可能得不出同一结论。

除了用于问卷题目的评价，CFA 还可以分析潜变量之间的相关关系。例如，分析各科学业能力与不同的性格因子的关系，可以用 CFA 同时了解学科能力与性格因子内的结构，以及因子间相关大小。

（五）CFA 练习

下面利用第一章表 1—1 的相关矩阵，在 Excel 中删去表头，另存为（制表符分隔的）文本文件 chap1 _ 2 _ CFA _ corr. txt，包含 45 个相关系数，以后称为数据文件。Mplus 除了读取文本文件，还可以读取（逗号分隔的）CSV 文件。就是说，也可以在 Excel 中另存为 CSV 文件给 Mplus 读取。

编写 Mplus 程序，计算图 1—2 至图 1—8（M_1 至 M_7）所示模型的参数和拟合指数，结果见表 1—4。可以用不同的设定方法去描述同一个模型，下面是一些常用的方法。

1. 模型 M_1

（1）固定方差法

```
TITLE：Chap1 _ 2 _ CFA，M1，Variance Fixed
DATA：
    FILE=chap1 _ 2 _ CFA _ corr. txt;
    TYPE=CORR;
    NOBSERVATIONS ARE 101;
VARIABLE：
    NAMES ARE x1 - x9;
MODEL：
    f1 BY x1 *  x4 x5;
    f2 BY x2 *  x6 x7;
    f3 BY x3 *  x8 x9;
    f1 - f3@1;
OUTPUT：STDYX;
```

（2）固定负荷法，即 Mplus 的默认设定

```
……
MODEL：
    f1 BY x1 x4 x5；
    f2 BY x2 x6 x7；
    f3 BY x3 x8 x9；
……
```

2. 模型 M_2

（1）固定方差法

```
……
MODEL：
    f1 BY x1 - x9 * ； f1@1；
……
```

（2）固定负荷法

```
……
MODEL：
    f1 BY x1 - x9；
……
```

3. 模型 M_3

（1）固定方差法

```
……
MODEL：
```

```
    f1 BY x1* x4 x5 x2 x6;
    f2 BY x7* x3 x8 x9;
    f1-f2@1;
……
```

（2）固定负荷法

```
……
MODEL:
    f1 BY x1 x4 x5 x2 x6;
    f2 BY x7 x3 x8 x9;
……
```

4. 模型 M_4

（1）固定方差法

```
……
MODEL:
    f1 BY x1* x4 x5 x2 x6 x7;
    f2 BY x3* x8 x9;
    f1-f2@1;
……
```

（2）固定负荷法

```
……
MODEL:
    f1 BY x1 x4 x5 x2 x6 x7;
```

```
    f2 BY x3 x8 x9;
……
```

5. 模型 M_5

（1）固定方差法

```
……
MODEL:
    f1 BY x1* x4 x5 x2 x6 x7;
    f2 BY x3* x8 x9;
    f1-f2@1;
    f1 WITH f2 @0;
……
```

（2）固定负荷法

```
……
MODEL:
    f1 BY x1 x4 x5 x2 x6 x7;
    f2 BY x3 x8 x9;
    f1 WITH f2 @0;
……
```

6. 模型 M_6

（1）固定方差法

```
……
MODEL:
```

```
    f1 BY x1*  x4 x9;
    f2 BY x2*  x6 x5;
    f3 BY x3*  x8 x7;
    f1-f3@1;
……
```

（2）固定负荷法

```
……
MODEL:
    f1 BY x1 x4 x9;
    f2 BY x2 x6 x5;
    f3 BY x3 x8 x7;
……
```

7．模型 M_7

（1）固定方差法，请留意解答不恰当（相关系数 > 1）

```
……
MODEL:
    f1 BY x1*  x4;
    f2 BY x5*  x2;
    f3 BY x6*  x7;
    f4 BY x3*  x8 x9;
    f1-f4@1;
……
```

（2）固定负荷法，请留意解答不恰当（相关系数 > 1）

```
……
MODEL：
    f1 BY x1 x4；
    f2 BY x5 x2；
    f3 BY x6 x7；
    f4 BY x3 x8 x9；
……
```

二、多质多法模型

传统上多质多法（multitrait multimethod，MTMM）模型用于验证测量工具的效度。假设我们用 5 种方法（多法）去测量学生的 5 种能力（多质）（见表 3－6）。测量方法包括：（1）家长主观评分；（2）教师主观评分；（3）学生自评；（4）纸笔测验；（5）专题报告。所评估能力包括：（1）创造力；（2）美术技巧；（3）数学能力；（4）语文能力；（5）科学知识。

表 3－6　多质多法模型变量与因子从属关系

变量（题目）	特质因子					方法因子				
	创造	美术	数学	语文	科学	家长	教师	学生	纸笔	专题
1. 创造、家长	√					√				
2. 创造、教师	√						√			
3. 创造、学生	√							√		
4. 创造、纸笔	√								√	
5. 创造、专题	√									√
6. 美术、家长		√				√				

续表

变量（题目）	特质因子					方法因子				
	创造	美术	数学	语文	科学	家长	教师	学生	纸笔	专题
7. 美术、教师		√					√			
8. 美术、学生		√						√		
9. 美术、纸笔		√							√	
10. 美术、专题		√								√
11. 数学、家长			√			√				
12. 数学、教师			√				√			
13. 数学、学生			√					√		
14. 数学、纸笔			√						√	
15. 数学、专题			√							√
16. 语文、家长				√		√				
17. 语文、教师				√			√			
18. 语文、学生				√				√		
19. 语文、纸笔				√					√	
20. 语文、专题				√						√
21. 科学、家长					√	√				
22. 科学、教师					√		√			
23. 科学、学生					√			√		
24. 科学、纸笔					√				√	
25. 科学、专题					√					√

每个学生的每种能力都有 5 个得分，5 种能力共有 5×5＝25 个得分（观测变量），例如：家长评创造力得分，家长评美术技巧得分，纸笔测验创造力得分，等等。设有 500 名学生的数据，我们可以计算其 25 个变量的相关（或协方差）矩阵［见本章第二节（二）程序中的相关矩阵］。

许多 MTMM 模型的目的在于验证或检验（Byrne，2013）：（1）收敛（convergent）效度——用不同方法测量同一能力，应有相当高的相关；

(2) 区分 (discriminate) 效度——同一方法应能辨别不同能力，用同一方法测量的不同能力间相关应当低；(3) 方法效应 (method effect) ——一般而言，不同能力因子的相关应大于方法因子的相关。要验证上述效度或效应并不容易，而且引来许多争论（例如，Lance et al.，2002；Marsh，1989）。

(一) 模型的表达

MTMM 可用多种方法来表达（Marsh，1989），可以先将 25 个得分，分为 5 个能力因子，做简单 5 因子的 CFA（与图 3－1 相似）。但该模型没有充分表达同一种测量方法变量间的关系，所以拟合不算太好。处理 MTMM 数据的更常见方法是用因子代表各种“质”和“法”。对上述 5 种能力和 5 种评分方法的例子，我们用 10 个因子的验证性因子模型，对同一能力用不同方法测量得分从属同一“能力”因子，而同一方法测量不同能力的得分从属同一“方法”因子。各种特质因子间容许相关，各种方法因子间也容许相关，简称为相关特质相关方法（correlated trait-correlated method，CTCM）假设，相应的模型也称为 CTCM 模型（见图 3－5）。

一般来说，各能力（特质）间应有相关，所以我们容许特质因子间相关；各方法因子间相关一般较低，可以容许有关，亦可设定为无关。MTMM 模型可应用于任何研究，只要所研究的因子间的关系呈现与 MTMM 类似的模型。也就是说，任何研究的各变量，有系统地同时从属于两个（或多个）因子，都可能符合 MTMM 类模型。特质因子间和方法因子间是否有相关，要看研究假设而定，或者比较两类（因子间相关或无关）模型的结果，选取拟合程度高且相对简单的模型。

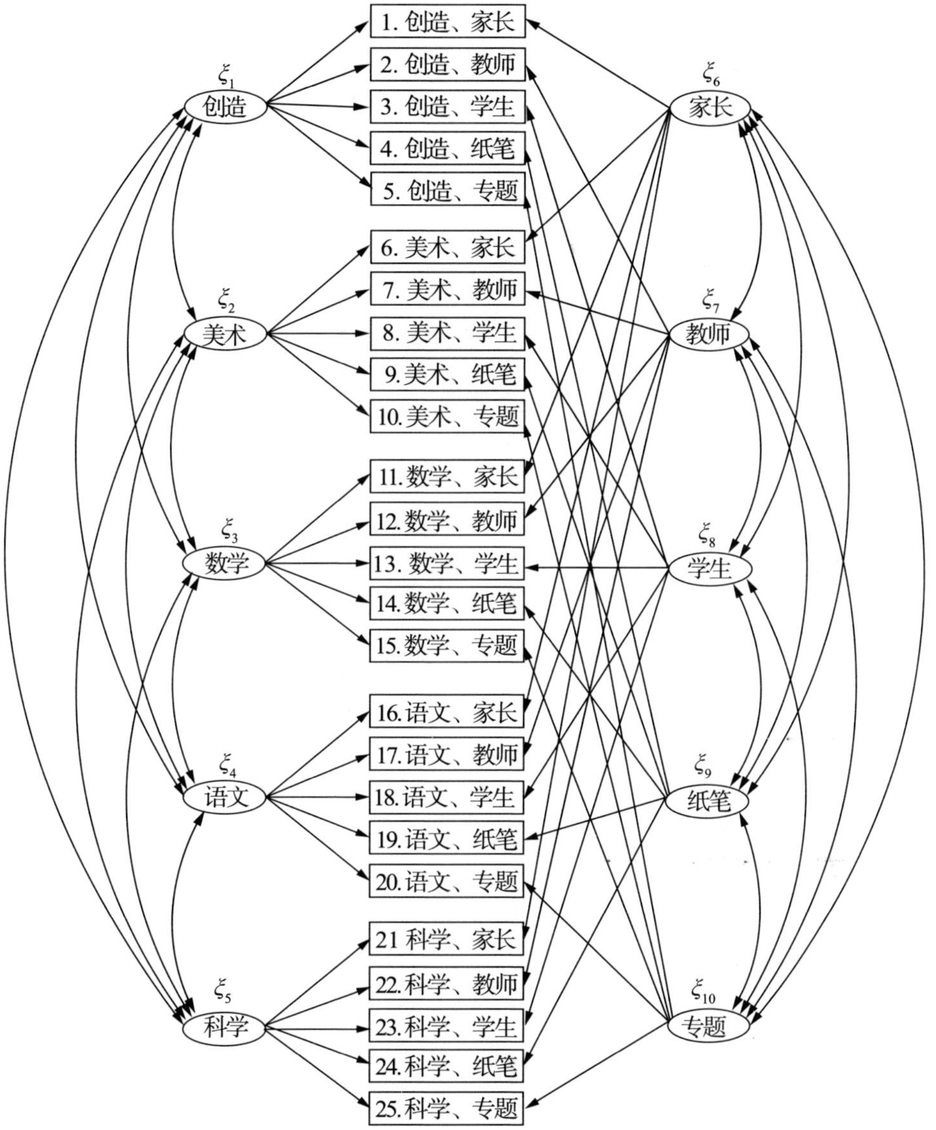

图 3－5　多质多法分析中观测变量与因子从属关系（CTCM）

（二）多质多法模型的相关特质相关方法（CTCM）程序

首先将以下 25 行×25 列的下半三角形相关矩阵录入，保存为文本文件，文件名为 chap3 _ 2 _ 2 _ MTMM. txt。

```
1.00
0.40 1.00
0.44 0.43 1.00
0.39 0.41 0.43 1.00
0.44 0.38 0.44 0.45 1.00
0.50 0.21 0.18 0.19 0.19 1.00
0.19 0.48 0.22 0.23 0.18 0.45 1.00
0.20 0.21 0.53 0.18 0.23 0.42 0.43 1.00
0.22 0.19 0.19 0.53 0.22 0.41 0.45 0.45 1.00
0.19 0.17 0.22 0.19 0.52 0.46 0.41 0.39 0.44 1.00
0.49 0.23 0.23 0.17 0.23 0.51 0.23 0.17 0.23 0.23 1.00
0.24 0.52 0.19 0.23 0.19 0.22 0.48 0.18 0.19 0.18 0.45 1.00
0.22 0.22 0.52 0.22 0.18 0.19 0.23 0.51 0.17 0.22 0.39 0.43 1.00
0.23 0.18 0.22 0.49 0.17 0.24 0.17 0.24 0.47 0.18 0.41 0.44 0.43 1.00
0.18 0.22 0.23 0.19 0.48 0.25 0.21 0.19 0.22 0.53 0.44 0.39 0.42 0.41 1.00
0.48 0.23 0.18 0.23 0.23 0.48 0.18 0.23 0.25 0.24 0.55 0.23 0.19 0.24 0.23 1.00
0.22 0.51 0.17 0.19 0.21 0.19 0.51 0.19 0.23 0.23 0.23 0.52 0.23 0.19 0.17 0.43 1.00
0.23 0.22 0.48 0.22 0.19 0.23 0.23 0.53 0.23 0.22 0.24 0.22 0.47 0.22 0.19 0.45 0.39 1.00
0.19 0.23 0.23 0.53 0.22 0.24 0.19 0.24 0.53 0.19 0.21 0.24 0.23 0.48 0.23 0.42 0.46 0.45 1.00
0.20 0.24 0.17 0.23 0.49 0.21 0.16 0.19 0.19 0.51 0.24 0.18 0.24 0.22 0.52 0.41 0.43 0.39 0.45 1.00
0.51 0.22 0.18 0.19 0.18 0.52 0.25 0.24 0.24 0.23 0.49 0.24 0.21 0.24 0.24 0.53 0.24 0.23 0.23 0.24 1.00
0.22 0.53 0.23 0.18 0.17 0.25 0.53 0.17 0.18 0.24 0.19 0.52 0.18 0.19 0.17 0.24 0.49 0.19 0.21 0.21 0.45 1.00
0.19 0.22 0.47 0.22 0.23 0.22 0.23 0.47 0.17 0.17 0.23 0.22 0.47 0.21 0.24 0.23 0.23 0.53 0.24 0.23 0.41 0.45 1.00
0.22 0.23 0.22 0.52 0.21 0.19 0.17 0.24 0.53 0.19 0.19 0.19 0.18 0.53 0.22 0.19 0.21 0.18 0.51 0.18 0.43 0.41 0.45 1.00
0.20 0.24 0.19 0.19 0.49 0.18 0.19 0.19 0.23 0.52 0.23 0.17 0.23 0.19 0.52 0.24 0.18 0.24 0.17 0.25 0.44 0.42 0.43 0.41 1.00
```

在保存 chap3_2_2_MTMM.txt 的同一文件夹中，保存、运行如下 Mplus 命令。

```
TITLE: chap3_2_2_MTMM_CTCM
DATA:
    FILE IS chap3_2_2_MTMM.txt;
    TYPE IS CORR;
    NOBSERVATIONS ARE 500;
VARIABLE:
    NAMES ARE X11-X15 X21-X25 X31-X35 X41-X45 X51-X55;
MODEL:
    F1 BY X11-X15*;
    F2 BY X21-X25*;
    F3 BY X31-X35*;
    F4 BY X41-X45*;
    F5 BY X51-X55*;
```

```
    F1 - F5@1;
    F6 BY X11* X21 X31 X41 X51;
    F7 BY X12* X22 X32 X42 X52;
    F8 BY X13* X23 X33 X43 X53;
    F9 BY X14* X24 X34 X44 X54;
    F10 BY X15* X25 X35 X45 X55;
    F6 - F10@1;
    F1 - F5 WITH F6 - F10@0;
OUTPUT: MOD STD;
```

解释：许多时候，对 CTCM 模型使用固定负荷法并不收敛（见 Marsh，1989），因此，在本例中，用固定方差法。

一般来说，用 CTCM 去估计 MTMM 模型，不论是固定方差法还是固定负荷法，即使尝试用不同的始值，或者增加迭代次数，也经常不能得到恰当的解（参见第七章第二、三节）。

（三）多质多法模型的相关特质相关特性（CTCU）

许多研究显示，MTMM 的 CTCM 模型往往难以进行估计（见 Lance et al.，2002；Marsh，1989），尤其是方法及特质因子数目不多时（如 3 方法×3 特质），容易导致非正定或不收敛的结果。较大的 MTMM 模型（如 7 方法×7 特质）能收敛的机会较大。

Marsh（1988，1989）提出以相关特质相关特性（correlated trait-correlated uniqueness，CTCU）来设定方法因子，相应的模型也称为 CTCU 模型。对于本例，当改用 CTCU 模型时，只留下 5 个特质因子（$N_\xi=5$），取消 5 个方法因子，但对于用同一方法得到的分数，容许它们的特殊因子（在其他场合也称为误差）相关。第 1、6、11、16、21 个变量为同一个方法的分数，在 CTCM 模型中，它们从属于第 6 个因子。但现改用特殊因子的相关来表达（见图 3—6），相应的代码是：

```
X11 X21 X31 X41 X51 WITH X11 X21 X31 X41 X51;
```

同样地，我们也容许第 2、7、12、17、22 个变量的特殊因子相关，以此类推。

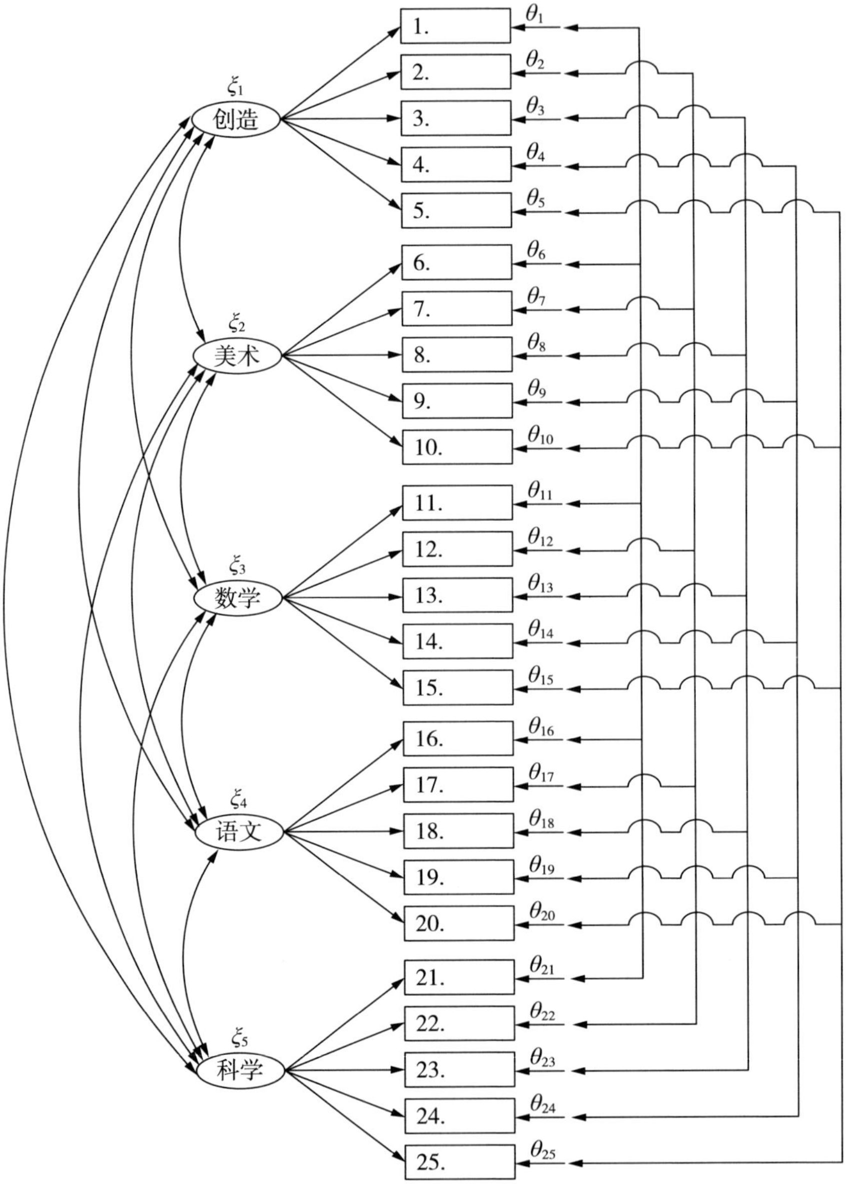

图 3－6　多质多法分析中观测变量与因子从属关系（CTCU）

（四）多质多法的相关特质相关特性（CTCU）程序

```
TITLE：chap3 _ 2 _ 2 _ MTMM _ CTCU
DATA：
    FILE IS chap3 _ 2 _ 2 _ MTMM. txt；
    TYPE IS CORR；
    NOBSERVATIONS ARE 500；
VARIABLE：
    NAMES ARE X11 - X15 X21 - X25 X31 - X35 X41 - X45 X51 - X55；
MODEL：
    F1 BY X11 - X15 * ；
    F2 BY X21 - X25 * ；
    F3 BY X31 - X35 * ；
    F4 BY X41 - X45 * ；
    F5 BY X51 - X55 * ；
    F1 - F5@1；
    X11 X21 X31 X41 X51 WITH X11 X21 X31 X41 X51；
    X12 X22 X32 X42 X52 WITH X12 X22 X32 X42 X52；
    X13 X23 X33 X43 X53 WITH X13 X23 X33 X43 X53；
    X14 X24 X34 X44 X54 WITH X14 X24 X34 X44 X54；
    X15 X25 X35 X45 X55 WITH X15 X25 X35 X45 X55；
OUTPUT：MOD STD；
```

（五）CTCM 与 CTCU 比较

虽然用 CTCU 去处理多质多法研究，可能更容易得到收敛及恰当的解答，但 Lance 等人（2002）认为这种方法在反映原本的多质多法特点、方法因子方差和相关系数的估计、模型的简约性等方面，均比传统的 CTCM 差，所以除非 CTCM 不收敛或解答不恰当，否则不应用 CTCU 模型去处理多质多法问题。一般来说，CTCU 会比 CTCM 用更多的参数（路径），即 CTCU 的模型比较复杂，自由度比较低。

在本节所述的 MTMM 例子中，所有观测变量（指标、题目）均整齐地从属于两个因子。在其他研究中，只要部分观测变量从属于多于一个因子，我们就可用类似 MTMM 的方法，使有额外相同特性的观测变量从属于同一因子（类似方法因子）。

三、全模型

（一）模型简介

通常的回归模型中，自变量和因变量都是可观测变量。如果它们都是潜变量，各有 CFA 测量模型，连同潜变量之间的路径模型，就成为结构方程模型，而 CFA 模型是 SEM 的特例。

文献中，SEM 有多种等价的表达方式，其中比较常用的是 LISREL 表达式，也称为 LISREL 模型。LISREL 软件以此表达式为基础编程，所以了解 LISREL 表达式对学习 LISREL 软件至关重要。后来流行的软件如 Mplus，虽然不是建立在 LISREL 表达式基础上的，但都可以用来分析 LISREL 模型。Mplus 用户不必学习 LISREL 表达式，但如果想要看懂文献上的 LISREL 表达式，或者希望清晰了解 SEM 的数学方程，那么学习 LISREL 表达式还是很有用的。

在 LISREL 模型中，潜变量分为两类：一类只做自变量，称为外源潜变量，也称为 ξ 因子，连同其指标，统称为结构方程模型的 x 部分；另一类至少在一个方程中位于因变量位置（但在其他方程中也可能在自变量位置），称为内生潜变量，也称为 η 因子，连同其指标，统称为结构方程模型的 y 部分。

对于 x 部分的因子，可以容许它们之间相关（用弧形双向箭头相连），但不能有因果关系。如果因子间有因果关系（用直线箭头表示），则要用到 y 部分的因子。一个 SEM 全模型（full model）是指同时包含外源变量（ξ 因子及其指标）和内生变量（η 因子及其指标）的模型，也称为完整模型（complete model）。η 因子及其指标比 ξ 因子及其指标能描述更多类型的关系。理论上，甚至可以只用 η 因子及其指标来描述所有的模型（包括全模型）。不过在简单的 CFA 模型中，用 ξ 因子及其指标较易设定。

看一个全模型的例子。在一所大型高中收集到 500 名同一年级学生各方面的表现和问卷答案，以了解学生的智力、兴趣、自信如何影响学业、课外活动和服务热诚。x_1、x_2、x_3 为 3 个学习兴趣题目问卷得分（如“我对学习很有兴趣”，用“十分不同意”至“十分同意”5 点量表）。x_4、x_5、x_6 为 3 个智力小测验的得分。x_7、x_8、x_9 为 3 个自信题目得分（如“我做什么事都很有信心”）。y_1、y_2、y_3 为语文、英语、数学的考试得分。y_4、y_5、y_6 分别为同学、老师和父母对学生在课外活动表现的评分（1 至 10 分）。y_7、y_8、y_9 为同学、老师和父母对学生服务热诚的评分。

假定根据有关文献和理论，可以认为学习兴趣影响学业和服务热诚（γ_{11} 和 γ_{31}），智力和自信影响学业（γ_{12} 和 γ_{13}），自信影响课外活动（γ_{23}），而学业亦会影响课外活动（β_{21}）。课外活动和服务热诚间除了因上述关系有间接相关外，亦可能有额外的相关（ψ_{23}）。

建立如图 3—7 所示的模型。在这个模型中，要用到几个新的矩阵。$\boldsymbol{\Lambda}_y$ 和 $\boldsymbol{\Theta}_\varepsilon$ 与对应的 $\boldsymbol{\Lambda}_x$ 和 $\boldsymbol{\Theta}_\delta$ 相似，它们分别是 y 指标的因子负荷矩阵和误差协方差矩阵。

$\boldsymbol{\Gamma}$ 是 ξ 因子对 η 因子的效应矩阵（见图 3—7 中 ξ 因子到 η 因子的路径系数），是一个 N_η（η 因子个数）$\times$ N_ξ（ξ 因子个数）矩阵，其中的元素与传统的回归系数相似。例如，矩阵元素 γ_{31} 是 ξ_1 对 η_3 的影响（也可称为“η_3 来自 ξ_1 的效应”）。

大写希腊字母 $\boldsymbol{B}$ 是 $N_\eta \times N_\eta$ 矩阵，表示 η 因子对 η 因子的效应，其中的元素也和传统的回归系数相似。例如，矩阵元素 β_{21} 是 η_1 对 η_2 的影响。$\boldsymbol{B}$ 与 $\boldsymbol{\Gamma}$

不同的是，$\boldsymbol{\Gamma}$ 是 ξ 因子对 η 因子的影响，而 $\boldsymbol{B}$ 是 η 因子对 η 因子的影响。

$\boldsymbol{\Psi}$ 是结构方程误差向量 $\boldsymbol{\zeta}$ 的协方差矩阵，是一个 $N_\eta \times N_\eta$ 矩阵。与 $\boldsymbol{\Phi}$（ξ 因子的协方差矩阵）有相似之处，但不相同。$\boldsymbol{\Psi}$ 的对角线元素是 η 因子的残差（未被结构方程中的自变量解释的部分）方差，例如：矩阵元素 $\psi_{11}=0.72$（见图 3－7），是 η_1 未被 ξ_1、ξ_2、ξ_3 解释而余下的部分，ψ_{11} 越大，表示图中指向 η_1 的因子解释 η_1 的方差（变异量）的能力越低。同理，$\psi_{22}=0.90$（见图 3－7），显示 ξ_3 和 η_1 对 η_2 的解释量很低。$\boldsymbol{\Psi}$ 非对角线元素是残差的协方差，例如：ψ_{23} 是 ζ_2 与 ζ_3 的协方差。

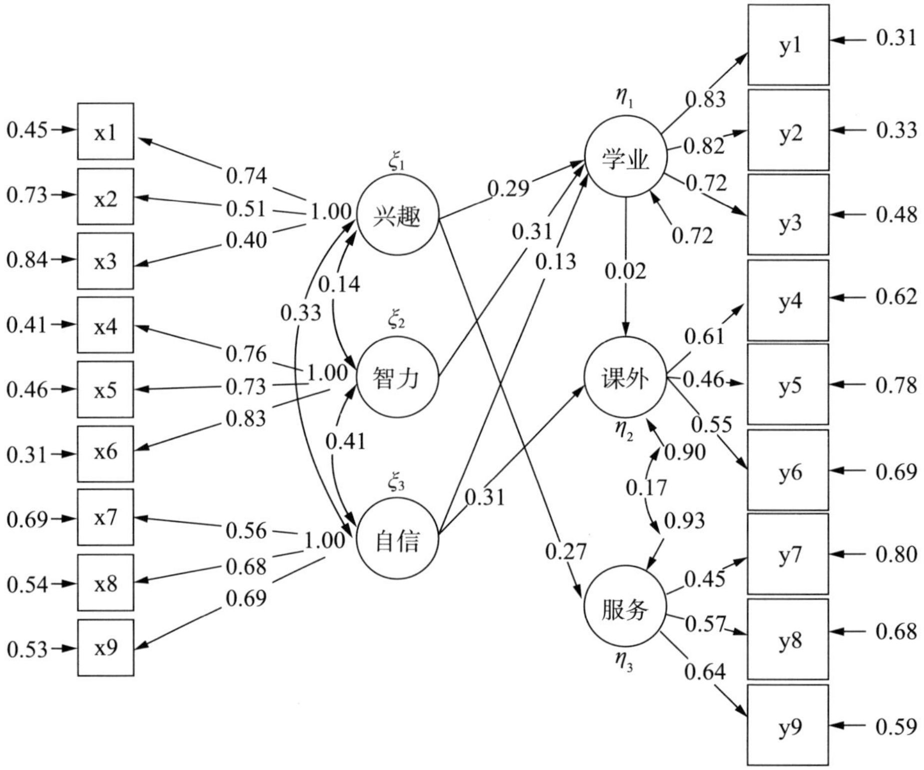

图 3－7　学生兴趣、智力、自信对学业、课外活动和服务热诚的影响（$\mathbf{M}_1$）

（二）全模型 Mplus 程序

首先将以下 18 行×18 列的下半三角形相关矩阵录入，保存为文本文件，文件名为 chap3 _ 3 _ 2 _ Full. txt。

```
1.00
0.68 1.00
0.60 0.58 1.00
0.01 0.10 0.07 1.00
0.12 0.04 0.06 0.29 1.00
0.06 0.06 0.01 0.35 0.24 1.00
0.09 0.13 0.10 0.05 0.03 0.07 1.00
0.04 0.08 0.16 0.10 0.12 0.06 0.25 1.00
0.06 0.09 0.02 0.02 0.09 0.16 0.29 0.36 1.00
0.23 0.26 0.19 0.05 0.04 0.04 0.08 0.09 0.09 1.00
0.11 0.13 0.12 0.03 0.05 0.03 0.02 0.06 0.06 0.40 1.00
0.16 0.09 0.09 0.10 0.10 0.02 0.04 0.12 0.15 0.29 0.20 1.00
0.24 0.26 0.22 0.14 0.06 0.10 0.06 0.07 0.08 0.03 0.04 0.02 1.00
0.21 0.22 0.29 0.07 0.05 0.17 0.12 0.06 0.06 0.03 0.12 0.04 0.55 1.00
0.29 0.28 0.26 0.06 0.07 0.05 0.06 0.15 0.20 0.10 0.03 0.12 0.64 0.61 1.00
0.15 0.16 0.19 0.18 0.08 0.07 0.08 0.10 0.06 0.15 0.16 0.07 0.25 0.25 0.16 1.00
0.24 0.20 0.16 0.13 0.15 0.18 0.19 0.18 0.14 0.11 0.07 0.16 0.19 0.21 0.22 0.35 1.00
0.14 0.25 0.12 0.09 0.11 0.09 0.09 0.11 0.21 0.17 0.09 0.05 0.21 0.23 0.18 0.39 0.48 1.00
```

图 3－7 对应的 Mplus 程序如下。

```
TITLE：Full Model，M1
DATA：
    FILE＝chap3 _ 3 _ 2 _ Full. txt；
    TYPE＝CORR；
    NOBSERVATIONS＝500；
VARIABLE：
    NAMES＝y1 - y9 x1 - x9；
    ！注意，前 9 个变量为 y 变量，后 9 个变量为 x 变量
MODEL：
    eta1 BY y1 - y3；
    eta2 BY y4 - y6；
```

```
    eta3 BY y7 - y9;
    xi1 BY x1 - x3;
    xi2 BY x4 - x6;
    xi3 BY x7 - x9;
    eta1 ON xi1 - xi3;
    eta2 ON eta1 xi3;
    eta3 ON xi1;
    eta2 WITH eta3;
OUTPUT: MOD STD;
```

说明：

（1）若模型内同时含 x 变量和 y 变量，在数据文件中，习惯上将 y 变量放在前，x 变量放在后。

（2）本例中，x 变量及 y 变量均用固定负荷法。一般来说，x 变量可用固定负荷法或固定方差法，但 y 变量要用固定负荷法。在这个例子中，ψ_{11} 并非因子 η_1 的方差，所以不应当用“eta1@1”固定 ψ_{11} 为 1，去设定因子 η_1 的度量单位。

（3）共有 5 个 ξ 到 η 的路径、1 个 η_1 到 η_2 的路径需要自由估计，使用 ON 子命令。

（4）“eta2 WITH eta3”并不是 η_2 与 η_3 的协方差，而是 η_2 与 η_3 各自包含的结构方程误差 ζ_2 与 ζ_3 的协方差。

（三）结果解释

结果显示模型（M_1）的拟合不错：$\chi^2(125)=293.10$，RMSEA=0.052，CFI=0.919，TLI=0.901（见表 3—7）。首先考虑要不要增加新的路径。从修正指数输出结果不难看出，β_{32}（即 $\eta_2\rightarrow\eta_3$，修正指数=21.99）及 γ_{33}（即 $\xi_3\rightarrow\eta_3$，修正指数=21.91）对应的修正指数较大。因为 $\eta_2\rightarrow\eta_3$ 在理论上不太合理，且 η_2 和 η_3 间已有相关，故第一个修正模型 M_2 是让 γ_{33} 自由估计，$\chi^2(124)=270.69$；标准化 $\gamma_{33}=0.353$，效应很大，说明增加路径 $\xi_3\rightarrow\eta_3$ 是合适的。然后考虑要不要减少原有的路径。在各因子关系中，标准化 $\beta_{21}=0.015$（$SE=0.070$，$t=0.215$）的效应最小，可以删除该路径。将模型 M_2

的 β_{21} 固定为 0，变成模型 M_3。

表 3—7　全模型例子及若干修正模型的拟合指数

模型	修正	df	χ^2	RMSEA	CFI	TLI
M_1	初始模型	125	293.10	0.052	0.919	0.901
M_2	M_1＋γ_{33} 自由	124	270.69	0.049	0.930	0.931
M_3	M_2＋固定 β_{21}	125	270.73	0.048	0.930	0.914
M_4	M_3＋固定 γ_{31}	126	273.08	0.048	0.929	0.914
M_5	M_4＋固定 ψ_{32}	127	275.35	0.048	0.939	0.914

（四）修正模型 M_2 和 M_3 的 Mplus 程序

修正模型 M_2 的 Mplus 程序如下。

```
TITLE: Full Model, M2
DATA:
    FILE=chap3_3_2_Full.txt;
    TYPE=CORR;
    NOBSERVATIONS=500;
VARIABLE:
    NAMES=y1-y9 x1-x9;
MODEL:
    eta1 BY y1-y3;
    eta2 BY y4-y6;
    eta3 BY y7-y9;
    xi1 BY x1-x3;
    xi2 BY x4-x6;
    xi3 BY x7-x9;
    eta1 ON xi1-xi3;
```

```
    eta2 ON eta1 xi3;
    eta3 ON xi1 xi3;
    eta2 WITH eta3;
OUTPUT: MOD STD;
```

修正模型 M_3 的程序如下。

```
TITLE: Full Model, M3
DATA:
    FILE=chap3_3_2_Full.txt;
    TYPE=CORR;
    NOBSERVATIONS=500;
VARIABLE:
    NAMES=y1-y9 x1-x9;
MODEL:
    eta1 BY y1-y3;
    eta2 BY y4-y6;
    eta3 BY y7-y9;
    xi1 BY x1-x3;
    xi2 BY x4-x6;
    xi3 BY x7-x9;
    eta1 ON xi1-xi3;
    eta2 ON eta1@0 xi3;
    eta3 ON xi1 xi3;
    eta2 WITH eta3;
OUTPUT: MOD STD;
```

（五）修正模型 M_2 和 M_3 的结果解释

一般地，增加自由参数（模型变复杂），模型的卡方会减少；减少自由参数（模型变简单），模型的卡方会增加。如果增加自由参数后，卡方非常显著地减少，说明增加自由参数是值得的。如果减少自由参数后，卡方没有显著地增加，说明减少自由参数是可取的。由表 3－7 的 χ^2 可见，由 M_1 修改为 M_2 后，减少的卡方是 $\Delta\chi^2(1)=22.41$，模型拟合优度改善显著，支持让 γ_{33} 自由估计，即增加路径 $\xi_3\rightarrow\eta_3$。由 M_2 修改为 M_3 后，增加的卡方是 $\Delta\chi^2(1)=0.04$，模型拟合并未变坏，故 β_{21} 固定为 0 并不损害拟合优度，所以也支持这一修改。这时，要进一步考虑，还有没有路径可以减少。

在 M_3 中，标准化 $\gamma_{31}=0.114$（$SE=0.074$，$t=1.549$）也不显著，故考虑把它固定为 0，变成模型 M_4。M_4 的拟合指数：$\chi^2(126)=273.08$，$\Delta\chi^2(1)=2.35$，不显著，故支持删除路径 $\xi_1\rightarrow\eta_3$。同理，还可以进一步固定 ψ_{32} 为 0，变成模型 M_5（见图 3－8），$\chi^2(127)=275.35$，$\Delta\chi^2(1)=2.27$，不显著，支持删除该路径。

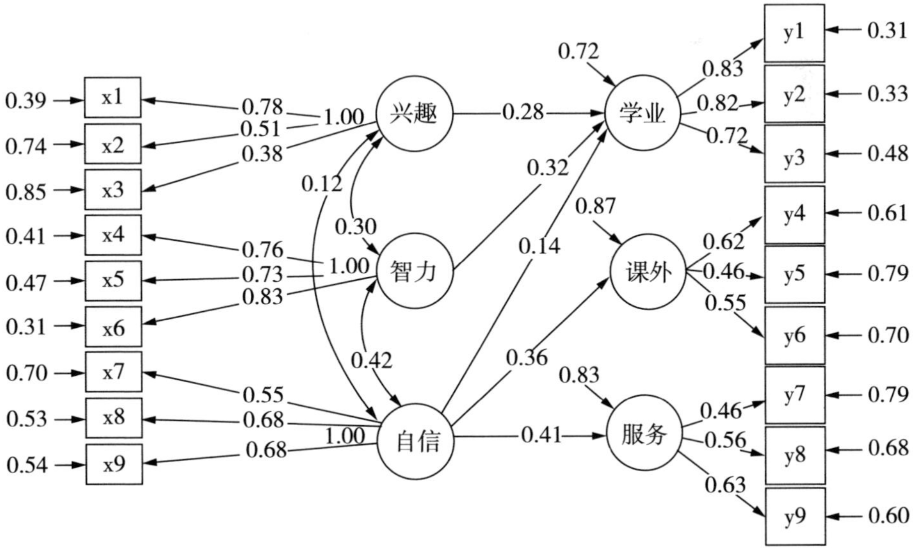

图 3－8 学生兴趣、智力、自信对学业、课外活动和服务热诚的影响（M_5）

一般而言，以省俭原则删去不显著的路径，理由已算充分。但是，很多人认为只依据修正指数去增加路径的做法过于依赖数据驱动，理由不够充分，最好能加上一些理论和解释，去支持增加这路径。

（六）修正模型 M_4 和 M_5 的 Mplus 程序

修正模型 M_4 的 Mplus 程序如下。

```
TITLE: Full Model, M4
DATA:
    FILE=chap3_3_2_Full.txt;
    TYPE=CORR;
    NOBSERVATIONS=500;
VARIABLE:
    NAMES=y1-y9 x1-x9;
MODEL:
    eta1 BY y1-y3;
    eta2 BY y4-y6;
    eta3 BY y7-y9;
    xi1 BY x1-x3;
    xi2 BY x4-x6;
    xi3 BY x7-x9;
    eta1 ON xi1-xi3;
    eta2 ON xi3;
    eta3 ON xi3;
    eta2 WITH eta3;
OUTPUT: MOD STD;
```

修正模型 M_5 的 Mplus 程序如下。

```
TITLE：Full Model，M5
DATA：
    FILE=chap3 _ 3 _ 2 _ Full. txt；
    TYPE=CORR；
    NOBSERVATIONS=500；
VARIABLE：
    NAMES=y1 - y9 x1 - x9；
MODEL：
    eta1 BY y1 - y3；
    eta2 BY y4 - y6；
    eta3 BY y7 - y9；
    xi1 BY x1 - x3；
    xi2 BY x4 - x6；
    xi3 BY x7 - x9；
    eta1 ON xi1 - xi3；
    eta2 ON xi3；
    eta3 ON xi3；
OUTPUT：MOD STD；
```

M_5 中各自由估计参数均显著地不等于 0，虽然仍有几个误差相关对应的修正指数较大，但因为没有什么依据可让这些误差相关自由估计，故 M_5 为最后得到的模型。在模型修改过程中，我们先逐一将较大修正指数对应的固定参数修改为自由参数，然后再逐一将未达显著的自由参数固定为 0，即删除效应不大的路径，使模型更简洁。

再说明一下，M_4 与 M_5 相差的只是因子间的相关。因为 M_5 用较少的参数（路径）来表达数据关系，所以它是一个较为简单的模型（ df 较大）。而在 M_4

中，因为容许因子相关，$\boldsymbol{\Sigma}$ 比较接近 $\boldsymbol{S}$，所以 M_4 对数据的拟合比较好。不过 M_4 是一个较为复杂的模型（df 较小）。从模型对数据的拟合角度，我们应当选择 M_4，但从简单的角度，我们喜欢 M_5。因为分析结果显示 M_5 的拟合程度只是比 M_4 略差一点，所以我们宁愿要 M_5。当然，如果 M_5 拟合程度比 M_4 差很多，则选择 M_4。至于 M_1，因为 M_4、M_5 都比它好，所以放弃。

（七）全模型设定总结

回顾一下模型中的不同矩阵及其含义。

$\boldsymbol{\Lambda}_x$ 和 $\boldsymbol{\Lambda}_y$ 是因子负荷。将变量（指标）与所属因子的路径设定为自由估计。若用固定负荷法，Mplus 对每个因子，自动选择其中第一个负荷固定为 1。

$\boldsymbol{\Theta}_\delta$ 和 $\boldsymbol{\Theta}_\varepsilon$ 是观测变量的误差方差（或特殊方差），一般是自由估计对角线元素，在有理论依据或合理解释的情况下，可以将部分非对角线元素设定为自由估计，以反映这些观测变量除了通过因子联系以外，未能被解释的误差相关。

$\boldsymbol{\Gamma}$ 是外源潜变量 ξ 对内生潜变量 η 的影响路径，$\boldsymbol{B}$ 则是内生潜变量 η 对内生潜变量 η 的影响路径。将理论假设有影响的路径，设定为自由估计，其余元素固定为零。

$\boldsymbol{\Phi}$ 是外源潜变量 ξ 之间的相关（协方差），非对角线元素是固定还是自由估计，根据模型假设而定。至于对角线元素，在用固定方差法时均固定并赋值为 1，在用固定负荷法时均自由估计。

$\boldsymbol{\Psi}$ 的含义与 $\boldsymbol{\Phi}$ 有点相似，但不完全相同。$\boldsymbol{\Phi}$ 的对角线是 ξ 因子的方差，但 $\boldsymbol{\Psi}$ 的对角线是 η 因子的残差方差。模型中 ξ 因子和 η 因子对 η 因子的解释程度越高（分别由 $\boldsymbol{\Gamma}$ 和 $\boldsymbol{B}$ 决定），η 因子未能被解释的部分（即残差）及其方差就越小，即 $\boldsymbol{\Psi}$ 对角线元素的值越小。$\boldsymbol{\Psi}$ 的非对角线元素（如果自由估计的话）是两个 η 因子的残差之间的协方差。

表 3—8　各矩阵的大小及内涵

矩阵	名称	矩阵大小	元素
$\boldsymbol{\Lambda}_x$	Lambda-x	$N_x \times N_\xi$	x 指标在 ξ 因子上的负荷
$\boldsymbol{\Lambda}_y$	Lambda-y	$N_y \times N_\eta$	y 指标在 η 因子上的负荷
$\boldsymbol{\Phi}$	Phi	$N_\xi \times N_\xi$	ξ 因子的方差-协方差
$\boldsymbol{\Psi}$	Psi	$N_\eta \times N_\eta$	η 因子残差 ζ 的方差-协方差
$\boldsymbol{\Theta}_\delta$	Theta-delta	$N_x \times N_x$	x 指标误差 δ 的方差-协方差
$\boldsymbol{\Theta}_\varepsilon$	Theta-epsilon	$N_y \times N_y$	y 指标误差 ε 的方差-协方差
$\boldsymbol{\Gamma}$	Gamma	$N_\eta \times N_\xi$	ξ 因子对 η 因子的效应（路径系数）
$\boldsymbol{B}$	Beta	$N_\eta \times N_\eta$	η 因子对 η 因子的效应（路径系数）

四、高阶因子分析

（一）模型简介

人有不同种类的能力，但是否聪明人的不同种类能力都高呢？是否有一个统管各能力的因子——高阶因子（high order factor），主宰各种能力（一阶因子）的表现呢？

假设我们相信各一阶能力因子可以有相关（模型 M_{1ord}），因为没有限制这些相关的大小或关系（如某两个相关系数必须相等），所以需估计的参数很多。当有 5 个一阶因子时，共有 10 个因子间相关。我们不断强调好的模型应该既简单又能准确描述数据中各变量的关系，所以我们可提出一个更简单的模型（M_{2ord}）。假设有一个普遍能力（二阶）因子，影响各一阶能力因子的表现。就是说，10 个相关反映 5 个一阶因子间的关系，改由 5 个参数（二阶因子与一阶因子的关系）所替代。在 5 个一阶因子的情况下，M_{2ord} 比 M_{1ord} 多了 5 个自由度。若 M_{2ord} 能拟合数据，它就是一个较简单又能准确描述数据关系的模型。

M_{2ord} 因为用一个二阶因子去表达一阶因子间的关系，卡方必然较大，自由度也增加，只要 M_{2ord} 与 M_{1ord} 相比增加的卡方 $\Delta\chi^2$（自由度是 5，即两模型自由度的差）不到显著水平，就认为这个二阶因子足以反映各一阶因子的关系。从模型简洁性考虑，我们选择 M_{2ord}。若 M_{2ord} 的卡方显著增加，表明二阶模型拟合不好，不足以反映各一阶因子的关系，这时宁愿要比较复杂的模型 M_{1ord}。

我们以前面的 CFA 的 M_B 模型（本章第一节图 3—3）为例，检查是否可用一个二阶因子模型 $M_{B\text{-}2ord}$ 来拟合数据（见图 3—9）。

（二）高阶因子模型的 Mplus 程序

```
TITLE：
    chap3_1_2_CFA Model B，Higher Order CFA，Loading Fixed
DATA：
    FILE=chap3_1.txt；
    TYPE=CORR；
    NOBSERVATIONS=350；
VARIABLE：
    NAMES=y1-y17；
    USEVARIABLES=y1-y3 y5-y17；
MODEL：
    eta1 BY y1-y3 y8；
    eta2 BY y5-y7；
    eta3 BY y9-y11；
    eta4 BY y12-y14；
    eta5 BY y15-y17；
    xi BY eta1-eta5*；
    xi@1；
OUTPUT：MOD STDYX；
```

解释：我们将一阶的 16 个指标和 5 个因子，当作 y 部分的指标和因子（即 η 因子），故此 $\boldsymbol{\Lambda}_y$ 为一阶因子的负荷。一阶因子间相关固定为 0，因为这些相关已由共同的二阶因子表达。将二阶因子当作 x

部分的因子（即 ξ 因子），因为只有一个二阶因子，$N_{\xi}=1$，5 个 η 因子是它的指标，故图 3－9 中箭头由 ξ 指向 η。这就容易理解，二阶因子用 ξ 表达，而一阶因子用 η 表达，此时 $\boldsymbol{\Gamma}$ 成了一阶因子在二阶因子上的负荷。我们仍要设定二阶因子的度量单位，可以设定 ξ（二阶因子）的方差为 1（本例子的方法），或在 5 个二阶因子负荷中，固定其中一个为 1（即在 $\boldsymbol{\Gamma}$ 的 5 个元素中，固定其中一个并设定为 1）。

（三）结果解释

从表 3－5 可见，$M_{B\text{-}2ord}$ 比 M_B 节省 5 个自由度（$df_{B\text{-}2ord}-df_B=5$），但 χ^2 无显著差异。其他指数也说明 $M_{B\text{-}2ord}$ 拟合较好，二阶因子与一阶因子关系（$\boldsymbol{\Gamma}$ 的矩阵元素）很强（标准化估计：0.66，0.66，0.66，0.75，0.66）。当一阶各因子间关系大致相同时，二阶因子应能充分表达一阶各因子间的关系，故两者 χ^2 无显著差异。我们也要检查二阶因子与一阶因子的关系，只有较强的关系（二阶因子负荷较大）才能支持二阶因子的存在。反过来说，若一阶因子间相关很弱，则没有建立二阶因子的必要。

应当注意，当模型只有 3 个一阶因子时（共有 3 个相关），二阶因子模型（以 3 个路径参数表示）在数学上等同于一阶因子模型。既然两者等同，拟合也完全相同，当然就谈不上哪一个模型更好。就是说，二阶因子模型只适用于含 4 个或 4 个以上一阶因子的模型（除非有参数相等的限制或含多个二阶因子等）。因拟合指数反映整个模型的拟合程度，故在做二阶因子模型分析前，一阶因子模型要有较好的拟合程度。对因子少的一阶模型（如只含 4 个或 5 个一阶因子）来说，一阶与二阶因子模型拟合指数通常相差不大，难区分哪一个较好。

假设 5 个一阶因子的相关系数大致相同，但都偏低，例如它们都在 0.14 至 0.16 之间。因为因子间相关大致相同，所以一阶因子模型（内含 10 个因子间相关）与二阶因子模型（10 个因子间相关改由 5 个二阶因子至一阶因子的路径替代）的拟合优度差不多（χ^2 很接近，但二阶因子模型的大一点点），但二阶因子模型较简约。我们可能误以为二阶因子模型成立，其实只要仔细检查二阶因子到一阶因子的路径，便会发现它们的估计值都不大。这样说来，只有当相对于一阶因子模型，二阶因子模型的 χ^2 不增加太多，而且二阶因子到一阶因子的路径系数高时，才能支持二阶因子的存在。

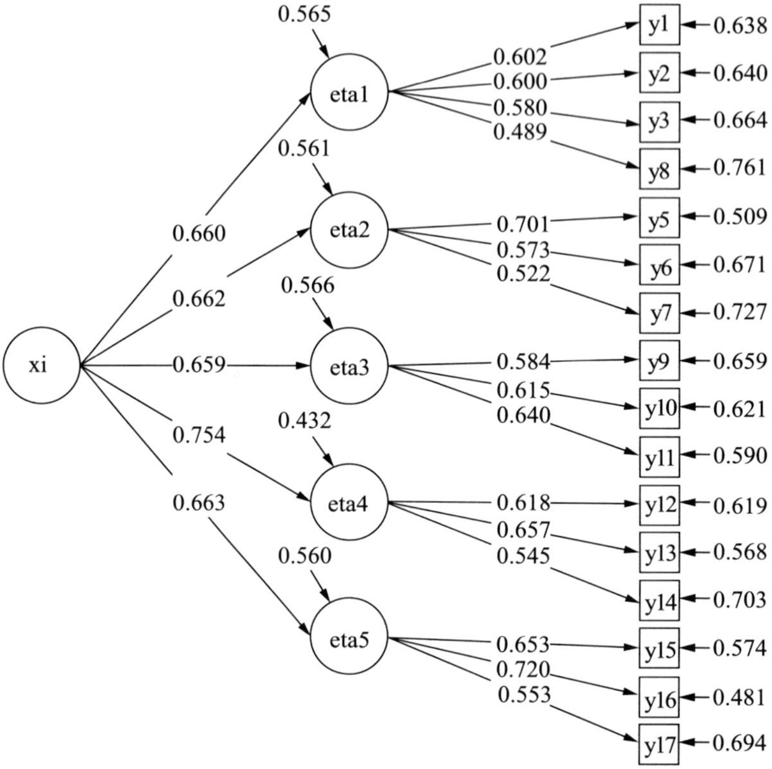

图 3－9　二阶因子模型（$M_{B\text{-}2ord}$）

如果模型中每个二阶因子只基于 2 个一阶因子，程序运行往往会出问题（如解答不正定或不能收敛），所以每个二阶因子通常基于 3 个、4 个或更多的一阶因子。但是，一阶因子一般在 10 个以内，不能太多，否则每一因子各有特性，抽取二阶因子，拟合一定不好。

三阶因子模型的研究不多，因为三阶因子必须建基于多个二阶因子。这样，如果二阶因子也多的话，一阶因子更多，观测变量必然庞大。所以，在实际中能包含很多二阶因子，再建成三阶因子的研究少见。

只有 3 个一阶因子时，一般不设二阶因子，但亦有例外。假设我们研究父母对子女关怀度与其子女语文、英语和数学 3 个学科能力的关系，学生每一学科的能力因子用最近 4 次测验成绩作为指标。那么我们应该找出每一学科与关怀度的关系（共 3 个路径系数），还是应该将 3 个学科能力合并成 1 个学业能力的二阶因子，再找该二阶因子与关怀度的关系（1个路径系数）？不难看出，后者节省了2个自由度。如果拟合优度并无严重恶化，而且在一阶模型中，每一学科与关怀度的关系强弱也颇为一致，那么说明3个学科能力真的可以归结为1个学业能力。而这个学业能力与关怀度的关系，也就充分反映并可替代原本3个独立的关系（即3个学科能力与关怀度的关系）。

（四）高阶因子分析程序的另一种设定法

```
TITLE:
    chap3_1_2_CFA Model B, Higher Order CFA, eta 6
DATA:
    FILE=chap3_1.txt;
    TYPE=CORR;
    NOBSERVATIONS=350;
VARIABLE:
    NAMES=y1-y17;
    USEVARIABLES=y1-y3 y5-y17;
MODEL:
    eta1 BY y1-y3 y8;
    eta2 BY y5-y7;
    eta3 BY y9-y11;
    eta4 BY y12-y14;
    eta5 BY y15-y17;
    eta6 BY eta1-eta5;
OUTPUT: MOD STDYX;
```

解释：与前面的程序设定不同，本程序用η_6代表二阶因子，二阶因子负荷用β_{16}、β_{26}、β_{36}、β_{46}、β_{56}表达。这次我们用固定负荷法，Mplus将β_{16}固定为1，让ψ_{66}自由估计。一般情况下，这些改动已经足够，可以估计模型参数。在这个新的设定法中，经标准化后的所有参数估计与原来设定得到的估计完全相同。

(五) 另一个二阶因子模型例子

假设我们用 25 个题目测量学生的语文、数学、英语、历史和地理能力。把如下 25 个题目（每题得分由 0 至 5）的相关矩阵保存为文本文件 chap3 _ 4 _ 5 _ 2ord _ CFA _ 2 _ ord. txt。

```
1.00
0.40 1.00
0.32 0.38 1.00
0.30 0.30 0.30 1.00
0.25 0.40 0.28 0.36 1.00
0.10 0.18 0.19 0.14 0.09 1.00
0.08 0.21 0.15 0.13 0.08 0.32 1.00
0.13 0.09 0.21 0.20 0.14 0.38 0.32 1.00
0.12 0.19 0.13 0.19 0.19 0.40 0.42 0.32 1.00
0.14 0.10 0.16 0.17 0.21 0.42 0.36 0.35 0.25 1.00
0.16 0.18 0.19 0.15 0.18 0.13 0.15 0.12 0.13 0.15 1.00
0.24 0.21 0.17 0.19 0.19 0.19 0.14 0.15 0.12 0.17 0.38 1.00
0.18 0.17 0.14 0.21 0.13 0.21 0.18 0.17 0.19 0.14 0.40 0.25 1.00
0.22 0.16 0.18 0.13 0.15 0.18 0.21 0.09 0.21 0.19 0.42 0.30 0.28 1.00
0.14 0.16 0.19 0.12 0.09 0.15 0.19 0.12 0.17 0.09 0.32 0.25 0.38 0.28 1.00
0.16 0.19 0.21 0.09 0.15 0.13 0.13 0.19 0.16 0.15 0.13 0.16 0.15 0.14 0.19 1.00
0.09 0.15 0.18 0.19 0.19 0.09 0.18 0.16 0.14 0.12 0.18 0.18 0.14 0.18 0.09 0.36 1.00
0.18 0.09 0.17 0.21 0.21 0.16 0.13 0.15 0.12 0.17 0.13 0.09 0.17 0.17 0.18 0.28 0.40 1.00
0.15 0.16 0.14 0.13 0.15 0.13 0.21 0.17 0.16 0.14 0.09 0.17 0.19 0.21 0.16 0.42 0.26 0.30 1.00
0.13 0.13 0.13 0.19 0.18 0.19 0.18 0.12 0.15 0.09 0.15 0.15 0.21 0.09 0.14 0.32 0.45 0.40 0.36 1.00
0.19 0.14 0.09 0.21 0.21 0.09 0.19 0.09 0.19 0.16 0.19 0.19 0.09 0.16 0.19 0.15 0.14 0.18 0.14 0.19 1.00
0.17 0.16 0.17 0.14 0.15 0.15 0.15 0.15 0.21 0.18 0.17 0.09 0.16 0.15 0.21 0.16 0.18 0.19 0.18 0.13 0.36 1.00
0.09 0.13 0.13 0.13 0.08 0.16 0.13 0.12 0.17 0.21 0.09 0.15 0.17 0.19 0.16 0.09 0.19 0.21 0.13 0.15 0.40 0.36 1.00
0.19 0.19 0.19 0.21 0.21 0.18 0.21 0.19 0.18 0.09 0.18 0.17 0.09 0.16 0.13 0.19 0.21 0.17 0.16 0.17 0.26 0.29 0.42 1.00
0.21 0.18 0.17 0.12 0.18 0.14 0.18 0.12 0.19 0.16 0.15 0.18 0.16 0.09 0.21 0.15 0.09 0.15 0.14 0.12 0.39 0.35 0.39 0.36 1.00
```

我们首先用 CFA 方法计算 5 种能力因子的相关：$\chi^2=465$，$df=265$，RMSEA=0.039，CFI=0.92，TLI=0.91；5 个因子之间的相关系数在 0.41 至 0.50 之间。

二阶因子模型的拟合优度与一阶因子模型的大致相同，$\chi^2=466$，$df=270$，RMSEA=0.038，CFI=0.93，TLI=0.92。$\Delta\chi^2(270-265)=466-465$；$\Delta\chi^2(5)=1$，不显著。按简约原则，我们应取二阶因子模型。二阶因子

与一阶因子关系也很强（标准化后的五个 γ 值：0.70，0.64，0.69，0.64，0.66）（见图 3—10、图 3—11）。

一阶因子模型程序：

```
TITLE：chap3 _ 4 _ 5 _ 1ord
DATA：
    FILE=chap3 _ 4 _ 5 _ 2ord _ CFA _ 2 _ ord.txt;
    TYPE=CORR;
    NOBSERVATIONS=500;
VARIABLE：
    NAMES=x1 - x25;
MODEL：
    F1 BY x1 - x5;
    F2 BY x6 - x10;
    F3 BY x11 - x15;
    F4 BY x16 - x20;
    F5 BY x21 - x25;
OUTPUT：MOD STD;
```

二阶因子模型程序：

```
TITLE：chap3 _ 4 _ 5 _ 2ord
DATA：
    FILE=chap3 _ 4 _ 5 _ 2ord _ CFA _ 2 _ ord.txt;
    TYPE=CORR;
    NOBSERVATIONS=500;
VARIABLE：
    NAMES=x1 - x25;
```

```
MODEL:
    F1 BY x1 - x5;
    F2 BY x6 - x10;
    F3 BY x11 - x15;
    F4 BY x16 - x20;
    F5 BY x21 - x25;
    F6 BY F1 - F5;
OUTPUT: MOD STD;
```

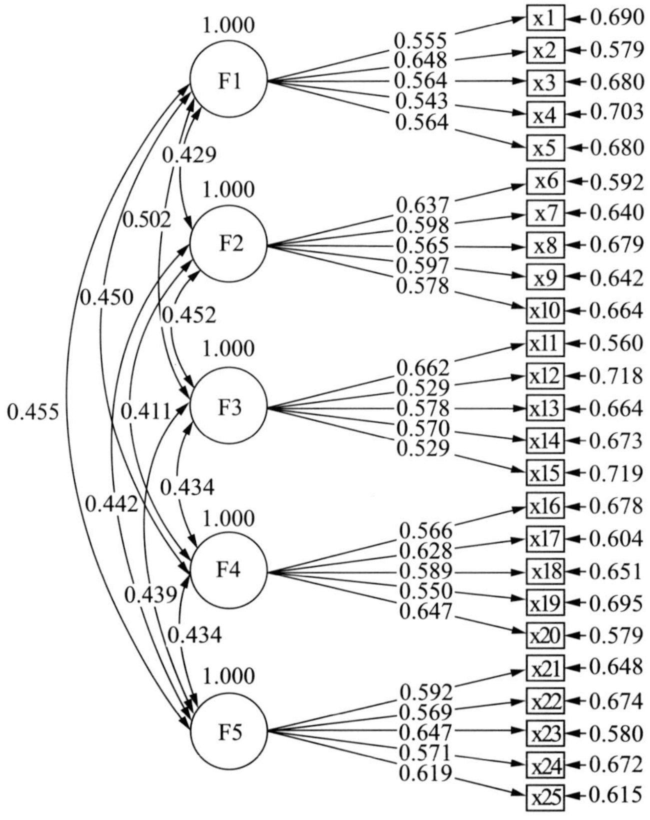

图 3—10　25 个题目的一阶因子模型

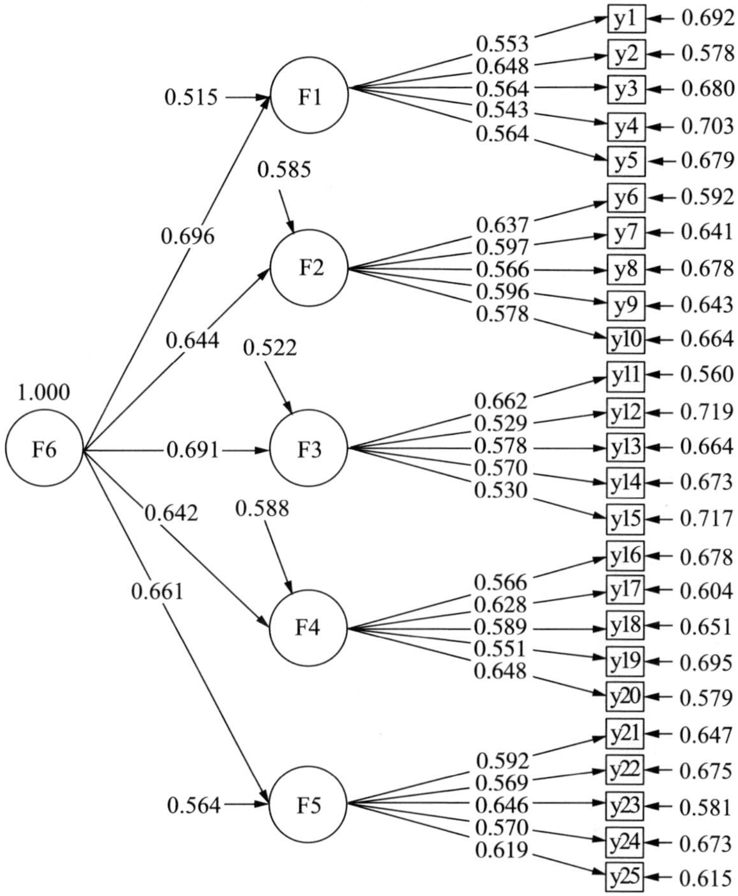

图 3－11　25 个题目的二阶因子模型

第四章　应用示范二：单纯形模型和多组模型

一、单纯形模型

（一）模型简介

假设我们追踪观测一组学生在5年间参加一套标准化的学科能力测验的表现，T_1、T_2、T_3、T_4 和 T_5 为5次测验得分。我们可简单地假设 T_i 只受 T_{i-1} 的影响。例如：T_4 受 T_3 的影响，T_2 对 T_4 的影响是通过 T_3 间接产生的。模型如图4—1所示，称为单纯形模型（simplex model）。

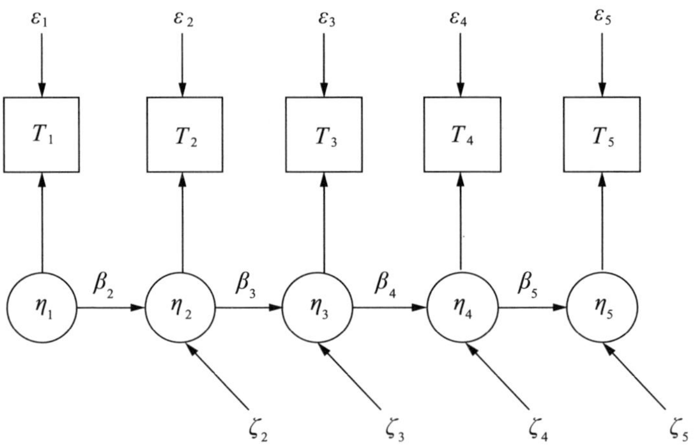

图4—1　单纯形模型

单纯形模型的相关矩阵很特别，距离对角线越远的相关系数越低［见表4－1，也见本章第一节（二）的例子］。完全单纯形（perfect simplex）模型涉及的观测变量均没有（或可以忽略）测量误差（图4－1中的ε_1、ε_2、ε_3、ε_4、ε_5均为0），但拟单纯形（quasi-simplex）模型的观测变量，容许测量误差，并可用多个观测变量去测量潜变量（η_1等）。

对只含单个观测变量的拟单纯形模型，首尾两个变量（本例中是T_1和T_5）有识别问题，即模型中部分参数不能由数据估计得到。为解决这个问题，需要额外强加一些条件（例如，令$\theta_{1,1}=0$，$\theta_{5,5}=0$；或$\theta_{1,1}=\theta_{2,2}$，$\theta_{4,4}=\theta_{5,5}$；甚至将所有5个$\theta$方差参数均限制为相等）。只有3个或3个以下时段的单纯形模型，通常是不能识别的。能否识别与具体设定有关。

表4－1 单纯形模型相关矩阵

单纯形模型相关矩阵的形态					
	T_1	T_2	T_3	T_4	T_5
T_1	1		↑		
T_2		1	下降 →		
T_3		← 下降	1	下降 →	
T_4			← 下降	1	
T_5			↓		1
单纯形模型相关矩阵					
	T_1	T_2	T_3	T_4	T_5
T_1	1.0	0.5	0.4	0.3	0.2
T_2	0.5	1.0	0.5	0.4	0.3
T_3	0.4	0.5	1.0	0.5	0.4
T_4	0.3	0.4	0.5	1.0	0.5
T_5	0.2	0.3	0.4	0.5	1.0

除了追踪性研究的数据，很多其他发展性模型也合乎单纯形模型。例如，我们认为儿童的道德发展要经过6个可区别的阶段，是一个逐渐成熟的过程。我们设计一个测验，测量被试儿童的道德发展阶段。测验报告被试儿童在6

个阶段的可能性（在某个阶段得分越高，表示越可能在该阶段），每阶段得分最低为 0，最高为 5；得分最高的阶段，就被认为是被试的道德发展阶段。假设学童甲在第 1 至第 6 阶段得分为：1.2，1.3，1.5，4.6，2.1，1.2。因为他在第 4 阶段得分最高，所以他属于道德发展第 4 阶段。

若这个阶段模型合理，第 4 阶段得分最高的被试的第 3 及第 5 阶段得分，应比第 4 阶段的低，但比第 2 及第 6 阶段的高。因此，相邻阶段（如第 3 及第 4 阶段）的相关较高，相隔较远阶段（如第 3 及第 5 阶段）的相关则较低。

我们收集到 500 个不同道德发展阶段儿童的数据（数据为 500 人×6 阶段得分），并计算这个 6 阶的协方差矩阵。我们可用这个矩阵检验道德发展是否像理论假设的那样，按 1 阶 → 2 阶 → 3 阶 → 4 阶 → 5 阶 → 6 阶发展。

当然我们也可将各阶段做不同次序的组合，然后逐一检验它们的拟合优度，较合适的做法是依据学科理论，提出数个可能的发展模型，然后比较各模型的拟合指数、参数的合理性等。

单纯形模型适用于相同类型阶段发展性模型，例如：在教师成长研究中，教师由初入行到成为经验丰富的教师的多个阶段；在课程研究中，各试题所考核的内容，由简单背诵到最高层次整合能力。

（二）拟单纯形模型例子

假设我们考察 500 名学生由小学一年级至小学五年级的学业成绩，每年用一套语文、英语及数学测验（共 5 套，供 5 年用）去测量他们这 3 个学科的能力。

假设这 3 个学科可作为学生在该年度学业能力因子的指标。学业能力因子用 η_1 至 η_5 表示，进一步假设每学年的学业能力影响下一学年的学业，可以建立如图 4－2 所示的模型。其中 y_1、y_4、y_7、y_{10}、y_{13} 为小学一年级至小学五年级的语文成绩，y_2、y_5、y_8、y_{11}、y_{14} 为英语成绩，而 y_3、y_6、y_9、y_{12}、y_{15} 为数学成绩。

在这个拟单纯形模型中，因每个因子用 3 个指标测量，故无须像单指标的拟单纯形模型那样，特别设定首尾因子的误差方差（如令它们相等），所有因子负荷都可以像验证性因子分析模型那样设定和估计。学年间关系用 β_{21}、β_{32} 等表示。

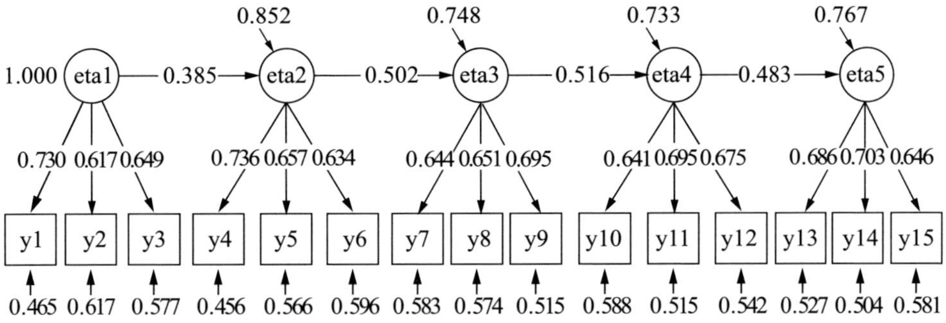

图 4－2　拟单纯形模型

(三) 拟单纯形模型 Mplus 程序

首先将以下 15 行×15 列的下半三角形相关矩阵录入，保存为文本文件，文件名为 chap4 _ 1 _ 3 _ Simplex. txt。

```
1.00
0.45 1.00
0.47 0.41 1.00
0.29 0.11 0.17 1.00
0.14 0.19 0.13 0.49 1.00
0.12 0.14 0.18 0.46 0.43 1.00
0.25 0.07 0.08 0.32 0.14 0.16 1.00
0.09 0.12 0.04 0.15 0.33 0.14 0.42 1.00
0.10 0.07 0.18 0.24 0.12 0.35 0.46 0.45 1.00
0.21 0.04 0.05 0.23 0.15 0.08 0.35 0.19 0.16 1.00
0.09 0.19 0.14 0.12 0.25 0.03 0.13 0.34 0.15 0.45 1.00
0.04 0.02 0.22 0.09 0.04 0.21 0.12 0.18 0.35 0.42 0.49 1.00
0.18 0.02 0.04 0.16 0.04 0.02 0.27 0.12 0.12 0.32 0.15 0.16 1.00
0.05 0.12 0.11 0.05 0.17 0.14 0.04 0.29 0.09 0.15 0.35 0.13 0.49 1.00
0.03 0.01 0.13 0.12 0.04 0.17 0.02 0.15 0.32 0.16 0.12 0.37 0.44 0.45 1.00
```

Mplus 代码如下。

```
TITLE：Quasi simplex Model M1
DATA：
    FILE IS chap4 _ 1 _ 3 _ Simplex. txt；
    TYPE IS CORR；
```

```
    NOBSERVATIONS ARE 500;
VARIABLE:
    NAMES ARE y1 - y15;
MODEL:
    eta1 BY  y1 - y3;
    eta2 BY  y4 - y6;
    eta3 BY  y7 - y9;
    eta4 BY  y10 - y12;
    eta5 BY  y13 - y15;
    eta2 ON eta1;
    eta3 ON eta2;
    eta4 ON eta3;
    eta5 ON eta4;
OUTPUT: MOD STD;
```

(四) 结果解释

模型拟合不算好：$\chi^2(86)=728.05$，RMSEA＝0.122，CFI＝0.717，TLI＝0.654。拟合指数显示，同一科目误差跨年相关（如 $\theta_{1,4}$、$\theta_{1,7}$、$\theta_{1,10}$、$\theta_{1,13}$、$\theta_{4,7}$、$\theta_{4,10}$、$\theta_{4,13}$、$\theta_{2,5}$、$\theta_{2,8}$、$\theta_{3,6}$、$\theta_{3,9}$ 等）的修正指数相当高，最高达到 61.53。

让同一科目的误差容许跨年相关（见模型 M_2，见图 4—3），结果显示拟合指数改善很多：$\chi^2(56)=88.46$，RMSEA＝0.034，CFI＝0.986，TLI＝0.973。M_2 与 M_1 比较，χ^2 大大降低，而 CFI 和 TLI 大大提高：$\Delta\chi^2(30)=639.59$，ΔCFI＝0.269，ΔTLI＝0.319。各参数的标准化估计值在 0.04 至 0.23 间，除 $\theta_{3,6}$ 外都达到显著程度。

对这类跨年类似（甚至相同）的指标（如 y_1、y_4、y_7 等均测量语文），部分学者（如 Marsh & Hau，1996）认为应该预先设定容许它们的误差相关。一般而言，在这类模型中，若理论上认为这些误差间存在相关，分析结果显示模型拟合改善很多，那么我们应该设定所有这些误差相关自由估计［修改程序的设定见第一节（五）］，不能只让其中部分容许相关。

这些误差相关，不能被简单视为两个变量间的相关。例如：y_1 和 y_4（一年级和二年级语文）的关系有一部分已反映在 β_{21} 上。就是说，语文与其他科目共同部分的跨年关系已呈现在 β_{21} 上。一年级语文的误差与二年级语文的误差相关（由 $\theta_{1,4}$ 表示），是 y_1 和 y_4 在考虑了 β_{21} 后的额外关系（见第七章第六节）。

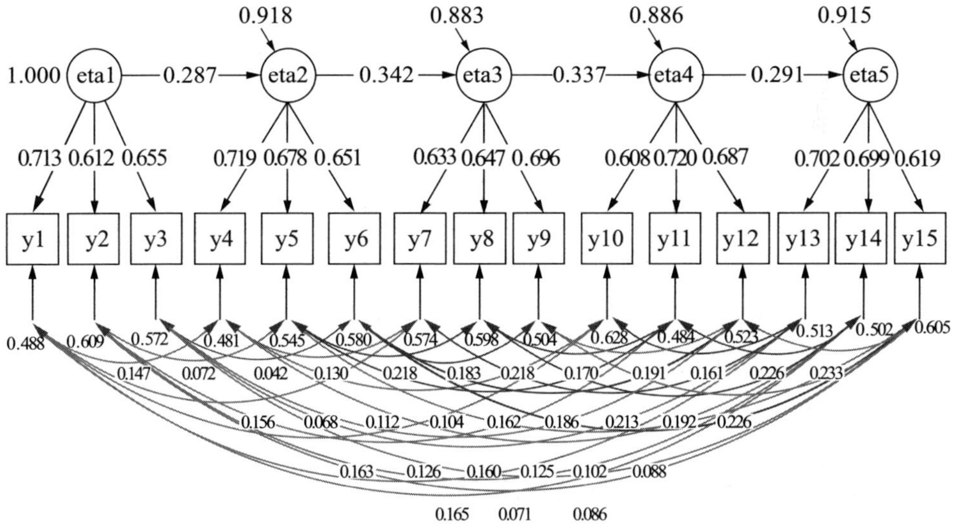

图 4—3　拟单纯形模型（容许误差相关）

（五）拟单纯形模型（容许误差相关）Mplus 程序

```
TITLE: Quasi simplex Model M2
DATA:
    FILE=chap4 _ 1 _ 3 _ Simplex. txt;
    TYPE=CORR;
    NOBSERVATIONS=500;
```

```
VARIABLE:
    NAMES=y1 - y15;
MODEL:
    eta1 BY  y1 - y3;
    eta2 BY  y4 - y6;
    eta3 BY  y7 - y9;
    eta4 BY  y10 - y12;
    eta5 BY  y13 - y15;
    eta2 ON eta1;
    eta3 ON eta2;
    eta4 ON eta3;
    eta5 ON eta4;
    y1 y4 y7 y10 y13 WITH y1 y4 y7 y10 y13;
    y2 y5 y8 y11 y14 WITH y2 y5 y8 y11 y14;
    y3 y6 y9 y12 y15 WITH y3 y6 y9 y12 y15;
OUTPUT: MOD STD;
```

(六)拟单纯形模型(直接和间接影响)

当然，有些学者可能希望了解一年级的成绩是否直接影响三年级、四年级的成绩（用 β_{31}、β_{41} 表示，模型 M_3）。这时可以假设每年的成绩对以后各年的成绩有直接和间接影响。

拟单纯形模型（直接和间接影响）的 Mplus 程序如下。

```
TITLE: Quasi simplex Model M3
DATA:
    FILE=chap4_1_3_Simplex.txt;
```

```
    TYPE=CORR；
    NOBSERVATIONS=500；
VARIABLE：
    NAMES=y1 - y15；
MODEL：
    eta1 BY  y1 - y3；
    eta2 BY  y4 - y6；
    eta3 BY  y7 - y9；
    eta4 BY  y10 - y12；
    eta5 BY  y13 - y15；
    eta2 ON eta1；
    eta3 ON eta1 - eta2；
    eta4 ON eta1 - eta3；
    eta5 ON eta1 - eta4；
    y1 y4 y7 y10 y13 WITH y1 y4 y7 y10 y13；
    y2 y5 y8 y11 y14 WITH y2 y5 y8 y11 y14；
    y3 y6 y9 y12 y15 WITH y3 y6 y9 y12 y15；
OUTPUT：MOD STD；
```

结果显示拟合并无多大改善：$\chi^2(50)=80.70$，RMSEA=0.035，CFI=0.986，TLI=0.972；新加的 β 路径都不显著，估计值也很低，就是说一年级成绩完全是通过二年级成绩去影响三年级成绩的，一年级成绩并不直接影响三年级成绩。这个欠缺 $T_1 \rightarrow T_3$ 等影响的结果，如果是在家庭关系研究中，表示祖父辈对孙辈的影响，全通过父辈进行，祖父辈对孙辈没有直接影响。不过，如果真的是家庭关系研究，可能会发现祖父辈对孙辈有直接影响，此时隔代的 β（如 β_{31}）将会显著。

二、多组验证性因子分析

（一）模型简介

多组结构方程模型大致可分两类。第一类是多组验证性因子分析（或路径分析），目的在于检验：各组（例如，男、女组）的因子结构是否相同？某些路径参数在不同的组之间是否有显著差异？这与比较多组回归系数是否相同有些类似。第二类模型是要进一步了解各组的因子均值是否相同。这与传统方差分析相似。在做这类分析前，通常需要先做第一类分析。本节先介绍第一类分析中的多组验证性因子分析，下一节讨论第二类分析。

在跨组比较时，我们要确定测量工具（如问卷）的结构在这些组别中是相同的。例如，要了解男女学生自信的差异，先要检验测量自信的问卷是否对男女生都适用。若男、女自信需要用不同题目来测量，那就难以比较哪组的自信较高。同理，要了解父母管教方式对男孩和女孩自信的影响是否相同（即从管教因子到自信因子的路径，在男孩组和女孩组是否相同），也要先做测量等同（measurement equivalence/invariance）的检验。

测量等同检验需通过多个步骤，但主要在于确认各组的协方差矩阵相同（如检验男女总体的协方差相等）。下面介绍这些检验的大致步骤（Byrne，1994；Marsh，1994；Vandenberg & Lance，2000；温忠麟，刘红云，2020）。

1. 形态相同（configural/pattern invariance）

假设用 30 个题目测量学生对容貌、体能、交友、语文、数理的自信（例题："我认为自己十分漂亮"）。在检验男女的自信何者更高前，先做测量等同的检验。

首先，我们要了解模型的形态（form）在男生组与女生组是否相同。这包括因子个数（在男女生中都是 5 个因子）以及题目与因子的从属式样（pattern）。简单来说，形态相同是指同一个模型既适合男生也适合女生。在验证性因子分析模型中，模型形态相同意味着，因子负荷（$\boldsymbol{\Lambda}$）、因子方差

（$\boldsymbol{\Phi}$）以及误差方差（$\boldsymbol{\Theta}_{\delta}$）的元素是自由估计的还是固定的，在男女生组是一致的（但参数估计值不必相同）。

将同一模型用于男女两组时，若总的拟合指数良好，则说明两组都可以用同一模型去描述。具体来说，假设 M_M 是男生组拟合最佳的模型，M_F 是女生组拟合最佳的模型，而 M_T 则是研究者心目中可符合男女两组的共同模型。因为选取 M_T 时，要同时兼顾并尽量拟合男女两组，所以用 M_T 去拟合男生数据时，M_T 比 M_M 差；同理，用 M_T 去拟合女生数据时，M_T 也比 M_F 差。只要这种差别不大，就可以认为男女两组都可以用 M_T 去描述。

显而易见，M_T 含有 M_M 与 M_F 的共同特征。如果 M_M 与 M_F 很不相同，那就难找到一个共同的 M_T，去同时拟合男女两组的数据。

在多组比较的一系列模型检验中，限制模型有共同的形态是最低的要求。如果 M_T 对男女两组已经拟合不佳，再加其他限制（如两组的因子负荷相同），模型拟合会更差。再者，因为 M_T 比 M_M 和 M_F 的拟合都差，所以如果 M_M 或 M_F 已经拟合不好，则不能做进一步的跨组比较。

2. 因子负荷等同

假设上述形态等同可以成立，即 M_T 能拟合男、女数据，则可以进一步限制两组对应的因子负荷完全相同（如男生组的 $\lambda_{2,1}$ 等于女生组的 $\lambda_{2,1}$ 等等），即两组的因子负荷等同（metric invariance/factor loading invariance; $\boldsymbol{\Lambda}_{G1}=\boldsymbol{\Lambda}_{G2}$）。

设未加因子负荷等同限制前，M_T 用于男生组时的卡方为 χ^2_M（自由度为 df_M），用于女生组时的卡方为 χ^2_F（自由度为 df_F）。总的卡方为 $\chi^2_M+\chi^2_F$，总的自由度为 $df_M+df_F=2df_M$（因为 M_T 拟合男女两组的自由度相同）。加设因子负荷等同的限制后，因子负荷的估计既要适合男生组，又要适合女生组。简单来说，就是使男女组的拟合卡方值合计最小。对于男生组来说，加限制后的估计比原来的差，如某因子负荷的估计，取 0.65 能使男生组的卡方最小，但为了迁就女生组，改为 0.75 使男女合计的卡方最小，但该负荷对男生组并非最佳。同理，对女生组来说，加限制后的估计也较差，如上面那个负荷取 0.82 可使女生组的卡方最低，现取 0.75 作为两组的折中。设限制负荷等同后，男生组的卡方为 χ^2_{MR}，女生组的卡方为 χ^2_{FR}，显然 χ^2_{MR}（设负荷等同）$\geqslant \chi^2_{M}$（无负荷限制），χ^2_{FR}（设负荷等同）$\geqslant \chi^2_{F}$（无负荷限制）。

设原模型有 30 个自由估计的参数，未加限制时，男女各自独立估计其负荷以及其他参数（共 60 个参数）。在加限制后，设共有 10 个因子负荷被限制为男女两组必须相同，需估计的参数剩下 $30+30-10=50$ 个。新自由度为 $2df_{M}+10$，$\Delta df=10$，$\Delta\chi^2=\chi^2_{MR}+\chi^2_{FR}-\chi^2_{M}-\chi^2_{F}$。

我们可用通常的模型比较策略，若 $\Delta\chi^2$（自由度为 Δdf）显著，说明卡方改变很大，加了限制后，拟合指数显著地变差，男女共享同一套因子负荷并不可行。反之，若 $\Delta\chi^2$（自由度为 Δdf）不显著，说明卡方改变不大，可以接受男女组负荷等同的假设。当然，除了考虑 χ^2 的改变外，亦要考虑其他拟合指数的改变。

在多组比较中，当不同组别的人数差异很大时，估计值会尽量迁就人数较多的组，使总 χ^2 最小。例如，男生人数远多于女生人数时，加限制后的模型 M_T 的估计，因迁就男生组，与限制前的男生组模型 M_M 的估计比较接近，而与限制前的女生组模型 M_F 的估计相差较大。

有些学者认为，增加因子负荷等同限制后的拟合指数，若显著变坏，应当到此止步，不再添加其他限制，也不再进行组间均值差异的检验。不过有些学者会设法找出那些不相等的因子负荷，容许这些负荷在男女组各自估计（无须相同）。然后用这种部分测量相同（partial metric invariance）的模型，做进一步的多组比较。

用部分测量相同的模型是否可以继续做组间的均值差异比较，难下定论。Vandenberg 和 Lance（2000）建议应在下述情况中才可进行：(1) 只容许极少数题目在两组中的对应负荷不同；(2) 有充分理论依据支持；(3) 在不同样本中重复得出相同结果。

当然，我们也可删去男女组负荷不同的题目，使男女组比较只基于负荷相同的题目。

3. 误差方差等同

误差方差等同（error variance invariant，$\boldsymbol{\Theta}_{G1}=\boldsymbol{\Theta}_{G2}$）是当因子方差等同

时，$\boldsymbol{\Theta}_{G1}=\boldsymbol{\Theta}_{G2}$ 的检验，其实是要了解每一指标的信度是否相同（Vandenberg & Lance，2000）。例如，对于男女两组，如果一个题目在两组的负荷相同，所属的因子有相同的方差，再加上有相同的误差方差，由经典测量理论中的信度定义可知，该题目在两组有相同的信度。一般只关注误差的方差，而非误差的协方差，此处的 $\boldsymbol{\Theta}$ 只含误差方差（对角矩阵）。除了出于信度等同性的研究目的，我们通常对误差方差的不变性检验不感兴趣（Byrne，2013）。

4. 因子方差等同、因子协方差等同

因子方差等同（factor variance invariant，$\boldsymbol{\Phi}_{G1,\ jj}=\boldsymbol{\Phi}_{G2,\ jj}$）是检验不同组别对应因子（$\xi_j$）的方差是否相等。此项研究目的与前述误差方差等同的研究目的彼此独立，互不依赖。

因子协方差等同（factor covariance invariant，$\boldsymbol{\Phi}_{G1,\ ij}=\boldsymbol{\Phi}_{G2,\ ij}$）是检验不同组别对应的因子协方差（如因子 2 和因子 3 的协方差）是否相等，若与因子方差等同检验一起进行，相当于比较各组的因子相关系数。

（二）多组验证性因子分析例子

假设用 9 个题目测量男生和女生学习语文、数学和英语的自信（例题："我很有信心解决各类数学练习题"）。设有 600 个男生，700 个女生。先按性别分组估计，$\chi^2_M(24)=38.591$，$\chi^2_F(24)=44.986$（见表 4－2）。再用 Mplus 的多组设定方法，在 DATA 指令中写明"NGROUPS＝2;"[见本节（三）程序]，但因为没有强加任何限制，所以总 χ^2 等于两组单独估计的 χ^2 之和（$38.591+44.986\approx83.578$，小数点后第三位因数值修约而略有出入）。结果显示拟合相当好，即目前的三因子模型，吻合男、女的数据（见表 4－2，$M_{0,M}$，$M_{0,F}$，M_1）。

表 4－2　多组验证性因子分析各模型的拟合指数

	df	χ^2	RMSEA	CFI	TLI
$M_{0,M}$ 男生单独估计	24	38.591	0.032	0.986	0.978
$M_{0,F}$ 女生单独估计	24	44.986	0.035	0.982	0.974

续表

		df	χ^2	RMSEA	CFI	TLI
M_1	两组同时估计但不设限制	48	83.578	0.034	0.984	0.976
M_2	负荷等同	54	84.180	0.029	0.986	0.982
M_3	负荷、误差方差等同	63	87.361	0.024	0.989	0.987
M_4	负荷、误差方差、$\phi_{3,1}$ 等同	64	87.367	0.024	0.989	0.988
M_5	负荷、因子协方差、误差方差等同	69	87.707	0.020	0.992	0.991
M_6	负荷、截距等同；因子均值固定为零	63	99.995	0.030	0.983	0.981
M_7	负荷、截距等同；第 2 组因子均值自由估计	60	84.812	0.025	0.989	0.987
M_8	负荷、截距等同；因子均值固定为零；因子协方差、误差方差等同	78	103.544	0.022	0.988	0.989

（三）多组验证性因子分析程序（模型形态相同）

男生组数据：将以下 9 行×9 列的下半三角形协方差矩阵录入，保存为文本文件，文件名为 chap4 _ 2 _ MG _ COVA _ M. txt。

```
1.1449
0.9476  1.5129
0.5243  0.5906  0.9604
0.1091  0.1004  0.1000  1.0404
0.0540  0.0994  0.0594  0.3606  1.0201
0.1543  0.1267  0.0404  0.2942  0.2705  1.0609
0.1165  0.1096  0.0776  0.1515  0.1000  0.0510  0.9801
0.1134  0.1956  0.1662  0.0432  0.0856  0.1092  0.2833  1.1236
0.1468  0.1205  0.1152  0.1399  0.1188  0.1817  0.2911  0.4155  0.9604
```

男生组 Mplus 程序如下。

```
TITLE:
    multiple group, male M0, loading fixed
DATA:
    FILE=chap4_2_MG_COVA_M.txt;
    TYPE=COVARIANCE;
    NOBSERVATIONS=600;
VARIABLE:
    NAMES=v1-v9;
MODEL:
    F1 BY v1-v3;
    F2 BY v4-v6;
    F3 BY v7-v9;
OUTPUT: STD STDYX;
```

女生组数据：将以下 9 行×9 列的下半三角形协方差矩阵录入，保存为文本文件，文件名为 chap4_2_MG_COVA_F.txt。

```
1.1025
0.9072  1.4400
0.5355  0.5998  1.0404
0.1040  0.0950  0.1010  0.9801
0.0536  0.0979  0.0624  0.3534  1.0404
0.1499  0.1224  0.0416  0.2827  0.2705  1.0404
0.1178  0.1102  0.0832  0.1515  0.1040  0.0520  1.0404
0.1092  0.1872  0.1697  0.0412  0.0849  0.1061  0.2864  1.0816
0.1411  0.1152  0.1175  0.1331  0.1175  0.1763  0.2938  0.3994  0.9216
```

女生组 Mplus 程序如下。

```
TITLE:
    multiple group, female M0, loading fixed
DATA:
    FILE=chap4 _ 2 _ MG _ COVA _ F. txt;
    TYPE=COVARIANCE;
    NOBSERVATIONS=700;
VARIABLE:
    NAMES=v1 - v9;
MODEL:
    F1 BY v1 - v3;
    F2 BY v4 - v6;
    F3 BY v7 - v9;
OUTPUT: STD STDYX;
```

两组模型形态相同，各组自由估计，将男女生的协方差矩阵数据合并为如下的 18 行×9 列矩阵，保存为文本文件，文件名为 chap4 _ 2 _ MG _ COVA _ MF. txt。

```
1.1449
0.9476  1.5129
0.5243  0.5906  0.9604
0.1091  0.1004  0.1000  1.0404
0.0540  0.0994  0.0594  0.3606  1.0201
0.1543  0.1267  0.0404  0.2942  0.2705  1.0609
0.1165  0.1096  0.0776  0.1515  0.1000  0.0510  0.9801
0.1134  0.1956  0.1662  0.0432  0.0856  0.1092  0.2833  1.1236
0.1468  0.1205  0.1152  0.1399  0.1188  0.1817  0.2911  0.4155  0.9604
1.1025
0.9072  1.4400
0.5355  0.5998  1.0404
0.1040  0.0950  0.1010  0.9801
0.0536  0.0979  0.0624  0.3534  1.0404
0.1499  0.1224  0.0416  0.2827  0.2705  1.0404
0.1178  0.1102  0.0832  0.1515  0.1040  0.0520  1.0404
0.1092  0.1872  0.1697  0.0412  0.0849  0.1061  0.2864  1.0816
0.1411  0.1152  0.1175  0.1331  0.1175  0.1763  0.2938  0.3994  0.9216
```

对合并后的两组协方差数据，Mplus 程序如下。

```
TITLE：Configural，M1
DATA：
    FILE=chap4 _ 2 _ MG _ COVA _ MF. txt；
    TYPE=COVARIANCE；
    NGROUPS=2；
    NOBSERVATIONS=600 700；
VARIABLE：
    NAMES=v1 - v9；
MODEL：
    F1 BY v1 - v3；
    F2 BY v4 - v6；
    F3 BY v7 - v9；
MODEL g2：      ！第 2 组负荷的默认设置是未定义的负荷与第 1 组的相等
    F1 BY v2 v3；
    F2 BY v5 v6；
    F3 BY v8 v9；
OUTPUT：STD STDYX；
```

注：在无均值结构的情形下，Mplus 的多组比较默认各组负荷相等，其余参数自由估计。当需要对模型的各组参数都自由估计时，要将除第 1 组以外的各组中原本默认与第 1 组相等的参数（这里是负荷）定义出来。

（四）多组验证性因子分析：结果解释

在各组自由估计阶段，如果至少有一个组拟合欠佳，再做后面的附加限制就没有什么意义了。此时可仔细检查导致拟合不好的原因（见第五章），修改模型，甚至删去少量指标或因子，找出一个大致可适用于各组的模型，作为跨组比较的起点。在附加限制后，因为各组的参数估计要互相迁就（例如，男女组负荷要相同），所以拟合会较差（依据 χ^2 来看）。当然，限制后所估计的参数较少，模型更为简约，如果自由度（即限制等同路径的数目）增加较多，但模型拟合程度变化不大，那么我们便认为等同的假设是合理的，即各组对应的参数（如负荷）是相同的。

（五）多组验证性因子分析（负荷等同）

进一步限制男女组因子负荷等同，得到模型 M_2（见表 4－2），结果是 $\chi^2(54)=84.180$，$\Delta\chi^2(6)=0.602$（$<\Delta df$，不显著），ΔRMSEA $=-0.005$，ΔCFI$=0.002$，ΔTLI$=0.006$，拟合指数几乎没有什么变化，所以可以认为男女组负荷相同。

多组验证性因子分析程序（负荷等同）如下。

```
TITLE：Loading Invariance，M2
DATA：
    FILE=chap4_2_MG_COVA_MF.txt；
    TYPE=COVARIANCE；
    NGROUPS=2；
    NOBSERVATIONS=600 700；
VARIABLE：
    NAMES=v1-v9；
MODEL：
    F1 BY v1-v3；
    F2 BY v4-v6；
    F3 BY v7-v9；
OUTPUT：STD STDYX；
```

注：Mplus 的多组比较，默认的就是负荷等同的模型，无须对各组做单独的定义。

(六) 多组验证性因子分析 (负荷和误差方差都等同)

在模型 M_2 基础上，再加误差方差等同，得到模型 M_3（见表 4—2），在 MODEL 命令中加一行“v1 - v9 (1 - 9);”，其中“(1 - 9)”表示第 1 至第 9 个跨组相等的参数。Mplus 程序如下。

```
TITLE：M3＝M2＋Error Var Invariance
(与 M2 相应部分相同，略)
MODEL：
    F1 BY v1 - v3；
    F2 BY v4 - v6；
    F3 BY v7 - v9；
    v1 - v9 (1 - 9)；        ！第 1 至第 9 个跨组相等的参数
OUTPUT：STD STDYX；
```

模型 M_3 的 χ^2 (63) ＝87.361。拟合情况不但没有恶化，反而有所改善，故男女组的这部分参数可视为等同。

(七) 多组验证性因子分析 (因子相关等同)

假设有学者认为男女组语文自信与英语自信的协方差相同，为检验这个假设，我们在 MODEL 命令中再加一行“F1 WITH F3 (10);”，其中“(10)”表示第 10 个需要设置为跨组相等的参数。修改后的 Mplus 程序如下。

```
TITLE：M4＝M3＋phi (3, 1) Invariance
(与 M3 相应部分相同，略)
MODEL：
    F1 BY v1 - v3；
    F2 BY v4 - v6；
```

```
    F3 BY v7 - v9;
    v1 - v9 (1 - 9);        ! 第 1 至第 9 个跨组相等的参数
    F1 WITH F3 (10);        ! (10) 代表第 10 个跨组相等的参数
    ! 第 2 组 的 F1 和 F3 的协方差约束为与第 1 组的相等
OUTPUT: STD STDYX;
```

结果显示 M_4 的 $\chi^2(64)=87.367$，$\Delta\chi^2(1)=0.006$（$<\Delta df$，不显著）。其他部分拟合指数因同时考虑模型的简约性，会在强加限制后改善（见表 4—2，M_4 的部分指数比 M_3 的略好）。即限制男女组的 $\phi_{3,1}$ 相同，并不会令模型变差，故无证据说男女组 $\phi_{3,1}$ 不相同。

进一步限制男女组所有的因子方差-协方差等同（M_5），将“F1 WITH F3（10）”改为“F1 - F3 WITH F1 - F3（10 - 12）；F1 - F3（13 - 15）；”，代表第 10 至第 12 个与第 13 至第 15 个需要设置为跨组相等的参数。

```
TITLE: M5=M3+Phi (var and cov) Invariance
(与 M3 相应部分相同，略)
MODEL:
    F1 BY v1 - v3;
    F2 BY v4 - v6;
    F3 BY v7 - v9;
    v1 - v9 (1 - 9);        ! 第 1 至第 9 个跨组相等的参数
    F1 - F3 WITH F1 - F3 (10 - 12); F1 - F3 (13 - 15);
    ! 代表第 10 至第 15 个跨组相等的参数
OUTPUT: STD STDYX;
```

结果显示 $\chi^2(69)=87.707$，各拟合指标都有所改善。

在强加限制时，通常是把整套负荷、方差、协方差等，同时限制为等同，如果发觉模型因而恶化太多，可仔细检验，找出那些导致严重恶化的参数，从而对各组的差异有更多的了解。

三、多组分析：均值结构模型

（一）模型简介

多组分析也可用于检验不同组别因子均值是否有显著差异，是传统方差分析的推广。这时需要用到均值结构模型（mean structure model）。所谓均值结构，一是考虑因子（即潜变量）的均值，在结构方程模型的矩阵、向量表达式中用 κ（kappa）表示因子均值；二是方程中含有截距项，常见的是指标与其因子关系的测量方程中的截距，称为指标截距，在结构方程模型的矩阵、向量表达式中用 τ（tau）表示指标截距。当因子均值为零的时候，指标截距就是指标的均值。

在进行均值差异的检验之前，首先需确定各组的负荷相同（部分学者认为就算少量指标的负荷不同，也可进行因子均值比较，Asparouhov & Muthén，2014）。有时在负荷、截距都一致的基础上，我们希望进一步研究误差方差等同（信度一致），或者研究因子的方差、协方差等同。如前所述，信度一致与因子方差、协方差一致是相对独立的研究目标。

1. 指标截距等同

在通过负荷等同检验后，接着可以检验指标的截距是否相等（indicator intercept invariant），即检验 $\boldsymbol{\tau}_{G1}=\boldsymbol{\tau}_{G2}$。截距参数和因子均值参数在 Mplus 程序中的表达式是将指标和因子名称放到方括号里面。对于因子负荷，Mplus 默认：固定第 1 组每个因子第 1 个指标的负荷为 1，其他指标的负荷自由估计，因子方差自由估计；其他组的负荷与第 1 组的相等，因子方差自由估计。对于因子均值与指标截距，Mplus 默认：固定第 1 组因子均值为 0，截距自由估计；其他组的截距与第 1 组的相等，因子均值自由估计。

Vandenberg 和 Lance（2000）的调查发现，比较少有研究者检验截距等同。指标的截距是指标（题目）对所属的因子回归的截距。根据研究的性质和具体内容，不同组别的截距向量有时预期等同，有时预期不同以反映组间的差异。

2. 因子均值等同

最后，我们要检验各组因子均值 κ 是否相等，即检验 $\boldsymbol{\kappa}_{G1} = \boldsymbol{\kappa}_{G2}$。因为因子本身没有测量单位，所以要先设定第 1 组各因子均值为 0（当然，哪一组都可以作为第 1 组，作为其他组的参照）。在第 1 组中，Mplus 默认各因子均值（$\boldsymbol{\kappa}_{G1}$ 的各元素）固定为 0。在其他组中，κ 元素默认设置为自由估计。为了将两组因子均值也设为等同，在"MODEL g2"命令中写上"[F1 - F3@0]"，则第 2 组的因子均值固定为 0，等于第 1 组因子均值。κ 元素的估计值及相应标准误（*SE*），可用以检验该组是否与第 1 组有显著差异。一般来说，因第 1 组因子均值设定为 0，所以只要某一组有因子均值的估计值高于标准误的 2 倍（即 $t > 2.0$），则该组的该因子显著地不同于第 1 组。

检验各组的对应因子均值是否相同，是研究的主要目标，也是最终分析对象。不过，许多时候，前面步骤的检验不能通过，使得各组因子均值失去了可比性，因而不用进入这一步的检验程序。与传统的方差分析（ANOVA）相似，在多组比较时，若整体上拒绝原假设，即组间均值有显著差异，则一般要进一步做多重比较，比较每两组间的差异。这类验后（post hoc）比较需调整显著性水平以控制检验的第一类错误，道理与方差分析的验后比较相同。

用结构方程分析去比较潜变量的组间均值差异，相对于传统方差分析，有很多优点（Vandenberg & Lance，2000）：（1）在没有检验测量工具的可比性时，进行传统方差分析并不合宜，故检验工具的等同性很重要；（2）用潜变量可正确调整测量上的误差，而传统方差分析通常不处理信度引致的问题；（3）结构方程分析能处理只有部分测量等同的跨组比较，但方差分析不能处理同类问题。

（二）均值结构模型例子

续本章第二节（二）的例子，假设我们希望检验男女语文、数学和英语自信是否有显著差异，首先要做第二节（二）负荷等同的分析。在模型 M_2 基础上，进一步检验变量 v1—v9 的截距是否相同，得到模型 M_6。采用默认设定：第 1 组 $\boldsymbol{\tau}_{G1}$ 自由估计，第 2 组的 $\boldsymbol{\tau}_{G2}$ 等同于第 1 组，此时 Mplus 并不默认第 2 组的因子均值 $\boldsymbol{\kappa}_{G2}$ 固定为 0，需要写明“MODEL g2：[F1 - F3@0]”，结果显示 $\chi^2(63)=99.995$，拟合可以接受，相对于模型 M_2，$\Delta\chi^2(9)=15.815$（见表 4—2）。

分析均值结构的模型，数据除了包含各组的协方差矩阵外，还要包含各组所有指标的均值。后续示例采用均值、协方差数据，“DATA”命令中写明“TYPE＝MEANS COVARIANCE”；也可以读入原始数据文件，此时 Mplus 默认的是有均值结构的模型，会自行计算指标的均值。读入原始数据文件又不想要均值结构的时候，可以用“ANALYSIS：MODEL＝NOMEANSTRUCTURE;”取消均值结构，模型就不会有因子均值、指标截距等参数了。

在目前的例子中，男女生的均值、协方差矩阵数据合并为如下的 20 行×9 列矩阵，保存为文本文件，文件名为 chap4 _ 2 _ MG _ MEAN _ COVA _ MF.txt（其中第 1 行、第 11 行为加入的男、女生指标均值）。

```
2.0100  2.4500  2.6700  3.2100  3.3300  3.4500  2.6700  2.1900  2.3400
1.1449
0.9476  1.5129
0.5243  0.5906  0.9604
0.1091  0.1004  0.1000  1.0404
0.0540  0.0994  0.0594  0.3606  1.0201
0.1543  0.1267  0.0404  0.2942  0.2705  1.0609
0.1165  0.1096  0.0776  0.1515  0.1000  0.0510  0.9801
0.1134  0.1956  0.1662  0.0432  0.0856  0.1092  0.2833  1.1236
0.1468  0.1205  0.1152  0.1399  0.1188  0.1817  0.2911  0.4155  0.9604
2.0200  2.4800  2.6900  3.1000  3.2000  3.3800  2.7500  2.2900  2.4500
1.1025
0.9072  1.4400
0.5355  0.5998  1.0404
0.1040  0.0950  0.1010  0.9801
0.0536  0.0979  0.0624  0.3534  1.0404
0.1499  0.1224  0.0416  0.2827  0.2705  1.0404
0.1178  0.1102  0.0832  0.1515  0.1040  0.0520  1.0404
0.1092  0.1872  0.1697  0.0412  0.0849  0.1061  0.2864  1.0816
0.1411  0.1152  0.1175  0.1331  0.1175  0.1763  0.2938  0.3994  0.9216
```

多组截距等同检验（因子均值限制相等）的 Mplus 程序如下。

```
TITLE：M6=Loading and Intercept Invariance
DATA：
    FILE=chap4_2_MG_MEAN_COVA_MF.txt；
    TYPE=MEANS COVARIANCE；
    NGROUPS=2；
    NOBSERVATIONS=600 700；
VARIABLE：
    NAMES=v1-v9；
MODEL：
    F1 BY v1-v3；
    F2 BY v4-v6；
    F3 BY v7-v9；
    ！第 1 组因子均值默认固定为 0
    ！第 1 组指标截距默认自由估计
MODEL g2：
    ！Mplus 默认各组负荷相等、各组截距相等
    [F1-F3 @0]；        ！将第 2 组的三个因子均值也固定为 0
OUTPUT：STD STDYX；
```

（三）均值结构模型（因子均值等同）

接着引进有因子均值（$\boldsymbol{\kappa}$）的模型，并将第 1 组因子均值固定为 0，容许第 2 组 $\boldsymbol{\kappa}_{G2}$ 自由估计，即 Mplus 默认设置，得到模型 M_7（见表 4—2），结果是 $\chi^2(60)=84.812$。无论将哪一组作为第 1 组，并固定其 $\boldsymbol{\kappa}$ 为 0，都不影响总的拟合指数，也不影响分析结果。

多组截距等同检验（因子均值未限制为相等）的 Mplus 程序如下。

```
TITLE：M7＝M6＋G1 Factor Mean fixed to 0 and G2 Factor Mean free
DATA：
    FILE＝chap4 _ 2 _ MG _ MEAN _ COVA _ MF. txt；
    TYPE＝MEANS COVARIANCE；
    NGROUPS＝2；
    NOBSERVATIONS＝600 700；
VARIABLE：
    NAMES＝v1 - v9；
MODEL：
    F1 BY v1 - v3；
    F2 BY v4 - v6；
    F3 BY v7 - v9；
    ！默认各组负荷相等
    ！默认第 1 组指标截距自由估计，各组截距相等
    ！默认第 1 组因子均值固定为 0，其他各组因子均值自由估计
OUTPUT：STD STDYX；
```

结果显示第 2 组的 $\boldsymbol{\kappa}_{G2}$ 元素（即语文、数学、英语均值）为 0.019、−0.114 和 0.077；对应的标准误为 0.055、0.045 和 0.033（t 值为 0.345、−2.546、2.334）。这表示男女组语文自信的均值并无差异，但男生（均值为 0）的数学自信高于女生（均值＝−0.114，t＝2.546），而女生的英语自信（均值＝0.077）高于男生（均值为 0，t＝2.334）。

（四）均值结构模型（误差方差等同、因子方差-协方差等同）

在模型 M_6 基础上，还可以进一步研究误差等同、因子方差-协方差等同，得到模型 M_8（见表 4－2）。结果显示 $\chi^2(78)=103.544$，与模型 M_6 相比，$\Delta\chi^2(15)=3.549$（$<\Delta df$，不显著），各拟合指标都有所改善。

均值结构的多组等同检验（全部参数限制为相等）的 Mplus 程序如下。

```
TITLE: M8=M6+Error and Factor Cov-Var Invariance
DATA:
    FILE=chap4_2_MG_MEAN_COVA_MF.txt;
    TYPE=MEANS COVARIANCE;
    NGROUPS=2;
    NOBSERVATIONS=600 700;
VARIABLE:
    NAMES=v1-v9;
MODEL:
    F1 BY v1-v3;
    F2 BY v4-v6;
    F3 BY v7-v9;
    v1-v9 (1-9);
    F1-F3 (10-12); F1-F3 WITH F1-F3 (13-15);
MODEL g2:
    [F1-F3 @0];
OUTPUT: STD STDYX;
```

（五）多组比较的顺序

在多组比较时，首先要做的是检验各组形态相同和因子负荷等同。各组因子负荷等同，说明各组测量的特质相同，这是进一步做其他比较的基础。接下来要做什么分析，可以根据研究目的而定。这类研究通常按下面的次序报告结果。

（1）因子与指标的从属关系等同，即模型的形态相同。

（2）因子负荷（$\boldsymbol{\Lambda}$）等同。

（3）指标截距（$\boldsymbol{\tau}$）等同。

（4）因子均值（$\boldsymbol{\kappa}$）等同。

（5）指标的测量误差方差-协方差（$\boldsymbol{\Theta}_{\delta}$）等同。

（6）因子的方差-协方差（$\boldsymbol{\Phi}$）等同。

对于包含因子结构方程的多组结构方程，以上的各步骤对应为如下的次序。

（1）因子与指标的从属关系等同，即模型的形态相同。

（2）结构方程路径系数（$\boldsymbol{\Lambda}$、$\boldsymbol{B}$、$\boldsymbol{\Gamma}$）等同。

（3）测量方程的截距项（$\boldsymbol{\tau}$）等同。

（4）因子均值（$\boldsymbol{\kappa}$）、结构方程的截距项（$\boldsymbol{\alpha}$）等同。

（5）指标的测量误差方差（$\boldsymbol{\Theta}$）等同。

（6）因子、回归残差的方差-协方差（$\boldsymbol{\Phi}$、$\boldsymbol{\Psi}$）等同。

如果感兴趣的是比较各组的测量信度，则顺序进行第 1、2、5 步。但如果最感兴趣的是比较各组的均值，我们可以只进行顺序第 1、2、3、4 步，这时除非我们希望顺带比较各组因子的方差-协方差及测量信度，否则可以不做第 5、6 步检验。

（六）多组比较检验方法

1. 在上述每一步，都面临两个模型，一个是未加等同条件的，另一个是加了等同条件的。

2. 未加等同条件的模型较复杂，df 较小；模型拟合较好，χ^2 较小。

3. 加了等同条件的模型较简单，df 较大；模型拟合较差，χ^2 较大。

4. 加等同条件后，若模型简化很多，但拟合优度只是轻微变坏，则认为等同条件成立。

5. 加等同条件后，若模型简化不多，但拟合优度严重恶化，则认为等同条件不成立。

6. 判断拟合程度是否严重恶化，可以做卡方检验。两个卡方值相减（大的减小的）记为 $\Delta\chi^2$，两个自由度相减（大的减小的）记为 Δdf 。

7. 要比较加等同条件前后模型拟合优度，可参考：（1）$\Delta\chi^2$ 是否显著；（2）$\Delta\chi^2/\Delta df$ 是否小于 5（如果 $\Delta\chi^2/\Delta df$ 小于 5，表示加了等同条件后，模型拟合优度相近；这是一个经验法则，相应的 p 值大小与自由度有关，通常在 0.01 与 0.10 之间；亦见第五章第四节和第六节）；（3）其他拟合指数（例如 RMSEA、CFI、TLI）改变的幅度。

8. 如果第 1、2 步的等同条件不成立，通常不再做后面的等同检验。

表 4—3 列出了 Mplus 多组比较的设定。

表 4—3　Mplus 多组比较的设定

等同检验	设定（第 1 组）	其他组别
形态相同	自由估计各参数	需写明要自由估计的参数
因子负荷	自由估计各参数	默认各组 $\boldsymbol{\Lambda}$ 与第 1 组等同
因子方差-协方差	自由估计各参数，标记等同的参数	只有标记的 $\boldsymbol{\Phi}$ 参数才与第 1 组等同
误差方差	自由估计各参数，标记等同的参数	只有标记的 $\boldsymbol{\Theta}_{\delta}$ 参数才与第 1 组等同
指标截距	自由估计各参数	默认各组 $\boldsymbol{\tau}$ 与第 1 组等同
因子均值	第 1 组 $\boldsymbol{\kappa}$ 默认固定为零	默认其他组的 $\boldsymbol{\kappa}$ 自由估计*，如与第 1 组等同需额外写明

* t 检验不显著的 $\boldsymbol{\kappa}$ 与第 1 组的 $\boldsymbol{\kappa}$ 无显著差异。例如，如果第 2 组的 $\boldsymbol{\kappa}_{G2,1}$ 的 $|t|$ 小于 2，则第 2 组的 $\boldsymbol{\kappa}_{G2,1}$ 与第 1 组的 $\boldsymbol{\kappa}_{G1,1}$ 差异未达显著。

四、回归模型

（一）简单回归模型简介

传统回归也可用结构方程模型及软件进行分析，结果与流行的统计分析软件（如 SPSS、SAS）所得到的相同。

设有如下回归方程：

$$y = b_0 + b_1x_1 + b_2x_2 + \cdots + b_px_p + e$$

其中，y 为因变量，x_1，…，x_p 为自变量，b_0 为截距，b_1，…，b_p 为回归系数（效应），e 为残差或回归方程未解释部分。通常假设 e 与各 x 变量零相关。

若要估计 b_0（相当于有均值结构的模型），除了输入各变量的协方差矩阵外，还需要输入各变量的均值。此外，若加入适当的虚变量也可以进行方差分析（ANOVA）或协方差分析（ANCOVA）。

（二）简单回归例子

假设我们收集到 200 名学生的家庭收入（Income，每年总收入）、父母的受教育程度（F _ Ed，M _ Ed）、受教育的总年数以及学生在小学三年级下学期末的数学成绩（Math），并计算得出各变量的相关系数。可以使用结构方程模型，计算孩子数学成绩对家庭收入和父母受教育程度的回归系数（模型 M_1，见图 4—4）。

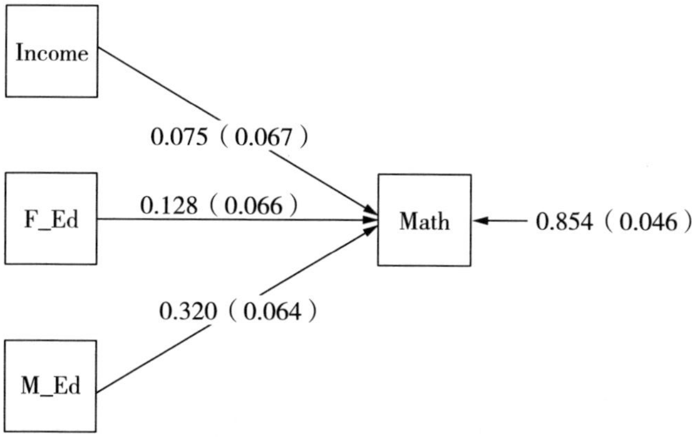

图 4—4　数学成绩对家庭收入和父母受教育程度的回归分析（模型 M_1）

将每个变量看成一个因子，即每个因子只含单一指标，各指标的误差部分均设定为零。容许自变量（Income，F _ Ed，M _ Ed）相关。因输入的是相关矩阵，所以回归系数（γ）已标准化。

回归分析结果如下：

数学成绩（预测值）＝0.075×家庭收入＋0.128×父亲受教育程度＋0.320×母亲受教育程度

R^2＝0.146，回归方差未能解释的方差为 1－R^2＝1－0.146＝0.854。

简单回归模型（M_1）数据——将以下 5 行×5 列的下半三角形相关矩阵录入，保存为文本文件，文件名为 chap4_4_Reg.txt。其中，第二个变量（英语成绩）在 M_1 中没有用到，在后续模型中会用到。

```
1.00
0.12    1.00
0.15    0.14    1.00
0.18    0.17    0.14    1.00
0.35    0.22    0.18    0.13    1.00
```

简单回归模型（M_1）的 Mplus 程序如下。

```
TITLE: chap4.4.2 Regression M1
DATA:
    FILE=chap4_4_Reg.txt;
    TYPE=CORR;
    NOBSERVATIONS=200;
VARIABLE:
    NAMES=Math Eng Income F_Ed M_Ed;
    USEVARIABLES=Math Income F_Ed M_Ed;
MODEL:
    Math ON Income F_Ed M_Ed;
OUTPUT: STDYX;
```

主要输出结果如下。

STANDARDIZED MODEL RESULTS

STDYX Standardization

	Estimate	S. E.	Est. /S. E.	Two-Tailed P-Value
MATH ON				
INCOME	0.075	0.067	1.116	0.264
F_ED	0.128	0.066	1.942	0.052
M_ED	0.320	0.064	5.035	0.000
Residual Variances				
MATH	0.854	0.046	18.492	0.000

R-SQUARE

Observed Variable	Estimate	S. E.	Est. /S. E.	Two-Tailed P-Value
MATH	0.146	0.046	3.167	0.002

（三）多个因变量的回归模型

假设我们也有学生的英语成绩（Eng），作为另一因变量，则可以在一次结构方程分析中同时估计 3 个自变量对 2 个因变量的影响（模型 M_2，见图 4—5）。传统回归分析中，1 个模型只有 1 个因变量，多于 1 个因变量时，需分别建立模型。

有两个因变量的回归分析结果如下：

数学成绩（预测值）＝0.075×家庭收入＋0.128×父亲受教育程度＋0.320×母亲受教育程度，（R^2＝0.146）

英语成绩（预测值）＝0.088×家庭收入＋0.133×父亲受教育程度＋0.187×母亲受教育程度，（R^2＝0.076）

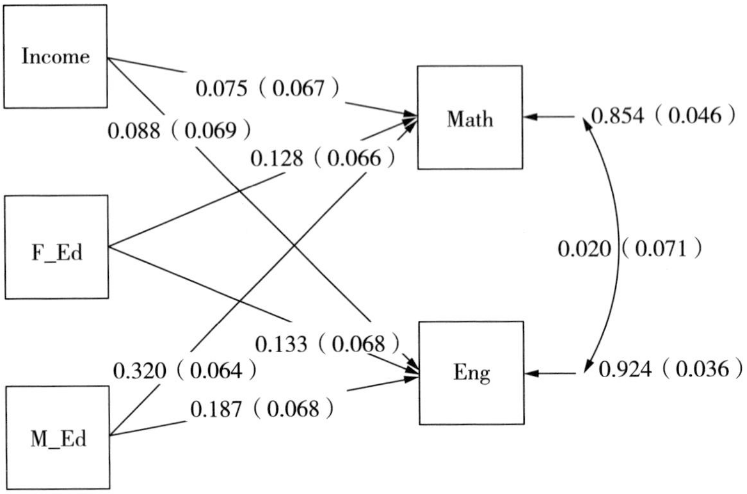

图 4—5　数学和英语成绩对家庭收入和父母受教育程度的回归分析（模型 M_2）

本例子显示，在增加了英语成绩这个因变量后，数学成绩的各回归系数的估计值不变。但在其他一般结构方程模型中，增加或减少某些变量，可能会改变参数的估计值。

多个因变量的回归模型（M_2）程序如下。

```
TITLE: chap4.4.3Regression M2
DATA:
    FILE=chap4_4_Reg.txt;
    TYPE=CORR;
    NOBSERVATIONS=200;
VARIABLE:
    NAMES=Math Eng Income F_ED M_ED;
MODEL:
    Math Eng ON Income F_ED M_ED;        ! ON 左可以放两个因变量
    ! 两个因变量的残差协方差默认自由估计
OUTPUT: STDYX;
```

主要输出结果如下。

STANDARDIZED MODEL RESULTS

STDYX Standardization

	Estimate	S. E.	Est. /S. E.	Two-Tailed P-Value
MATH ON				
INCOME	0.075	0.067	1.116	0.264
F_ ED	0.128	0.066	1.942	0.052
M_ ED	0.320	0.064	5.035	0.000
ENG ON				
INCOME	0.088	0.069	1.264	0.206
F_ ED	0.133	0.068	1.948	0.051
M_ ED	0.187	0.068	2.733	0.006
ENG WITH				
MATH	0.020	0.071	0.278	0.781
Residual Variances				
MATH	0.854	0.046	18.493	0.000
ENG	0.924	0.036	25.639	0.000

R-SQUARE

Observed Variable	Estimate	S. E.	Est. /S. E.	Two-Tailed P-Value
MATH	0.146	0.046	3.167	0.002
ENG	0.076	0.036	2.111	0.035

（四）有限制的回归模型

假设某学者认为，在收集的样本中，绝大部分学生的父母是收入大致相同的公务员，所以家庭收入对学生成绩应无影响（模型 M_3）。检验这个假设的方法是设定对应的回归系数（父母收入对成绩的路径）固定为 0。将“MODEL”指令改为：

```
MODEL:
    Math Eng ON Income@0 F_ Ed M_ Ed;
```

有限制的回归分析结果如下。

数学成绩（预测值）＝0.137×父亲受教育程度＋0.332×母亲受教育程度，（R^2＝0.141）

英语成绩（预测值）＝0.144×父亲受教育程度＋0.201×母亲受教育程度，（R^2＝0.069）

回归模型的拟合指数通常都很好，所以显变量分析通常都不用做模型拟合优度检验。此处 $\chi^2(2)$ ＝2.754。

有限制的回归模型（M_3）程序如下。

```
TITLE: chap4. 4. 4Regression M3
DATA:
    FILE=chap4 _ 4 _ Reg. txt;
    TYPE=CORR;
    NOBSERVATIONS=200;
VARIABLE:
    NAMES=Math Eng Income F_ Ed M_ Ed;
MODEL:
    Math Eng ON Income@0 F_ Ed M_ Ed;
OUTPUT: STDYX;
```

主要输出结果如下。

```
Chi-Square Test of Model Fit
    Value                                   2.754
    Degrees of Freedom                          2
    P-Value                                0.2523
STANDARDIZED MODEL RESULTS
STDYX Standardization
                                                            Two-Tailed
                     Estimate     S.E.     Est./S.E.        P-Value
MATH       ON
    INCOME              0.000     0.000      999.000        999.000
    F_ED                0.137     0.066        2.086          0.037
    M_ED                0.332     0.062        5.316          0.000
ENG        ON
    INCOME              0.000     0.000      999.000        999.000
    F_ED                0.144     0.068        2.111          0.035
    M_ED                0.201     0.067        2.984          0.003
ENG        WITH
    MATH                0.026     0.071        0.374          0.708
Residual Variances
    MATH                0.859     0.046       18.839          0.000
    ENG                 0.931     0.035       26.970          0.000
R-SQUARE
    Observed                                                Two-Tailed
    Variable         Estimate     S.E.     Est./S.E.        P-Value
    MATH                0.141     0.046        3.089          0.002
    ENG                 0.069     0.035        1.991          0.047
```

模型 M_3 与 M_2 的拟合指数相差不远，$\Delta\chi^2(2)=2.754$，其他拟合指数也显示这两个模型相差不远，按简约性原则，我们取模型 M_3。就是说，在该样本中，家庭收入对英语或数学成绩并无影响。当然这个结论不一定适合其他样本。

（五）另一个有限制的回归模型

假设另一学者认为，在小学阶段，因小孩子由母亲照顾，所以父亲受教育程度对子女成绩应该没有影响（模型 M_4）。我们限制父亲受教育程度的回归系数为零，将模型 M_2 的 MODEL 指令改为：

```
MODEL：
    Math Eng ON Income F_ Ed@0 M_ Ed；
```

模型 M_4 的 Mplus 程序很容易在 M_2 的基础上修改得到，分析结果如下。

数学成绩（预测值）$=0.090\times$家庭收入$+0.334\times$母亲受教育程度，（$R^2=0.130$）

英语成绩（预测值）$=0.104\times$家庭收入$+0.201\times$母亲受教育程度，（$R^2=0.059$）

$\chi^2(2)=7.179$。模型 M_4 与 M_2 的拟合指数相差较大，$\Delta\chi^2(2)=7.179$，$p<0.05$。由此可见，父亲受教育程度对子女成绩没有影响的假设不能成立。

第五章　结构方程建模和分析步骤

一、验证模型与产生模型

从我们对自己所提出模型的信心和把握来看，结构方程的分析可分为三大类（Jöreskog & Sörbom，1993）：纯粹验证（strictly confirmatory，SC）、选择模型（alternative models，AM）和产生模型（model generating，MG）。

在纯粹验证的应用中，我们心目中只有一个模型拟合一个样本数据，整个分析的目的在于验证模型是否拟合样本数据，从而决定是否拒绝这个模型。这类分析不多，因为无论是否拒绝这个模型，我们都希望有更佳的选择。

在选择模型分析中，我们提出数个不同的可能模型——也称为替代性模型（alternative model）或竞争性模型（competive model）——从各模型拟合样本数据的优劣，决定哪个模型最为可取。这类分析虽然较 SC 多，但我们仍常对其做一些轻微修改，使之成为 MG 的分析。

在最常见的产生模型分析中，我们先提出一个或多个基本模型，检查这些模型是否拟合样本数据，基于理论或样本数据，分析找出模型中拟合欠佳的部分，修改模型，并通过同一数据或其他样本数据，检查修正模型的拟合程度。整个分析过程的目的在于产生一个最佳模型。

因此，结构方程除可用作验证模型和比较不同模型外，也可以用作评估模型及修正模型。一些研究者从一个预设模型开始，将此模型与数据互相印证。若发现预设模型与样本数据拟合不好，则将预设模型修正，然后再检验，不断重复此过程，直到获得一个与数据拟合程度高，而各个参数估计值也有合理解释的模型为止。研究者所做的修改越多，越不该说是模型验证。

二、结构方程分析步骤

一般的结构方程分析可粗略分为四大步骤：(1) 模型建构 (model specification)；(2) 模型拟合 (model fitting)；(3) 模型评价 (model assessment)；(4) 模型修正 (model modification)。

(一) 模型建构

大部分教育、心理、社会等学科中的概念（如自信、个性），均不能直接测量。如数学能力，用不同的测验，得出的能力测量结果并不完全一致。学生的家庭社会经济地位，也需通过问卷，用学生父母的受教育程度、工资、职业及居住环境等，合并成一些粗略指标。

模型建构包括指定：(1) 观测变量（即指标，通常是题目）与潜变量（即因子，通常是概念）的关系；(2) 各潜变量间的相互关系（指定哪些因子间有相关或直接效应）；(3) 在复杂的模型中，可以限制因子负荷或因子相关系数等参数的数值或关系（例如，两个因子间相关系数等于 0.3，或两个因子负荷必须相等）。

(二) 模型拟合

在有了一个新模型（包括刚建构的模型或修正的模型）后，就要设法求出模型的解，其中主要的是模型参数的估计。这个过程也称为模型拟合。人们熟知的回归分析，通常是用所谓的最小二乘方法拟合模型，相应的参数估计称为最小二乘估计。

在回归分析中，我们的目标是求使得残差平方和最小的参数。而在结构方程分析中，我们的目标是求使得模型隐含的协方差矩阵（即再生矩阵）与样本协方差矩阵“差距”最小的参数。对这个矩阵之间的“差距”，有多种不同的定义方法（见第九章第四节），因而产生了不同的模型拟合方法及相应的参数估计。

（三）模型评价

在评价一个刚建构或修正的模型时，研究者需要检视：（1）结构方程的解是否适当（proper），包括迭代估计是否收敛（converge），各参数估计值是否在合理范围内（例如，相关系数在+1与−1之间）；（2）参数与预设模型的关系是否合理。当然数据分析可能出现一些预期以外的结果，但各参数绝不应出现互相矛盾，与先验假设有严重冲突的现象；（3）检视多个不同类型的整体拟合指数，如TLI、CFI、RMSEA和χ^2等，以衡量模型的拟合程度（侯杰泰 等，1996；MacCallum et al.，1996；Marsh et al.，1996）。

我们常忽略在模型中没有直接路径相连的关系。例如，在一个3因子的模型中，设A因子含题目（指标）a_1、a_2、a_3，B因子含b_1、b_2、b_3，C因子含c_1、c_2、c_3，A、B、C互有相关。其实这个模型也隐含A与b_1、b_2、b_3除了通过因子B的间接关系外，没有其他直接关系。所以在检查模型是否拟合数据时，除了检视自由参数（因子负荷、相关系数等）的合理性外，也应同时检查没有互通的路径是否等于0。

不过在一些含较多因子的复杂模型中，很可能发现无论是否删去某一两个路径（固定它们为0），都对整个模型拟合指数影响不大。因为这一两个路径只是整个巨大模型中的一小部分，而拟合指数是评价整个模型的，所以只要因子测量部分（因子与各指标）拟合甚佳，因子间的少许变动可能不影响整个模型的拟合指数。因此，在一个复杂的模型中，要检查某一小部分的变化（如某路径是否存在，因子是否相关），单靠改变不大的拟合指数，并不足够敏感地反映变化。虽然有些学者提议用不同方法，如设一些指数，集中反映因子间的拟合优度（不包括因子与题目间的拟合优度），但并未被普遍采用。

在建构模型时，重心一般放在因子间的关系上，但我们必须首先确定各因子可以用研究内的题目（指标）来测量。也就是说，应当先检查每一个测量模型。例如，A因子与a_1至a_5五个指标，是否拟合得很好？若拟合不好，则这5个题目并不能用来测量 A 因子，强行继续检查因子间关系，也自然徒劳无功。

因此，很多研究者在应用结构方程分析时，尤其在探索性研究中，首先检查 A 与其指标、B 与其指标等等是否拟合得好。再将 A、B 合并为因子相关的一个模型，然后逐一加上其他因子，用一个验证性因子模型（因子间相关），确定测量模型部分是否拟合得好，进而改动因子间关系（即容许某些因子间有相关或因果关系，另一些因子间设定为互不相关），检视新模型的拟合指数。

（四）模型修正

模型修正包括下列几个步骤（Jöreskog & Sörbom，1993）：

（1）依据理论或有关假设，提出一个或数个合理的先验模型。

（2）检查潜变量（因子）与指标（题目）间的关系，建立测量模型，有时可能增删或重组题目。若用同一样本数据去修正重组测量模型，再检查新模型的拟合指数，这十分接近探索性因子分析，所得拟合指数不足以说明数据支持或验证模型。

（3）若模型含多个因子，可以循序渐进，每次只检查含两个因子的模型，确立测量模型部分的合理性后，再将所有因子合并成预设的先验模型，做一个总体检查。

（4）对每一个模型，检查其标准误、t 值、标准化残差、修正指数、参数期望改变值、χ^2 及各种拟合指数，据此修改模型并重复（3）和（4）步骤。

（5）这最后的模型是依据某一个样本数据修改而成的，最好用另一个独立样本交互确定（cross-validate）。

三、参数估计和拟合函数

在结构方程分析中，我们的目标是求使得模型隐含的协方差矩阵与样本协方差矩阵“差距”最小的参数。这个“差距”称为拟合函数（fit function)，是模型参数的函数。设模型隐含的协方差矩阵为 $\boldsymbol{\Sigma}(\boldsymbol{\theta})$，样本协方差矩阵为 $\boldsymbol{S}$，可以将拟合函数记为 $F[\boldsymbol{S}, \boldsymbol{\Sigma}(\boldsymbol{\theta})]$。有多种定义拟合函数的方法（详见第九章），每一种都对应于一种模型拟合方法或参数估计方法。不同的估计方法，不仅得到的参数估计值可能不同，拟合指数也可能不同。

可选的估计方法有：

（1）工具变量（instrumental variable，IV）；

（2）两步最小二乘（two-stage least squares，TSLS）；

（3）未加权最小二乘（unweighted least squares，ULS）；

（4）极大似然（maximum likelihood，ML）；

（5）广义最小二乘（generalized least squares，GLS）；

（6）一般加权最小二乘（generally weighted least squares，WLS）；

（7）对角加权最小二乘（diagonally weighted least squares，DWLS）。

上述方法中，ML 方法最为常用。在某些条件下（如非常大的样本），各方法得出的参数估计可能非常接近，甚至一致。简单来说（Jöreskog & Sörbom，1993），TSLS 和 IV 因为不必依靠迭代方法，所以多用于快速地计算各参数的粗略估计值，可以作为其他参数估计方法的初值。其他方法都涉及迭代，为了极小化相应的拟合函数，需要在每一迭代过程中不断改善参数的估计值。在迭代的初期，参数估计值的偏差往往很大，拟合函数值也很大。通过迭代计算，参数估计值越来越精确，而拟合函数也逐渐收敛至最小值。如果拟合函数值达到预设的精度（即前后两次的拟合函数值之差小于某个预设值），迭代过程结束，最后一步得到的参数估计值就成了模型的解。如果迭代次数超过一定的限度而拟合函数值还达不到预设的精度，迭代是不收敛的，模型没有解。

一般而言，对一些简单模型，现代软件多在十多次迭代中收敛。当模型复杂时，要迭代数百次才收敛，也是有的。在 Mplus 的 ANALYSIS 指令中，可设定“ITERATIONS＝500”，表示迭代 500 次。

迭代过程不收敛时，本应逐渐变小的拟合函数，可能忽大忽小，时正时负，上下跳动，不随迭代次数的增加而减小。这时，无论增加多少迭代次数，都不能令迭代过程收敛。这种现象的成因众多，包括数据的问题（如样本太小、处理缺失数据的方法不恰当）及模型的问题（模型存在矛盾、过于复杂或者与数据不拟合等）（见第七章第二、三节）。若模型并不复杂，且其他数据用此模型可收敛，则是数据本身的问题。若怀疑模型欠妥，应由一简单且收敛的模型（如验证性因子分析）开始，逐渐修改为目标中的最终模型，从而了解导致不收敛的原因，或查明模型哪部分引起问题。

WLS 方法需要样本的渐近协方差矩阵（asymptotic covariance matrix），DWLS 则需要渐近方差矩阵（asymptotic variance matrix）。这些方法的运用限制参见第六章第二节。

四、拟合检查

（一）修正指数

要修改模型，可参考结构方程分析软件输出的模型修正指数和残差矩阵。

若容许模型中某个受限制的参数（通常是固定为 0 的参数）自由估计，模型会因此而改良，整个模型的卡方减少的数值，称为此参数的修正指数（modification index）。例如，模型的因子 A 和 B 间设定为零相关（即相关系数为 0），若修正指数为 40，则表示若将这一相关改为自由估计，模型的 χ^2 会减少 40，当然自由度也减少 1。在实际应用时，也要考虑让该参数自由估计是否有理论根据。此时合理解释至为重要——如果研究者随便修改模型，可能会被数据误导。

修改模型时，原则上每次只修改一个参数，因为某一固定路径的修正指数原本可能甚大，需要考虑自由估计，但当修改其他路径后，这个修正指数可能已变小，对应的路径无须再改动。因此，理论上每次修改一个固定路径（通常修改修正指数最大或较大者），将其变为自由估计后，需重新计算所有固定路径的修正指数。

伴随着每一个修正指数，结构方程分析程序也会输出对应参数的期望改变值（expected parameter change，EPC），显示该参数允许自由估计时与固定时的改变量。为方便不同测量单位的参数互相比较，程序也提供标准化的EPC（即 standardized EPC，SEPC）。如果原模型的某个参数固定为零，那么 EPC 就是该参数自由估计后的估计值，而标准化的 EPC 就是该参数的标准化解。

一般来说，先考虑让那些有最大修正指数的参数自由估计。虽然我们可以取修正指数大于 3.84 或 6.63 的参数（因为 $df=1$，若取 $\alpha=0.05$，$\chi^2=3.84$ 为显著；若取 $\alpha=0.01$，$\chi^2=6.63$ 为显著），作为该路径可改为自由估计的准则，但修正指数也像模型的 χ^2 一样，受样本容量 N 等影响（见第八章），因此不能把修正指数作为修改的唯一根据。此外，也要考虑每一个准备修改为自由估计的参数在理论上是否合理。对于理论上不可能存在的路径，不可改为自由估计。

为符合理论，在考虑让哪些固定参数自由估计时，可能需要同时考虑多个相关的参数。例如，在将父亲收入与父亲受教育程度的误差改为相关时，一般要同时对称地将母亲收入与母亲受教育程度的误差改为相关。如果两个修正指数中只有一个较大，两个误差相关要么同时自由估计，要么同时固定。同时修改或不修改一组相关（对称）的路径，是模型修正时很常用的策略。

（二）检查关系是否实质合理

我们反复强调，模型拟合不单要看拟合指数是否合乎要求，还要看各路径等参数估计值在理论上是否合理、有实质意义。

要检查模型中每个参数，以保证没有不合理或不正常的关系。例如，不同研究和理论都指出学生成绩有跨年度的高相关，但在某一模型中，拟合结果显示两年成绩之间有极高的负相关，除非有其他更强的具体理由，不应接受此模型。也可以检视测量方程和结构方程的平方复相关系数，如果太低，则说明方程的解释能力不强，就结构方程（即潜变量的回归方程）来说，所用的自变量解释因变量的能力不强。

(三) 残差分析

结构方程分析软件的输出，可包括残差矩阵，它是样本协方差矩阵减去再生矩阵的结果，其中的元素都是残差（residual）。因各变量的度量单位不同，各残差难以互相比较。通常将各残差除以其估计的渐近方差的平方根（见第九章第五节），得到的正态化残差（normalized residual）受度量单位和样本容量的影响都比较小，可显示模型不拟合的地方（Jöreskog & Sörbom，1993；王权，李金波，2002）。

每一对变量均有一个样本相关系数和一个再生相关系数，从而有一个相关残差（correlation residual）。相关残差为正值，表示样本相关系数大于再生相关系数，例如，A 和 B 两变量的相关系数是 0.7，再生相关系数只有 0.2，残差是 0.5。简单地以一个全为正相关的模型为例，这表示模型欠缺容许 A 和 B 之间有更强相关的足够途径，以符合样本数据较高的相关。增加 A 与 B 间一条直接路径，当然是降低残差的可能解决办法，添加一些非直接的关系亦可能有帮助。

同理，当相关残差是负数时，减少 A 与 B 间的直接或间接路径，可令残差更接近零。这看来是一个修正模型的简单方法，但实际过程复杂得多。首先，所有增加或删除路径的决策，均应有理论等支持，不应全由残差或指数决定。其次，当增删路径减少某个残差时，又可能令模型其他部分的拟合更差，整个模型的 χ^2 反而可能上升，得不偿失。

在修正模型时亦可检查所有残差的茎叶（stem-leave）图或 Q-Q 分析图。前者显示残差的分布，后者将残差依标准化分位点（normal quantile）画图。一个好的模型，正负残差大致一样多，且呈正态分布。过多的正残差显示模型中表达变量正相关的路径不够，或者表达变量负相关的路径过多。

一般来说，误设过多自由参数（即本应固定为 0 的参数，被错误地设定为自由估计），其参数估计值可能接近 0。除非结果是导致模型变成非正定（见第七章第二节），否则问题不大。不过，若模型错误地遗漏某些本应自由估计的参数，模型中其他参数的估计可能误差很大。在 Q-Q 图中，残差应当在45°对角线附近，如果有的残差离开对角线比较远，甚至有异常点（outlier）出现，可能是因为：(1）数据非正态；(2）变量间关系非线性；(3）模型拟合不好（Jöreskog & Sörbom，1993)。

五、模型修正和交互效度

模型修正后，必须评价修正后的模型解是否恰当。若原本的样本很大，可用一半的数据建立模型和修正模型，再用另一半数据对模型进行交互确认，这样可避免最后所得的模型过于依赖样本数据。

一般认为因子间的相关（即 $\boldsymbol{\Phi}$ 或 $\boldsymbol{\Psi}$ 的非对角线元素）在有合理解释的条件下可以容许自由估计。但对于指标的误差间的相关（$\boldsymbol{\Theta}_\delta$ 或 $\boldsymbol{\Theta}_\varepsilon$ 的非对角线元素)，除有特殊理由外（如 Marsh & Hau，1996)，不能随便容许自由估计(Jöreskog，1993)。对有最大修正指数的参数，若没有让其自由估计的合理解释，研究者只得跳过此参数，改为考虑修正指数第二大的参数，再审视让其自由估计的合理性，以此类推。也许最后会得到一个合理而又切合这个特定样本的模型。当然更严谨的做法是不考虑修正指数，只比较数个可能模型的拟合指数。

上述探索性分析，基本上是通过不断修改模型，找出与特定样本数据拟合较好的模型而已。然而此模型能否普遍适用于其他样本，就必须经过交互效度（cross-validation）评价。基本原理是再抽取另一样本，对该模型进行拟合评价。如果原来样本容量较大，也可将原来样本随机分为两半。一半进行探索性模型修正，另一半留做验证性分析。研究者若将同一样本先做探索性分析，然后又用原来样本进行验证性分析，则没有半点验证的成分在内。Cudeck 和 Browne（1983）不仅详细介绍了交互效度验证办法，还建议采用交互效度拟合指数（cross-validation fit indices）评价模型交互效度，推至其他样本及总体的适切性（Browne & Cudeck，1989；Cudeck & Browne，1983)。关于拟合指数，详见第八章。

六、模型比较的原理

我们前面一直在用的卡方统计量，计算公式为 $c=(N-1)F[\boldsymbol{S},\boldsymbol{\Sigma}(\boldsymbol{\theta})]$（详见第九章）。如果拟合的模型为真，$c$ 渐近服从于 χ^2 分布，自由度 $df=k(k+1)/2-t$，其中 k 为指标数目，t 为要独立估计的参数数目，所以习惯上将 c 写成 χ^2。简单的做法是，计算 $\alpha=0.05$ 时，自由度为 df 的 χ^2 临界值，若临界值小于 c，则拒绝所拟合的模型。也就是说，若用拟合函数值计算得到的 c 过大，认为模型拟合不好。但需留意，当样本容量 N 比较大时，与数据拟合很好的模型都会被拒绝，所以一般不能单靠 χ^2 检验来决定模型的去留。

设有另一个含较少参数的模型，参数 $\boldsymbol{v}$（$u\times1$）是 $\boldsymbol{\theta}$ 的子集（即只估计原有参数的一部分）（$u<t$）。将含 $\boldsymbol{v}$ 的模型作为原假设（null hypothesis）H_0，而含 $\boldsymbol{\theta}$ 的模型作为对立假设（alternative hypothesis）H_1。设 c_0 和 c_1 分别为 H_0 和 H_1 对应的 c 值，似然比检验（likelihood ratio test）统计量 $D^2=c_0-c_1$ 渐近服从 χ^2 分布，自由度为 $t-u$（即模型自由度之差）。上述两个模型称为相互嵌套（nested）模型。简单来说，如果可以通过限制模型甲的部分自由参数为固定参数得到模型乙，称模型甲嵌套模型乙（或模型乙嵌套于模型甲）。此时，模型乙的自由参数都是模型甲的自由参数。

从具体操作上来说，设模型 M_1 有 t 个参数，自由度为 df_1，$c_1=\chi_1^2$；模型 M_2 含 u 个参数（$u<t$），自由度为 df_2（显然 $df_2>df_1$），$c_2=\chi_2^2$。严格来说模型比较只是在分析同一样本数据，M_1 和 M_2 有嵌套关系时才适用。简单来说，M_2 含较少的自由参数，因固定部分较多，所以虽然有较多的自由度（$df_2>df_1$），但卡方值也较大（$\chi_2^2>\chi_1^2$），若所增加的自由度（df_2-df_1）较大，而增加的 $\chi_2^2-\chi_1^2$ 不算多，则很合算，也就是 M_2 比 M_1 好。反之，若 df_2-df_1 较小，而 $\chi_2^2-\chi_1^2$ 很大，那么应保留 M_1。

对于嵌套模型，少估计一个参数时，自由度增加 1，但模型因少了一个自由参数，χ^2 增大，若增加的部分小于 6.63（$\alpha=0.01$ 时 χ^2 的临界值），则这简化还是值得的（取 M_2）。同理，若简化时自由度增加 4，虽然拟合程度较差，但当 χ^2 增加的部分小于 13.28 时（$df=4$，$\alpha=0.01$ 时 χ^2 的临界值），应选择较简单的 M_2。

简单来说，两个模型的比较是根据它们的 $\Delta\chi^2$ 及 Δdf（χ^2 的差异及 df 的差异）决定的，简化模型增加了自由度（df 上升），拟合程度自然会变差，但只要拟合程度的变化不是太大（χ^2 上升不太多），简化模型就是可取的。

在运用上述方法时，有几点要注意：（1）理论上来说，要比较的模型应当是相互嵌套的。不过，也有不少结构方程分析使用者，以同样的方法对非嵌套模型做粗略比较。（2）当衡量 $\Delta\chi^2$ 上升是否可以容忍时，以 Δdf 为自由度。但这种模型比较的方法，也存在不少问题（见第八章）。例如，和 χ^2 一样，$\Delta\chi^2$ 也受样本容量 N 的影响。因此，在比较两个模型时，也应当比较其他拟合指数的差异（如 ΔTLI、ΔCFI）。（3）模型的比较不应以拟合指数为主要依据，而应当考虑模型所描述的各变量间关系的合理性（例如，小学三年级成绩可影响四年级成绩，但四年级成绩不可能影响三年级成绩），以及参数的估计是否恰当（如相关系数不能大于 1，误差方差不能是负数）。

七、报告结果

我们以一个完整模型为例，简单介绍发表文章时需要报告的内容。

在研究方法的“工具”部分，我们会介绍所用的问卷及测量工具。除有版权限制外，通常列举 1 至 2 道实际题目，让读者对工具有更深入的了解。工具的信度（如 Cronbach 的 α 系数）等可在这节描述，若这些结果涉及较复杂的步骤及分析，将它们放在“结果”一节亦可。另外，就算 α 系数有很多缺点，比如 α 系数随题量增多而增大，α 系数与单维度没有必然关系等，很多研究者还是习惯性地报告 α 系数。如果不提供 α 系数，读者很可能会批评并要求提供。所以在验证性因子分析的负荷表内，也常见将 α 系数列出来。

在“结果”一节，通常先报告描述性数据，包括题目的均值、标准差、样本容量等。论文应包括这些内容，但期刊因篇幅所限，往往不刊登题目均值、标准差的表格。变量的相关矩阵面对同样的问题，虽然它对希望验证各分析步骤的学者很有帮助，但除非变量数目较少，一般不能被列在期刊文章内，不过学位论文中应当列出来。

因为相关矩阵只列出二元的关系，没有控制其他相关变量，所以能提供的信息有限。通常只用文字重点地描述数个值得留意的相关，不会长篇大论地分析所有相关系数，二元相关与更复杂的多元分析结果未必相同，无须花太多精力去解释二元相关结果。

一般研究涉及多个潜变量，通常根据变量的内容，分为几个部分，进行多次验证性因子分析，以支持工具的内部结构。例如，研究学生学习动机、人格、在多个学科能力测验中的表现（每一能力用多个题目测量），进行 3 次验证性因子分析。其中，学习动机可能包括 4 个维度，每个维度含有 5 个题目，通过验证性因子分析了解这 20 个题目的分类及其与因子从属关系是否正确、是否有题目错误归类等。因此，对 4 个学习动机维度只进行一次因子分析，而不是对 4 个维度分别进行验证性因子分析。如果每次单独对某个维度的 5 个题目进行验证性因子分析，就不知道这些题目与其他 3 个相关维度的关系。有时，单维度拟合得很好，但某些题目有可能应该放在另一个维度。就是说，不将所有学习动机相关题目及维度放在一起进行分析，就不知道题目是否错误归类。

在报告验证性因子分析结果时，一般报告标准化因子负荷及因子相关，并报告主要的拟合指数。如果需要比较多个模型，可以另建一个表格，列出各模型的拟合指数，选出最佳的模型并报告模型估计结果。

在正文中，会总结性报告因子负荷是否理想，是否需要删除或变换题目与因子的从属关系等。限于篇幅，很多研究者只列出最终的因子结构，接着会总结因子的关系。例如，4 个因子间有 6 个相关，一般只叙述那些高相关的关系，以及那些理论上应该高相关，但在实际数据中却低相关的关系。在正文中不会对所有相关系数都进行报告并讨论。

我们需要用验证性因子分析去证明题目与因子的关系是合宜的，否则进一步去找因子的关系也是徒然。验证了各潜变量的结构后，会将所有潜变量放在一个完整模型内去估计它们的关系。在大部分模型中，加了其他因子后，原有因子间的关系以及因子负荷等，通常变化不大，故无须再刻意讨论这些因子负荷及其关系。一般不再列出这些因子负荷，当然也可以不报告验证性因子分析的因子负荷，改为列出最终完整模型内的因子负荷，但绝少同时报告两者。

在报告完整模型时，一般先在文中报告模型的拟合优度，包括卡方、自由度、若干重要的拟合指数（如 TLI、CFI、RMSEA）。在完整模型中，我们的主要兴趣是因子间关系，通常从外源潜变量（$\boldsymbol{\xi}$）开始，总结它们的主要关系，进而描述因子间效应（$\boldsymbol{\Gamma}$ 及 $\boldsymbol{B}$）。因子间可能有很多统计上显著的路径，无须逐一报告及讨论，只要在表内或图中展示所有显著路径的数值（标准化解）便可。在正文中还是集中于展示影响较强的路径（$\boldsymbol{\Gamma}$ 和 $\boldsymbol{B}$ 中较大的元素），或是理论上应存在，但实际数据中缺乏的路径。

为方便读者阅读及理解，应当有系统地依据理论架构去报告这些效应及其关系。例如，将所有由自信（外源潜变量）影响其他因子的路径一起报告：由表×可见自信直接影响英文能力（$b=0.34$）、数字能力（$b=0.29$）及课外活动的参与积极性（$b=0.25$）。可以解释为：自信较高的学生，他们的英文能力和数字能力往往较高，通常也更积极参与课外活动。

也可以按内生潜变量来报告，例如：由表××可见，父母社会地位（$b=0.31$）、学生智力（$b=0.41$）及学生的随和人格因子（$b=0.25$）直接影响学生在社会服务中的热诚。简而言之，将诸多的显著路径，分成数组，用文字报告。当然，我们也要提及那些理论上应该显著，但实际上并不显著的路径。

接着，若有一些统计上显著的 $\boldsymbol{\Psi}$ 残差相关，也要在文中做简单描述。上述描述假设我们只检查单一完整模型。若对理论模型做不同程度的修改，要先说明为何修改、如何修改，然后再报告修改后的主要结果。

第三部分

结构方程模型专题研究

第六章　专题讨论：涉及数据的问题

一、样本容量

在验证性因子分析或结构方程分析中，样本容量最小应当是多少？每个潜变量至少要有多少个指标？（如“自信”最少要用多少个题目来测量？）这是人们经常遇到的问题。很多文献上的建议都十分含混，甚至互相矛盾（Marsh et al.，1998）。当然，从可识别的角度来看，每一个因子最少应有 3 个指标。如果有的因子只有 2 个指标，那么这些因子要与其他因子相关，模型才可识别（见第九章）。

样本中的数据点（data points）是样本容量（N）与指标个数（p）的乘积（例如，100 个被试，每人回答 15 个题目，则共有 $100 \times 15 = 1500$ 个数据点）。一个公认的结论是，被试人数越多越好。例如，Boomsma（1985）发现不论是模型有恰当解的百分率、参数估计的精确性，还是卡方值，都是 N 越大越好。他建议 N 最少大于 100，但大于 200 更好。简单而言，容量少于 100 的样本，所产生的协方差矩阵不够稳定，使得结构方程分析结果的信度（可重复性）低。当然，数据的质量和变量的特性（如每题的信度）也很重要。

对于在不同情况下的最低样本容量，各种意见不统一。比较常见的是建议 N/p 或 N/t 要大于某一数目（p 为指标个数，t 为自由估计参数个数）。例如，若建议为 $N/p > 10$，当 $p = 15$ 时，则 N 需大于 150。换句话说，当 N 不够大时，p 也不应太大。

就因子分析而言，Nunnally 和 Bernstein（1967）提出的一个经常被他人引用的建议是：被试人数是变量的十倍。若有 20 个题目，则被试最少为 200 人。Tanaka（1987）认为 N 对 t 的比例更为重要。Bollen（1989）也认为，虽然没有简单法则可循，但要求每个自由参数有数个被试是合理的。例如，要估计 10 个参数，应有数倍，即数十个被试。Bentler（1989）更建议 $N/t>5$，即被试要达自由参数的 5 倍以上。因为变量 p 与 t 关系密切，上述建议基本上指出，当被试人数不多时，不要用太多变量或估计太多参数。

不过 Velicer 和 Fava（1987，1989，1998）回顾相关文献，认为上述 N/p 或 N/t 越大越好的建议并无多少根据。他们的研究，还有 Marsh 等人（1998）的研究显示，从模型收敛和拟合指数等角度，显而易见，N 越大越好，但每个因子的题数也越多越好，而因子负荷则越高越好。

此外，在多质多法模型中（Marsh & Bailey，1991）（见第三章第二节），当每个因子的题目较多时，模型更易收敛。功效分析（power analysis）和传统信度概念（MacCallum et al.，1996）也支持用多一些题目。这些结果与不要用太多题目的建议互相矛盾。许多学者为减少模型的题目数量，将若干题目打包（parcel）成一个指标。例如，某因子有 14 个题目，可将它们分为 3 组或 4 组（每组题数不一定相同），求每组题目的总分或平均分（若用相关矩阵分析，用总分与用平均分结果相同），将其作为一个新指标处理。即使原模型可能需处理上百个题目，把题目分组打包后，也可以变成十来个指标的模型。

题目打包法可以提高指标的数据质量、模型拟合程度，估计偏差不大，可校正，但降低了敏感性与可证伪性。题目打包法的前提条件是单维、同质，适合结构模型分析，不适合测量模型分析。题目打包有多种方法，详见吴艳和温忠麟（2011）的论文。对于通常的多个子量表（多维结构）测验，他们推荐在子量表内打包，每个子量表打包成 1 个指标或者 3 个指标，用于结构方程建模。

每个因子或整个模型的最多或最少题目数的争论，仍会继续。当 N 受种种原因限制而不够多时，不一定要因此而减少每个因子的题数。相反，增加因子内的题数，令因子更为稳定，或许能部分补偿 N 的不足。从另一角度看，当每个因子的题数不多时，N 要更大一些。

在一些探索性研究中，或在设计问卷的初期，可以在每个因子上多设计几个题目，让预试结果协助我们删去一些不好的题目，最后每个因子应有 3 个或更多个题目。当然，在增删题目时，不可全依赖统计结果作为修改的依据。应当考虑一个因子的题目是否有效地反映了该因子的内涵和特性。例如，对数理态度的因子，含 3 个测量数学态度和 3 个测量理科态度的题目。若预试时 3 个理科态度题目表现较差，不可因此而删去全部理科态度题目，因为这样修改后的因子不再是对数理的态度，而变成了对数学的态度。

总而言之，大多数模型需要至少 100 个被试。若需要依性别或其他变量进行分组分析，N 要更大。当 N 不够大时，不要担心每个因子的题目太多，反之，应尝试以更多题目测量每个因子。一般而言，每个因子应至少有 3 个指标。

二、数据类型

虽然一些新近发展的软件（如 Mplus）试图简易地处理类别数据（categorical，nominal data），但绝大部分结构方程分析仍是基于用等距（interval）或等比（ratio）甚至等级（rank）数据所计算的皮尔逊（Pearson）相关系数。

当数据来自等级（顺序）量表（ordinal scale），理论上不再用传统的皮尔逊相关系数，而改用多项（polyserial）相关系数，并与渐近协方差矩阵合用，以 WLS 法拟合模型。不过正如在“处理非正态数据”一节（见本章第三节）中指出的，除非 N 很大，否则这个额外需要的渐近协方差矩阵多不稳定，故使用这种方法处理顺序变量的研究不多。尤其当等级量表内每级人数比例相差不太大时（如在 4 点量表问卷中，十分满意至十分不满意，每种选择均有相当比例的人数），许多结构方程分析使用者都简单地将变量作为正态等距数据分析处理。

变量本身应有足够的变异量，相关才可显现。例如，如果样本中所有学生的数学成绩极为接近，数学成绩差异大部分是测量误差导致的，则数学成绩与其他变量的相关就低。如果某变量缺乏变异，有时可能是合理的，有时则是测量上的问题（如测验太浅易，而致所有学生接近满分）。

对于顺序变量，打包后的指标增加了等级，数据也变得较为接近正态，因而把打包后的数据作为连续变量处理，比直接将顺序变量作为连续变量处理更合理。

三、处理非正态数据

极大似然（ML）估计法是结构方程分析最常用的估计方法。不过使用ML时，有一个条件：变量是多元正态分布的，这时 $(N-1)F_{ML}$（其中 F_{ML} 是 ML 法对应的拟合函数，N 为被试人数）渐近服从 χ^2 分布，自由度为 $p(p+1)/2-t$（p 为指标个数，t 为模型中自由参数的个数）。

ML 法需要满足如下条件（Bollen，1989）：（1）变量是多元正态分布的；（2）用协方差矩阵做分析（某些情况下，使用相关矩阵与使用协方差矩阵的标准化解可能有出入，见第六节）；（3）N 要足够大；（4）模型为真（即样本来自符合该模型的总体）。但上述的正态假设难以满足。例如，Micceri（1989；也见 West et al.，1995）检视了 440 个大样本的成就或心理测验，发现全部都违反一元正态分布的假设，更别指望满足多元正态分布的要求。

（一）偏度与峰度

数据的非正态程度，通常可简单地用偏度（skewness）与峰度（kurtosis）表示，它们分别是标准化变量的三阶和四阶矩（moments）。偏度反映数据的非对称性，负值表示分布是左偏态，即左边的尾巴较粗长，而正值表示分布是右偏态，即右边的尾巴较粗长。峰度反映数据平坦或尖峰分布的情况，正值表示高瘦的形态，而负值表示矮胖的形态。偏度与峰度并非独立，它们满足：峰度 $>$ 偏度 $^2-2$。所以极端偏态数据不可能有零峰度，高偏态数据也多是正峰度的。

由 ML、GLS 和 WLS 方法（见第五章第三节）得到的参数估计，均不受变量单位的影响（scale free），是无偏的（unbiased）和渐近有效的（asymptotically efficient）。West 等人（1995）总结了不同研究，认为当数据非正态或虽然正态但 N 很小时，ML、GLS 和 WLS 均高估了 χ^2（使模型看来不拟合数据）。

WLS 估计也称为 ADF 估计（asymptotically distribution free estimator），虽然无须假设数据是多元正态分布的，但样本容量 N 要相当大。它所用的加权矩阵为 $p(p+1)/2$ 阶方阵，其中 p 是模型中的指标数目，该加权矩阵随 p 的增大而急速增大（$p=10$ 时是 55 阶方阵，$p=20$ 时是 210 阶方阵，相当大）。除非 N 很大（West et al.，1995，建议为 1000 至 5000），否则无法有合理的估计值。其实，不少研究（Hau & Marsh，2004；Hu et al.，1992）显示，在多数情况下，就算变量不是正态分布，ML 估计仍是合适的，即 ML 估计是稳健的（robust）。尤其是当 N 并未达数千时，不用 ML 而改用 ADF，所得的估计可能更不合理。

（二）对 χ^2 及标准误的调整

在非正态分布下，用 ML 得出的 χ^2_{ML} 和标准误（SE），都不怎么精确。研究者为此提出了种种校正方法，以提高估计的精度（Bentler & Dudgeon，1996；Hu et al.，1992；Satorra & Bentler，1994）。这包括 Satorra 和 Bentler 对 χ^2_{ML} 的校正，使它符合卡方分布；Yuan 和 Bentler 对 χ^2_{ADF} 的校正（见 Hau & Marsh，2004）以及对 SE 的校正，使其成为稳健 SE 等。虽然有些校正的结果比较精确，但更多的情形是校正与否差别不大。使用 Mplus，可以简单地通过指令"ESTIMATOR=MLR"，得到稳健 SE 的 ML 估计。

（三）题目打包做成的指标

为使非正态分布的指标接近正态分布，一个可能合理的做法是将题目打包（见本章第一节），依中心极限定理，题目打包的指标将更接近正态分布。

若使用 ADF，题目打包也增加了 N 与指标数目的比例。Hau 和 Marsh（2004）的模拟研究显示，通过题目打包将数据正态化的策略，不论是从更易收敛，还是从得到较精确和稳定的参数估计等角度，好处并不明显。

总的来说，在面对非正态数据时，探索不同的技巧当然合宜，但在许多非正态的情况下，简单地用 ML 分析原始分数，各参数的估计仍然是合理的，有参考价值，只是 SE 需要校正，得到稳健的 SE。

（四）正态化

此外，面对非正态分布的变量数据时，也可以事先对指标进行变换，将其正态化（normalize）。正态化是根据被试所在的百分等级，与正态分布表相对应。被试的先后次序在转换前后不变（比如甲在乙前面，转换后不变，但两者的距离在转化后可能会有所改变）。一般统计软件包（如 SPSS、R）都有数据变换功能。例如，在某实验中，我们测量学生的反应时间，大部分学生在一两秒内完成指定动作（电脑按键），但有一些学生的反应时间远超这一数值，可能达数百秒。经过缜密考虑后，我们决定将数据正态化后再进行分析，设反应时为 $t1$，经正态化后存于 $t2$。SPSS 指令为：

RANK VARIABLES＝t1/NORMAL INTO t2.

标准化（standardization）与正态化的效果不同。前者只是将得分转换成均值为 0、标准差为 1。数据的分布形态在标准化后保持不变，非正态分布变换后仍然是非正态分布。

偏态数据可能令各路径等参数的估计值很不合理。当我们遇到这个问题时，可以考虑做一些转换，比如对数转换、平方转换，或者运用正态化处理等。

四、异常数据

某些数据与其他数据相比，显得特别大或特别小，称为异常数据。尤其当被试人数不多时，少数异常数据点，就可能对 χ^2 值有非常大的影响。这些极端或离群的数据，部分是由种种错误（如输入数据时的错误）造成的，应当改正或者删除。

异常数据可分为一元或多元。一元情形（例如，大部分被试高度约 150 厘米，只有一个是 50 厘米）可用简单频数分析图表等找出，较易辨认。多元情形（例如，大部分学生数理两科成绩有高相关，只有少数几个人两科分数相差很远）可用二维或三维散点图（scatter plot）、多元偏度及峰度等方法寻找，一般并不容易。

可以重复进行分析，比较包含异常数据和不包含这些数据的结果，若两者相差很大，表示异常数据影响很大。一般而言，可直接删去异常数据（Schumacker & Lomax，1996，p. 6）。

五、缺失数据

在问卷调查或实验性研究中，被试的部分数据，可能因种种原因而缺失。当数据有缺失值（missing value）时，在统计分析之前需要考虑如何处理。在计算变量间的相关系数或协方差时，可用下面介绍的方法处理（Schumacker & Lomax，1996）。

（一）列删法

列删法（listwise deletion）是删去有缺失值的被试，只用数据齐全的被试。但若是许多被试都有少量缺失值（例如，在一长期追踪研究中，许多被试在一次或多次观察中缺失部分数据），列删法会删去过多被试，使余下的被试人数太少。若被试人数很多，而缺失不多，也不集中于某一类被试或某些变量，列删是最简便的处理方法。

（二）对删法

对删法（pairwise deletion）是在计算两个变量的相关系数时，用尽该对变量不缺失的数据，不理会某一被试在其他变量上是否缺失。这样，在相关矩阵中，每个相关系数所基于的被试人数可能不同。在结构方程分析计算时，只好用大约人数，在极端情况下，各相关系数所基于的被试群体可能很不同。正因如此，对删法可能产生非正定的协方差矩阵。

（三）均值替代法

均值替代法（mean substitution）是用每个变量的均值，取代该变量的缺失值。

（四）回归或主成分法

回归或主成分法是根据变量间的相关，利用其他变量数据去推算缺失数值。例如，某学生缺数学成绩，可以用回归法，做数学成绩对其他科目成绩的回归，用该学生的其他科目成绩去推算缺失的数学成绩。要注意的是，如果用少数几个齐全的数据，去推算大量的缺失数据，所得结果偏差可能很大。

（五）极大似然估计法

这种方法是对各种缺失形态做不同组别处理，并以极大似然法估计缺失值。

（六）相似反应模式设算法（similar response pattern imputation）

这是 LISREL 的 PRELIS 所提供的一种缺失数据处理方法。设被试学生 S 缺数学成绩，先找出所有与 S 有相同语文、英语、科学成绩的其他学生，再在这些人中随机抽取一个，以他的数学成绩作为 S 的数学成绩。

（七）EM 算法和 MCMC 算法

在真实数据中，常见多于一个变量缺失。用列删法（即删去有缺失值的样品），可能引致删去许多样本。可以采用 EM 算法（expected maximization algorithm，SPSS 的 MVA 模块提供了这种算法）或 MCMC（Markov Chain Monte Carlo）算法去设算缺失值。

各种结构方程分析软件的新近版本，均提供了多种缺失数据处理方法，供用户自行选择。我们也可以用一般性统计软件中的缺失数据处理功能（如SPSS中的MVA），先计算协方差矩阵（或相关矩阵），再用结构方程分析软件处理。当缺失数据不多，而且是随机缺失时，多数处理方法所得结果会很接近。

若缺失数据较多，可比较不同处理方法所得结果的异同，也可将被试依某变量分组分析，再互相比较。若多种方法得出的结果比较一致，则支持结果的可信性；若各种方法得出不同结果，则应设法寻找导致差异的原因。

使用原始数据在Mplus中编程，允许有缺失值，有多种处理缺失数据的方法。通常可以使用全息极大似然估计（full information maximum likelihood estimation，FIML；Collins et al.，2001），做法是在“VARIABLE:”后面加上“MISSING＝ALL（999）;”，其中999为缺失值。

六、可否应用相关矩阵做分析？

结构方程的数学及统计学基础，完全建立在方差和协方差分析上，但有研究者将结构方程应用于相关矩阵。这种做法，在大多数情况下是正确的，其标准化解与协方差矩阵分析结果是一致的，但在某些情况下并不正确。将结构方程应用在相关矩阵分析中，对某些模型而言，可能出现下列错误：（1）产生错误的参数估计值；（2）产生错误的拟合指数（如χ^2）；（3）产生错误的标准误。然而，早期文献上有不少误用的情况，其中不乏著名的结构方程专家（见Cudeck，1989）。

要用结构方程分析相关矩阵而不产生错误结果，需要符合两个条件：（1）模型是尺度不变的模型（scale-invariant model）；（2）模型中所有参数都是尺度不变的参数（scale-free parameters）。简单来说，尺度不变的模型是指模型的协方差矩阵，如果测量单位变化了，所得的新协方差矩阵仍满足原来的模型。尺度不变的参数，是指如果测量单位变化了，该参数仍保持不变。

假如模型和参数都是尺度不变的，则上述三种错误都不会出现。如果只符合条件（1），则错误（1）（2）不出现。若条件（1）不成立，三类错误都会出现。有关数学推导过程可参看 Cudeck（1989）。例如，下列结构模型，都不是尺度不变的模型（Cudeck，1989）。

（1）模型中限制各因子的方差为 1，同时限制某指标的因子负荷为不等于零的固定值。

（2）对模型中同一个因子，限制其两个或两个以上指标的因子负荷为不等于零的固定值。

（3）对模型中同一个因子的两个或两个以上指标，限制其因子负荷相同。

（4）对模型中不同因子的两个或两个以上指标，限制其因子负荷相同。

（5）模型中限制两个或两个以上的测量误差相等。

总之，应用结构方程时，有时用相关矩阵和用协方差矩阵分析的结果相同，但当两者有别时，用协方差矩阵分析的结果才是正确的。

在利用协方差矩阵作为输入数据时，若各变量的数值相差较大，为避免取固定小数而出现过大的误差，我们可先将各变量的量度单位做调整，再计算变量间的协方差。

例如，在某个研究中，变量包括一些公司总裁的年薪（数十万元至数百万元，以元为单位）、领导风格问卷的响应（6 点量表）、数个量度反应速度的测验（0.01 秒至 0.5 秒，以秒为单位）。如果我们以原始单位计算协方差，并且只保留 1 位小数，那么所得的协方差矩阵的精确性较差。合适的做法是以百万元作为年薪的单位，并保留更多小数位。不同变量的原始数据的数量级相差越大，越需要事前转换单位，最好使得转换单位后的数据在 0.1 至 10 之间，再计算其协方差。当然，数据转换后，解答内的非标准化参数，也应以新单位去表示。

七、处理小样本的方法

Marsh 和 Hau（1999）在一系列的模拟研究中，比较了多种处理小样本数据的策略。他们建议：若有可能，尽量增大样本数量（N）；如果样本很小，应当用更多高信度的题目；每个因子应当最少含 4 至 5 个指标，指标越多越好。

当样本很小时，研究者应通过预试（pilot）来评估测量工具的特性，以保证题目有高信度和高效度（如标准化因子负荷 > 0.7），同时应避免将低负荷的题目和高负荷的题目混在一起。

在小样本分析中，就算模型的解不恰当（如相关系数大于 1，误差等于零），与违规参数无关的参数（例如，不恰当负荷只在因子 A 出现，因子 B 的负荷与违规参数无关）估计值（见第七章第四节）以及拟合指数，仍然有参考价值，特别是在一系列嵌套模型的比较中有用。对不恰当模型，可强加限制，令同一因子的负荷必须相等，有时可帮助解决不恰当解的问题。例如，在“MODEL”指令中写如下子命令——

```
f1 BY x1 * x2 x3 x4 (1);
f1 @ 1;
```

即强制从属于 $f1$ 因子的第 1、2、3、4 题的负荷相等且自由估计，代码中的“（1）”标记这是模型中第 1 个约束相等的参数。注意到 $f1$ 所有负荷都未固定，需要将 $f1$ 因子方差固定（代码最后一行）。这种有限制的模型，一般要用协方差矩阵分析才是正确的。

对小样本的研究，除原有模型外，通常都应当采用限制同一个因子的负荷相等的策略，再运算一次。限制性模型中的因子相关，应与原模型中的极为接近，但前后两个模型的因子负荷，可能略有不同。原模型每个因子中各负荷相差越大，则限制性模型的因子负荷的误差越高。当所有指标的信度都比较高（因子负荷既高又很一致）时，限制性模型的拟合指数和参数估计，极具参考价值。此时若限制性模型与非限制模型的解有重大差别，应小心检查导致差别的原因。在报告结果时，仍应以原模型为依据，但在小样本的研究中，采用限制性模型的方法，可增加对结果是否恰当的了解。

第七章　专题讨论：涉及模型的问题

一、忽略测量误差所引致的错误

传统回归分析实际上是假设（潜）变量能用单一指标准确地测量，没有考虑测量误差的影响。测量误差对模型各项参数的估计有极复杂的影响，下面将以简化的例子，说明忽略误差可能引致的错误（Bollen，1989）。

（一）方差（变异量）

假设 x 是没有考虑测量误差的指标，ξ 为考虑了测量误差的潜变量，δ 为测量误差，则由 $x=\xi+\delta$ 可导出

$$\mathrm{var}(x)=\mathrm{var}(\xi)+\mathrm{var}(\delta)$$

即

$$x\text{ 变异量}=\xi\text{ 变异量}+\text{误差变异量}$$

除非 δ 等于零，否则考虑了误差的变量的变异量，永远小于没有考虑误差的变量的变异量，故在没有考虑误差的传统统计中，往往是高估了变量的变异量。

（二）相关和回归参数

设 x 和 y 是没有考虑测量误差的指标，ξ 和 η 为对应的考虑了测量误差的潜变量，以传统回归方法得 y 对 x 的回归系数为 γ^*，η 对 ξ 的回归系数为 γ，它们有如下关系：

$$\gamma^* = \gamma \frac{\mathrm{var}(\xi)}{\mathrm{var}(x)}$$

除非测量误差不存在——即 $\mathrm{var}(\xi) = \mathrm{var}(x)$，否则右边的比值小于 1，即 $\gamma^* < \gamma$。换言之，没有考虑测量误差的传统回归低估了两个潜变量的关系。

设 r_{xy} 为 x 和 y 的相关系数，$r_{\xi\eta}$ 为 ξ 和 η 的相关系数，r_{xx} 和 r_{yy} 分别为 x 和 y 的信度，则可以推出

$$r_{\xi\eta} = \frac{1}{\sqrt{r_{xx}r_{yy}}} r_{xy}$$

故传统相关系数，也低估了潜变量的相关系数。假设 x 和 y 的相关系数 $r_{xy} = 0.5$，而 x 和 y 的信度 $r_{xx} = r_{yy} = 0.7$，ξ 和 η 的相关系数

$$r_{\xi\eta} = \frac{1}{\sqrt{0.7 \times 0.7}} \times 0.5 \approx 0.71$$

显而易见，$r_{\xi\eta}$ 比 r_{xy} 大很多。

从上述的简化例子可见，忽视测量误差，可导致高估变量的变异量及低估相关系数。对于较复杂的模型，则较难估计忽视测量误差可能带来的影响。总括而言，测量误差越大，传统方法导致的错误也越大。

二、非正定协方差矩阵

导致结构方程分析中出现非正定协方差矩阵（nonpositive definite covariance matrix）的原因很多（见 Schumacker & Lomax，1996；Wothke，1996），包括输入的样本协方差矩阵非正定、再生的协方差矩阵非正定等。非正定协方差矩阵的行列式（determinant）为零，逆矩阵不存在。

若样本协方差矩阵非正定，很可能是以下原因引起的（Schumacker & Lomax，1996）：（1）用对删法处理缺失数据（见第六章第五节）；（2）变量间线性相关（linear dependent，如某些变量之间有极高相关，或某变量可由另外的数个变量线性组合而成）。

解决方法有：(1) 用列删法或其他缺失数据处理法；(2) 只用部分质量较好的子样本计算协方差矩阵；(3) 删去与其他变量重叠的变量（可借助因子分析，找出高相关多余变量)；(4) 使用岭估计（ridge estimation)（Yuan et al.，2011)，做法是增大变量的方差（在协方差矩阵的对角线元素上加一个常数)，使矩阵变成正定。此外，对初学者来说，遇到非正定矩阵，很可能是因为输入数据格式错误，因此应小心核对计算机输出首页的样本矩阵，以了解输入格式是否正确。

若模型再生的协方差矩阵非正定，原因包括：(1) 所设的模型不合理，与样本数据相差太大；(2) 运算时的始值（starting value）欠佳；等等。

如果变量较多、关系复杂，初学者可能会输入一个数学上不可能的错误模型，或者在复杂模型中，加入一些难以满足、互相矛盾甚至错误的限制（如强制某些因子负荷要相等，但该模型不能满足；设定某相关系数等于0.8，但这个值过高而不合理)，这些都可能导致非正定的出现。解决的方法是：由一个最简单的验证性因子分析模型开始，渐渐把它修改成心目中的模型，以了解非正定何时出现。

目前流行的结构方程分析软件，大多不用提供始值。也就是说，软件在迭代计算各参数时，不一定要使用者提供开始迭代的数值。理论上，无论采用什么始值，最终估计的参数值应很接近，不应受始值的影响。但在较复杂的模型（如多组分析模型、限制性模型）中，提供适当的始值，有时可以解决非正定的问题。随着软件程序日趋完善，因始值引致的非正定问题大大减少。

三、不收敛

在模型拟合和参数估计时，大多数估计方法（如常用的 ML 法，见第五章第三节)，都以迭代方式进行。各结构方程分析软件，都设定某一迭代次数上限，若达到这个上限时，模型的拟合函数值仍未收敛，输出结果将显示模型不收敛（non-convergence)。比如，如果有参数的估计在两个相距甚远的数值间循环取值，增加迭代次数也不减少先后两次估计值间的差距，因而不能收敛到一个确定的值，这时模型就是不收敛的。

导致不收敛的原因很多，对初学者而言，应先考虑程序可能有错误，或者所设的模型不合理。检查方法与处理非正定问题类似。例如，由一个最简单的验证性因子分析模型开始，逐渐把它改为目标模型，以了解不收敛的成因。

复杂模型一般需要较多次迭代才收敛，许多软件对变量较多的模型，都自动增加迭代次数的上限。在处理十分复杂的模型时，使用者可自行再增加上限（Mplus 的做法，是在 ANALYSIS 指令中，写明“ITERATIONS＝500”，表示迭代上限为 500 次）。或者，用程序在上一次达到迭代上限、停止迭代时各参数的估计值，作为第二次重新估计的始值，若这样设置的始值比软件自行产生的始值更佳，则第二次估计或许能够收敛。

当然，也可由其他途径，包括参考前人相类似的研究结果，从而对各参数值有相当准确的预测。这样，就可以人为提供一套好的始值，提高模型收敛的可能性。人为提供始值时，有以下几点需要注意。

1. 需抑制软件提供始值。当我们想自己提供一套始值时，就不应让软件再产生始值去盖过我们预设的数值。在 Mplus 中写明始值指令，即可自动完成这一步。

2. 始值单位要与分析矩阵相配合。当用协方差矩阵进行分析时（DATA：TYPE＝COVA），应当输入尚未标准化的估计值，而非最后标准化（STD STDYX 等）的数值。同理，路径系数、因子间协方差、因子负荷、误差方差等参数，亦应以变量的原始单位为基础。第一次运算结果中，部分参数值可能极不合理（可能是合理估计值的数百倍），应当另取较合理数值，作为第二次运算的始值。当模型容许以相关矩阵进行分析，而我们又选用该方法时（DATA：TYPE＝CORR），应当用标准化后的参数估计值作为始值。

当各变量均接近标准化（标准差接近 1）时，标准化及未标准化的参数估计值可能相近，但在其他情况下（如标准差很大时），则可能相差甚远。故此，在自行提供始值时，应依据所分析数据的种类（COVA 或 CORR 等），提供整套相应单位的始值。

3. 需提供整套参数的始值。当选择抑制软件提供始值时，我们要自行提供每一参数的始值。不能只提供一些最关键的参数始值，而忽略提供那些次要的参数（如题目的误差方差、因子方差）始值。

一般软件对每个参数都有缺省值，也就是说，当用指令抑制软件提供始值，但又忘记提供某些参数的始值时，软件可能自定一些数值（通常设定为0或1），也不一定发出警告信息。这些缺省值有时能帮助收敛，但也可能极不合理，使模型不能收敛，出现非正定，或软件显示未能估计某些参数（不一定涉及缺省值部分）。这时，可以在"OUTPUT"指令中加上选项"TECH1"，要求详列拟合时的数据，检查始值是否等于我们心目中的数值。

当以协方差进行分析时，要提供每一参数的始值很费时间。不过一般而言，一些合理始值虽不一定接近最后结果，但已足够使程序正常运行。当然，在条件容许的情况下，转用相关矩阵做分析，以便容易提出整套参数的始值，也是一个解决方法。

4. 检查收敛条件是否过于苛刻。在迭代运算时，结构方程分析软件会依据所选用的拟合方法，计算前后两次迭代中拟合函数值的差。一般而言，随着迭代次数的增加，这个差值会逐渐减小。当这个差值小于某个预设值（或由软件所设的缺省值）时，迭代过程视为收敛。这个收敛条件可由用户自定（Mplus的"ANALYSIS"指令中有一组设置）。若要求过高，尤其是在复杂模型中，可能导致所需迭代次数大增，甚至不收敛。对大部分模型，软件所设的缺省值是合理的。

上面讨论了模型不能收敛的原因及处理方法。以往的经验是，不收敛通常由模型或数据本身导致，原因包括模型太复杂、参数间关系限制过多（如限制参数间有不等式的关系、限制多个参数相等）、数据间有矛盾关系（如用对删法处理缺失数据，见第六章第五节）、数据质量低劣等。简单增加迭代次数或提供始值，不一定能解决不收敛的问题（Jöreskog & Sörbom，1989；Marsh et al.，1998）。即使不收敛，部分估计的参数及拟合指数仍有参考价值（Marsh et al.，1998）。

四、不恰当的解

就算程序运算收敛，得到的参数估计值也可能有不恰当（improper）的，使部分估计的参数矩阵非正定。例如，有方差（$\boldsymbol{\Theta}_\delta$、$\boldsymbol{\Theta}_\varepsilon$、$\boldsymbol{\Phi}$、$\boldsymbol{\Psi}$ 矩阵的对角线元素）为负数［统称为 Heywood 现象，以 H. B. Heywood（1931）一篇相关文章命名］，或有相关系数的绝对值大于 1。

这些不恰当的参数估计值可分为三类（Marsh et al.，1998；van Driel，1978）。

（1）临界（boundary）解。这些违规参数估计值的置信区间，包含恰当数值。如某误差方差的估计值为－0.02，标准误为 0.05，置信区间为－0.12 至 0.08，结果显示这个区间中已包含正数。这类不恰当违规估计值，可能只是反映取样的波动而已，所引致的问题较少。但要留意的是，当某参数的估计值已趋近恰当值的临界线时，可能有相对应的路径及相关系数等也接近极高或极低值（如标准化路径系数的绝对值接近 1)，应小心考虑这些估计值是否合理，模型是否应修改。

（2）非临界解。参数估计值不恰当，且偏离临界线甚远。例如，相关系数的绝对值远大于 1。

（3）难下定论（indefinite）的解。某些参数估计值本身恰当，但他们的标准误很大，可能数十至数百倍于其他正常标准误。这些参数的置信区间也包含不恰当值。这些解应被视作不恰当。

为避免出现不恰当解，部分软件在缺省处理时，强制参数的估计必须恰当（如所有误差方差不能是负数），这样可能降低使用者察觉不当模型的概率。当某一参数已达临界线时（例如，$\boldsymbol{\Theta}_\delta$ 中有对角元素，如 $\theta_{\delta 11}$ 等于 0)，应小心检查在不强制参数估计恰当时，参数是否不恰当。Mplus 在缺省时，不做这类强制，即不强制参数的解必须恰当。如果要设置强制，可参考如下代码。

```
...
MODEL:
    ...
    x1 WITH x1 (theta_delta_11);
    ...
MODEL CONSTRAINT: theta_delta_11 > 0;
...
```

对于非临界（远离临界线）、难下定论（极大标准误）的不恰当解，或临界（靠近临界线）甚至完全恰当但参数值极高或极低（如两因子相关高达 0.95，可能合并为一个因子更合理）的解，均可以通过删除变量、合并变量、修改模型等去解决问题。有人会增加一个不等式限制，使临界参数（略微低于临界值）回到恰当范围（比如，“MODEL CONSTRAINT：theta_delta_11 > 0.001;”即强制 $\theta_{\delta 11}$ 大于 0.001）。在很多结构方程分析软件中，设定一个参数“大于一个很小的正数（或其他条件）”，比设定其“大于 0”更好，可避免程序及矩阵运算上可能出现的困难。

在含不恰当解的模型中，有恰当解的部分参数仍可能有参考价值。如某因子有一指标的误差方差为负数，属非临界类不恰当解，但该模型其他因子间相关或因子负荷，可能仍十分合理地反映了各变量间关系。此外，该模型的 χ^2 等拟合指数，也可能反映了模型大致上的拟合优度。在嵌套模型的比较过程中，若其中有的模型的解不恰当，仍可尝试将恰当模型与不恰当模型一起比较，粗略了解它们的拟合优度。

总而言之，面对非正定协方差矩阵或不收敛的出错信息时，初学者应先检查输入的数据和程序设定是否正确，尽量由简单模型开始，逐渐修改为较复杂的最终模型。在简单模型已出现非正定或不收敛时，应考虑对删法以外的缺失数据处理法，或者以较高质量的被试作为子样本，计算出另一协方差矩阵，试图解决问题。

对不收敛的复杂模型，应当考虑简化模型，或删除一些参数间的限制，增加迭代次数，提供合理的始值等，这些措施都可帮助我们了解问题的成因，甚至最终解决不收敛的问题。遇到不恰当解，或者参数估计值接近临界时，应考虑修改模型，使各参数回到合理的数值范围内。

五、单指标潜变量

如果潜变量只有一个指标，则不能同时估计因子与指标的关系（因子负荷）和指标的误差方差。也就是说，不能单单固定因子方差或单单固定指标的负荷。此时，一个做法是设定因子方差为自由估计，提供指标的负荷及误差方差值，并设定为固定。负荷及误差方差值的设定有两种常用方法：一种是设定负荷为 1（假设用相关矩阵）及误差方差为 0，表示指标没有测量误差；另一种是较好的做法，粗略估计指标的信度，以此计算指标的误差方差值并固定，下面给出具体做法。

（1）使用协方差矩阵进行分析

将负荷固定为 1，并将误差方差固定为（1－信度）×指标方差。例如，指标方差为 4，估计信度（由重测信度或者其他同类的研究所得）为 0.85，假设这是第 4 题（x_4）并归属于第 3 个因子（ξ_3）。则 x_4 的误差 δ_4 的方差固定为

$$\mathrm{var}(\delta_4) = 4 \times (1 - 0.85) = 0.60$$

相应的 Mplus 指令为：

```
xi3 BY x4@1;
x4 @0.60;
```

（2）使用相关矩阵进行分析

若使用相关矩阵做分析，可以简单地将因子方差固定为 1，而误差方差固定为（1－信度）。用上题例子，相应的 Mplus 指令为：

```
xi3 @1;
x4 @0.15;
! (1－0.85) ＝0.15
```

有时候（如纵向研究），应容许有些指标（如同一个题目在不同时间）的误差有相关（见第七章第六节）。在单指标情形下，这个相关系数也只好固定于一个常数，一般是以单指标的误差方差的一个固定百分比计算。

例如，在中学三、四年级数学成绩纵向研究中，每次成绩均以期末考试分数为指标，设信度为0.8，而误差相关系数为误差方差的20%，即固定为(1－0.8) ×20%＝0.04。

在拟合整个模型时，可以做敏感度测试（sensitivity test），查看不同信度值对各参数的影响。若各分析结果类同，则其结论说服力大增；若不同信度会产生不同模型（参数差异很大），则研究者应小心讨论并比较不同模型的异同（Marsh，1988）。

例如，在上述例子中，该指标为某能力测验题目，信度一般较高，可设定信度为较高值（0.80至0.90）；若为人格态度等题目，信度较低，可设定为0.70至0.80。若设定某变量信度为0.80或0.90，在模型中自信与学业成绩的相关均为0.35左右，其他重要路径值亦不变，那么选取信度为0.80或0.90问题均不大；反之，若信度为0.80时得出自信与学业成绩的相关为0.20，信度为0.90时得出相关为0.50，由于结果变动太大，又不知道真实的信度值，会令人对研究没有信心。在报告中，告诉读者我们曾进行敏感度测试并简略报告结果，会令他们对该研究更有信心。

六、误差相关

第二章第二节已经指出，指标（题目）误差包含随机误差和特殊因子。除非在特殊设计，如多质多法或多次重复测量固定样本（multi-wave panel）

的研究中，我们刻意容许误差相关，并区分随机误差与特殊因子，否则一般情况下我们无法知道两者所占的比例。

不过，在一般的研究中，通常不容许这些题目误差相关。否则，这表示这些题目除了测量所属的因子外，仍在测量其他因子，这会使整个模型的解释十分复杂。除非有确切的理论支持，否则不能容许题目误差相关，以提高模型的拟合优度（Jöreskog & Sörbom，1993）。

如果允许观测变量（题目）的误差项相关（自由估计），一般来说，只自由估计外源指标的误差协方差（即 $\boldsymbol{\Theta}_{\delta}$ 的非对角元素）或内生指标的误差协方差（即 $\boldsymbol{\Theta}_{\varepsilon}$ 的非对角元素），极罕有需要自由估计外源指标与内生指标间的误差协方差（$\boldsymbol{\Theta}_{\delta\varepsilon}$ 的元素）。

举例来说，在某研究中，以父亲社会经济地位因子（以教育、收入、职业专业性作为观测指标）及母亲社会经济地位因子，去预测其子女的学业成绩因子（以语文、英语及数学考试成绩作为观测指标）。或许有研究者会提出一些理论去自由估计外源因子（父亲社会经济地位、母亲社会经济地位）的某些指标的误差相关（如父亲教育与母亲教育误差的相关），但除非有特殊理由，不会自由估计父亲、母亲因子的指标误差与学业成绩因子的指标误差之间的相关。

七、因子的单位与附加限制

在结构方程模型分析中，通常是用固定负荷法或固定方差法来指定因子的单位。这两种方法不影响模型的拟合优度和标准化解。而且，固定为 1 或其他常数，也不影响模型的拟合优度和标准化解。

指定因子单位的第三种（也是比较少用的）方法是对参数加上限制（例如，属于同一个因子的负荷限制为相等；在多组分析中，某两个负荷相等）。不过，Steiger（2002）指出，当有附加限制时，模型的拟合指数和参数估计的标准化解就不一定正确。就是说，当模型中含有参数限制时，模型的参数估计值和拟合指数，会随因子的单位而改变，而因子的单位随负荷或方差所固定的值而定。许多时候，我们可能希望用标准化的因子（即因子方差为 1）作为等同的基础。

要检查究竟是否需要对某一模型做上述特殊考虑，可简单地用固定负荷法来比较。除了固定为 1 外，还要固定于另一个数值（如固定为 2），检查标准化参数估计值和 χ^2 是否有改变。如果结果不同，则表示因子的单位会影响模型分析结果。这时我们应直接限制因子方差为一个理论上合适的数值。对因子方差的限制，在 Mplus 中需用到比较复杂的限制指令（MODEL CONSTRAINT）。

八、为什么要考虑等同模型?

本书不同部分均指出，与数据相容的模型，只能被视为可供考虑的模型。在实际分析时，还要考虑等同模型问题。原来，以同样个数的参数（t），用不同组合可以产生许多不同模型，而其中也有不少模型再生的协方差矩阵是完全相同的。换句话说，同样个数的参数，能够产生多个与样本数据有相同拟合程度但结构不同的模型，我们称所有这样的模型为等同模型（equivalent models）。以图 7—1 所示的含 3 个潜变量的模型为例，至少有 15 个等同模型（Breckler，1990）。

等同模型中各个不同模型可能含有非常不同的意义。例如，把图 7—1 中由学业自我观和社会经济地位指向学业成就的箭头，改为由学业成就和社会经济地位指向学业自我观（见图 7—2），所得的两个模型等同，但两个模型的含义不同。图 7—1 模型表示学业成就受社会经济地位和学业自我观影响。图 7—2 模型则表示学业成就和社会经济地位影响学业自我观。这两个模型的拟合指数完全相同，但参数的意义和大小都可能不同。

这就说明，因为存在等同模型，所以单凭检视数据和模型的拟合指数，并不一定能发现哪一个理论得到的模型更切合数据。必须通过其他研究设计，如实验法等，控制和识别有关变量，才能有进一步的结果（详见林文莺，侯杰泰，1995）。许多结构方程的应用研究，只检查单一模型，并以此为根据讨

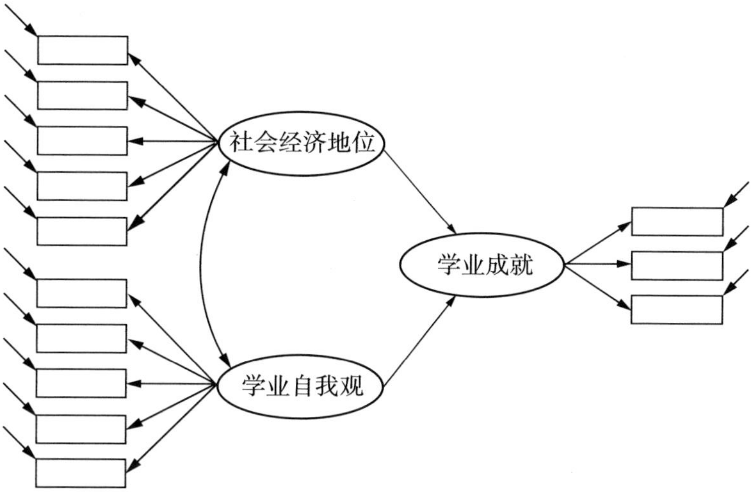

图 7—1　学业自我观、社会经济地位和学业成就的关系

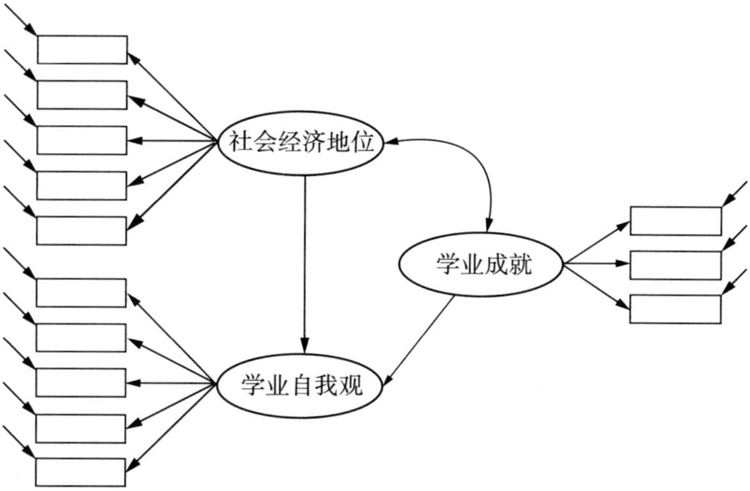

图 7—2　学业自我观、社会经济地位和学业成就的关系（图 7—1 的等同模型）

论结果，完全忽略数据其实可从其他角度去阐释，而绝不影响数据与模型之拟合优度。类似的漠视等同模型的现象极为普遍，而且产生不少谬误（Breckler，1990；林文莺，侯杰泰，1995；MacCallum et al.，1993）。

因此，结构方程的使用者应特别谨慎，留意等同模型的存在，并参照一些学者提出的法则，检视其他等同模型（Lee & Hershberger，1990；Stelzl，

1986)。在选择模型时，需审视各模型所表达的意义，依据学科理论选取有意义的模型。对于摒弃不用的等同模型，也应加以说明。这是较严谨的分析策略。

除了等同模型外，仍有许多吻合数据的不同模型，研究者宜根据有关理论，列举多个可能模型，并采用模型比较法（例如，Anderson & Gerbing，1988；林文莺，侯杰泰，1995）选取最佳者。

九、模型与数据拟合是否表示模型正确？

不少结构方程的应用研究，检视理论模型与数据的拟合指数，若拟合度高，则说明数据证明理论模型正确。此种说法，其实不够严谨，严格而言属于谬误。这可从拟合的数学和统计意义来解释。

在结构方程分析前，研究者收集 N 个样品在 p 个指标上的观测值，由此得到一个 $p \times p$ 的样本协方差矩阵，此矩阵反映了样本中指标之间的相关大小。

在结构方程分析中，为揭示指标所测量的潜变量的特性以及潜变量之间的关系，研究者建立模型，界定潜变量与指标的关系，即建立测量模型。同时，亦可界定潜变量与潜变量的关系，即建立结构模型。这两部分模型组成结构方程模型（见第二章第二节）。

当拟合指数反映模型拟合不好时，说明模型再生的协方差矩阵 $\boldsymbol{\Sigma}$ 与样本协方差矩阵 $\boldsymbol{S}$ 相差很大，表示理论模型不符合数据所隐含的变量间原有的关系，即数据否定了理论模型。反之，当 $\boldsymbol{\Sigma}$ 和 $\boldsymbol{S}$ 差异不大时，表示理论模型并不抵触数据所隐含的变量间原有关系，即数据不排斥模型。因此，数据与模型拟合，只说明数据并不排斥模型，而不是说数据可以确认模型，更不是说证明某一理论。

结构方程分析中的验证，其实只是辨别哪些模型有错误（与数据相斥），需要摒弃或修正。至于那些与数据拟合得好的模型，只能算是可供考虑的模型，是至目前为止仍未被否定的模型（Cliff，1983；Jöreskog，1993）。研究者不能因为使用结构方程，便说可以证明模型正确。这其实与应用其他统计分析的结论类同，都不能证明模型正确，只能证明模型还未遭否定，这才是较严谨的研究态度。

顺便说明，与其他相关或线性回归所遇到的问题一样，结构方程分析基于相关系数，而相关系数只显示线性关系。因此，假如结构方程分析结果显示两变量间没有关系，这可能是真相，也可能是因为两变量间的关系并非线性而已。对非线性关系的分析较为复杂，可参考温忠麟等人（2003）和Marsh 等人（2013）的文章。

十、结构方程能否验证变量间的因果关系？

在图 7－1 中，假设分析结果得出模型与数据不矛盾，且潜变量间的参数不等于 0，显示社会经济地位、学业自我观与学业成就有相关。但不能单凭模型与数据拟合，就说社会经济地位、学业自我观与学业成就之间存在因果关系，除非此研究经过特别设计，能够明确指出变量间的因果效应。严格来说，一个没有经过特殊设计用以探讨变量间因果效应的研究，无论应用何种统计方法，包括结构方程，都不能证明变量间是否真正存在因果关系。因为单从等同模型考虑，已经可以举出许多拟合指数相同，但变量间效应相反的例子。

其实，要证明变量间的因果关系，最好是利用实验设计，控制其他变量的影响，探讨主要变量的因果效应。在一些非实验研究中，有些研究者以为只要变量间存在时间上的先后次序，且两个变量相关，就可以解释为因果关系。以图 7－1 的模型为例，假设研究者测量学生小学时的学业自我观，而在初中测量学生的学业成就，研究者发现两者有相关，认为学生自我观对学业成就有因果效应，因为学生小学时的学业自我观，影响初中的学业成就。这种说法也可能是错误的。虽然存在学生自我观为因、学业成就为果的可能性，但也不能排除变量间含相反因果关系的情况（即成就为因、自我观为果）。

现举一个极端例子。假设研究者在时间 T_1 测量小学生的学业成就，然

后在时间 T_2（T_2 较 T_1 为晚）测量学生父亲的收入，发现两者正相关（父亲收入较高的学生，其学业成绩较好），但我们似乎不会轻易赞同“子女在小学的成绩好，会增加父亲收入”这种因果说法。所以，时序上的先后，绝非因果效应的充分条件。

虽然严格来说，结构方程不能证明因果关系，但它能协助我们寻找变量间最可能的因果关系。在一个典型分析中，研究者依据各种理论，提出多个可能模型，以反映变量间的不同因果关系。如在模型甲中，因子 A 通过 B 对 C 起作用；而在模型乙中，因子 A 通过 C 对 B 起作用。利用结构方程可以分析哪个模型较好地拟合数据，从而给相应的因果关系予以支持。

要想利用非实验设计探讨变量之间的因果关系，可参考 Marsh（1990）提出的几点意见：(1) 采用纵贯研究数据，每个变量至少要有两次测量（两时段以上设计），当然每个变量能有多次测量（多时段设计）更好；(2) 使用多个指标推算潜变量，迫不得已使用单指标变量时，要估计测量信度，以推算测量误差；(3) 样本要够大并具代表性，使结构方程分析结果具有实质意义和普遍性；(4) 考虑不同模型的意义，考虑指标误差项相关的意义。

十一、怎样避免潜变量名实不副的问题？

许多时候，研究者要研究一些理论概念的关系，会将有关的概念命名，然而这并不表示研究者已充分了解，并能够准确测量此概念的特质。例如，欲探讨创造力和抽象思维能力的关系，某研究者用学生作文中联想的意念多寡来代表创造力，用数学推理测验和空间推理测验来测量抽象思维能力，然后依据这些作文和推理测验所得的结果，讨论创造力和抽象思维能力的关系。

这种情况可能犯了“名实不副”的谬误（nominalistic fallacy），因为研究者所采用的指标，也许不能充分反映有关潜变量的内涵，或者只是测量了其他概念的特质（如作文能力、数学能力）或其中的维度。

要正确地反映潜变量，对于指标的选取和潜变量的命名，都需要仔细思量。就测量学而言，这涉及测量工具的信度和效度问题。应用结构方程可协助检视测量工具的信度和效度。

传统方法应用Cronbach的α系数（Cronbach，1951）计算测量工具的信度。以前许多教科书将α系数称为内部一致性系数或者同质性系数，其实是误解。国内外都有不少研究发现，α系数既不能用来衡量测验的内部一致性，也不能用来衡量测验的同质性。但在很一般的条件下（具体来说就是，各题得分的误差不相关，通常的测验都满足这个条件），α系数不超过测验信度。就是说，如果α系数高到可以接受，测验信度就可以接受（温忠麟，叶宝娟，2011）。所以，还是可以将α系数作为信度来报告，但要明说测验的α系数是多少，而不要将α系数说成是测验的内部一致性系数或者同质性系数。除非有特别的需要，否则报告α系数比报告分半信度好，没有必要两样都报告。

然而，α系数高并不表示测量是单一维度（unidimensionality）的。换句话说，一个测量工具有高的α系数，它所测量的并不一定是单一潜变量（Hau，1995）。因此，不能单依赖α系数，去了解测量工具的维度。可应用验证性因子分析，通过探讨指标的因子结构，了解所测量的潜变量的维度。例如，采用模型比较法，将各指标从属于单因子、双因子或多因子等不同模型，比较各模型与数据的拟合指数。如果比较模型结果发现单因子结构与数据最为拟合，加上各指标又有高因子负荷和高复相关系数，则显示指标所反映的内涵是单一潜变量的特质。

然而，究竟指标所反映的特质是什么、应该怎样命名，则是测量效度问题。效度衡量指标所测量的特质是否能够真正反映研究者意欲测量的潜变量。例如，要测量学生自我观，所选用的测量指标是否能够真正反映学生对自己的观感和评价？评估效度一般从测量工具的内容（内容效度，content validity）、与效标变量的关系（效标关联效度，criterion validity）和与其他同类测量工具的关系（并存效度，concurrent validity）等几方面着手。而前述单一维度的讨论，其实也是评估测量工具的结构效度（structural validity）。

分析效度还可用多质多法（MTMM，见第三章第二节）进行，以检验测量工具的并存效度和区分效度，详见有关文献（例如，Campbell & Fiske，1959；Marsh，1988；Wothke，1996）。有关测量工具评价的更多细节，可参考温忠麟等人（2018）的文章。

十二、合宜和错误的高阶因子

很多理论都是将复杂的问题简化为数个简单概念或因子的关系。不过，在实际数据分析时，不一定可以将数个因子合并，并简化为高阶因子的关系。

以学生的性格如何影响学生成绩为例。假设性格问卷包含 5 个性格因子（内外向、随和性等），各以 3 题 5 点量表测量（例题：我喜欢认识新朋友。以“十分同意”至“十分不同意”5 点回答）。成绩则包括语文、数学及科学等学科，每科以最近 3 次测验分数为指标。图 7—3 是简化的模型路径图。

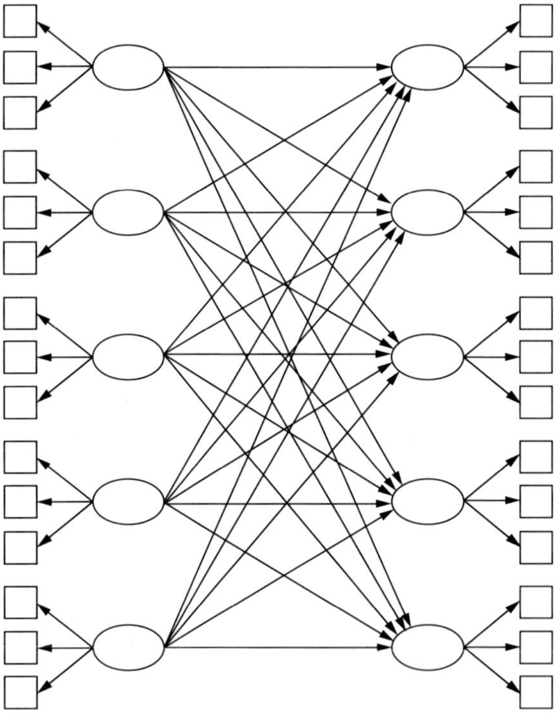

图 7—3　学生性格对学生成绩的影响（一阶因子模型）示意图

是否可以用一个高阶因子去代表 5 个性格因子（见图 7—4），在于它们是否可以合成一个总分。一个简单的分析是，对第一阶因子“内外向”“随和性”等，我们明白它们高低分的实际意义，如高分代表外向等。不过，合并成高阶因子“性格”后，因子的高低分不一定有实质意义，我们不明白高性格分数代表什么。同样，也不应该将数个与父亲有关的因子，如“饮食习惯”“是否爱好运动”“是否喜欢音乐”等，合并成为一个父亲高阶因子。

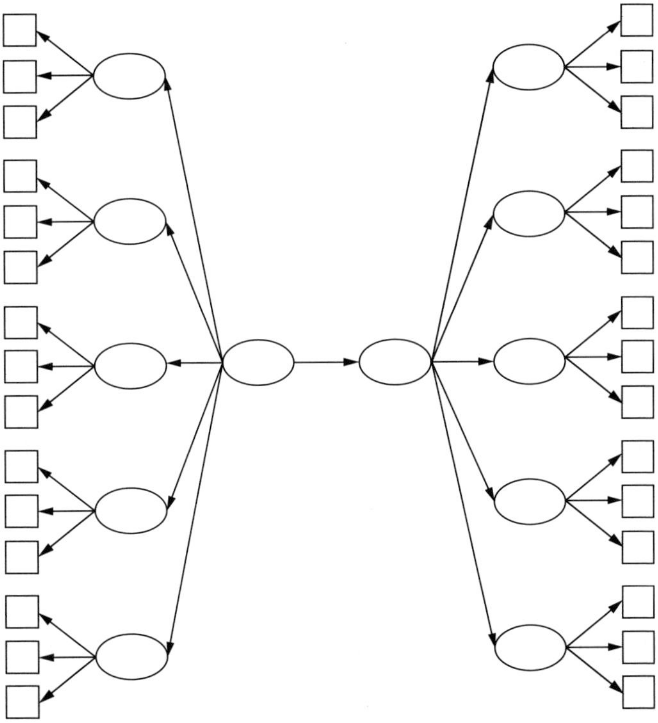

图 7—4　学生性格对学生成绩的影响（二阶因子模型）示意图

学科成绩如语文、数学和科学等，是否可以合并为二阶因子，应考虑合并后成绩因子的实质意义。与性格不同，合并后的成绩高低有具体的意义，将 5 科合并为高阶因子，能将理论简化，是可取的方向，但前提是 5 科有较高且一致的相关（每个因子间相关很接近）。怎样才算高相关或高因子负荷（一阶与二阶的关系），没有公认的简单法则可循。简单来说，通过计算一阶因子在二阶因子上的负荷平方，可以知道二阶因子的解释能力。例如，某个一阶因子的标准化负荷为 0.7，表示该因子约 50%（0.7×0.7=0.49）的变异可通过二阶因子去解释。

总括而言，能否将多个因子合并成二阶因子，一个简单法则是将全部一阶因子得分相加，思考它们的总和是否是一个有意义的变量。例如，将内向得分和神经质得分相加，所得的性格总分没有意义；但将各学科成绩得分相加，可理解为学科能力的总指标，是有意义的变量。总和有意义时，才能进行二阶因子分析。

有时也要检查各一阶因子与研究范围内其他变量的关系。例如，同时研究学习态度、动机等变量，如果各科成绩与这些变量的关系并不一致（高低和方向不相同），那么计算各科成绩的二阶因子（如图 7－4 中的总成绩）与其他变量的关系并不合宜。

一般来说，要将数个因子合并成高阶因子，它们必须有相当高的相关，这将使一阶因子在二阶因子上的负荷也高。

此外，若部分一阶因子之间的相关为负或在二阶因子上的负荷为负，表示一阶因子的正负或高低分方向并不一致，但不影响是否可合并成二阶因子。

十三、如何报告结构方程模型分析结果？

如何报告结构方程模型分析结果，没有公认的标准，不同的刊物有不同的要求。结合文献（McDonald & Ho，2002）上的通常做法，建议如下。

（一）模型设定

模型中为何存在或不存在某个因果路径，研究者对此应该提出理论上的考虑。例如，在一个模型中，A 影响 B（含 A→B 关系），但 B 不影响 C（不含 B→C 关系），应给予一些理论解释，使读者明白为何有此设定。人们常忽略没有路径的关系，其实模型的拟合指数，不但反映有路径的关系，也反映没有路径的关系（即参数固定为 0）。最好是对每一条存在或不存在的路径，均予解释。至少要解释比较重要的路径或关系。有关设定路径方向的理据以及有关的问题，可参考温忠麟（2017）关于因果推理与分析的文章。

（二）模型识别性

一般来说，要适当提到测量部分和结构部分的识别性，以及因子的测量单位。

对于测量部分，在大多数研究中，一个（x 或 y）指标只从属于一个因子，若因子间有相关，每个因子有两个或两个以上的指标，则模型是可识别的；或者，虽然因子间没有相关，但因子有三个或三个以上的指标，模型是可识别的。研究者最好能说明，为何测量部分是可识别的。

在结构部分，对递归（recursive）模型，若两个有因果关系的潜变量（如 A→B），它们之间不再存在其他相关关系，那么模型是可识别的。对非递归（nonrecursive）模型（如含 A→B 和 B→A），除了特殊情形，都没有简单法则去检查模型的识别性。

对于因子单位的设定，常用的方法是固定负荷或固定方差。它们的标准化解是一样的。虽然标准化解也有局限，但一般来说，标准化解有助于解释各变量间的关系。

（三）样本数据与估计方法

我们在第六章第三节中已经指出，ML 估计对非正态数据，仍具参考价值。尽管如此，研究者也最好能报告数据的多元正态情况（偏度及峰度）。如果不是使用默认的 ML 方法进行估计，要说明用了什么估计方法。

如果有缺失数据，要描述数据缺失的情况和处理方法，并评述缺失数据对研究结果的影响。

如果研究中的变量只有几个，可以在正文中列出变量的协方差矩阵（或相关矩阵加标准差）和均值。如果变量较多，但不超过 30 个，通常是将上述数据放在附录中。对更多变量的研究，则尽量将数据放在作者或期刊的网页上，方便读者提取。具体做法还要视篇幅或期刊编辑的意见而定。

在报告变量的协方差（或相关）矩阵时，通常是列出矩阵的下三角部分，对角线展示方差（或标准差），上三角部分则报告标准化（或正规化）残差。但要给出说明，让读者明白各部分数据的含义。若变量太多，可主要列出标准化残差的分布及特征。

（四）参数估计值和拟合指数

因为拟合指数反映测量和结构部分的总拟合程度，所以为区分及了解每部分的拟合情况，可采用两步分析并报告拟合指数。先分析测量部分（用验证性因子分析，容许所有因子间有相关），再用这些因子间的协方差或相关系数作为输入数据，分析结构模型。

为了解路径和相关关系的大小，应尽量报告所有参数估计值及其标准误，可用表格列出或放在路径图内。

各种可能的模型，应在进行数据分析前提出，并指出哪一个是心中的目标。列出各模型的拟合指数，进行比较。事前提出可能的模型，比事后修改更好。就算需要修改某一模型，也不要只将统计结果（如拟合指数）作为修改的唯一依据，而应当提出理论上的支持。

有关拟合指数的讨论见第八章。

十四、与传统分析的结合

初学者用结构方程模型通常会遇到非正定、不收敛等问题。其实我们应尽量把结构方程模型与传统方法（如相关分析、回归方程）结合，并利用这些传统方法的知识，去判断所得结果的合理性。

很多研究者，就算运用结构方程十分熟练，也以相关、回归等较简单方法，了解各变量的关系。很多时候，这些初步的探讨都不会在最后的期刊文章中报告，但研究者可以利用一些简单步骤（如 SPSS 内的相关、回归指令），确定整篇文章的思路及撰写方法，然后再用较繁复的结构方程去估计变量间的关系。在 SPSS 中，因子可简单地以题目组的均值（或总分）替代。

很多时候，结构方程与回归的结果互相印证及支持。

与回归等传统分析方法一样，变量间非线性关系、共线性等问题，也会使结构方程分析产生一些不合理的结果。例如，某几个变量在理论及实际数据中均是正相关的，但在结构方程中却出现负相关结果。我们需留意一些数值或标准误很大的参数，并将一些可能导致问题的变量从模型中删除，看看参数有何变化。常识性推论（如理论上某两个变量的关系怎样）加上简单二元相关，有助于判断结构方程分析所得参数是否合理。

此外，与回归等传统分析方法相同，将一些相关很高的变量放在一起预测另一些变量时，亦可能会导致共线性问题。在追踪性研究中，跨年（时段）的相同变量（如一、二年级的学业成绩）可能相关很高，把很多这类的变量（因子）放在同一模型中可能导致估计出现问题。

对于引起共线性问题的变量，我们可考虑：(1) 删去那些较次要及重复的变量；(2) 将这些相关很高的变量合并成一个因子；或 (3) 使用一些更复杂的结构方程模型（如 Marsh，Dowson et al.，2004）。

在结构方程模型中，我们往往希望最后的模型只包括最重要的变量。一些次要的变量可能在理论及实际中，都没有多大贡献。例如，在一项研究中，被试的年龄对部分变量有影响，因为这项研究集中于分析数个语文能力的结构及关系，所以我们不希望将年龄包括在最后的模型之中。为排除这些变量的影响，可以考虑用控制了这些变量的偏相关矩阵，作为结构方程的输入矩阵。

由此可见，结构方程与传统分析（如相关和回归）有紧密关系，传统方法较易使用，可作初步探索之用。在文章发表时，当然不可以同时报告两种分析方法及其类似分析的结果。例如，对同一组变量，可以既做回归分析，又做完整结构方程分析，但无须也不可同时报告两种结果。

第八章　拟合指数

一、拟合指数概述

要检视模型是否与数据拟合，需要比较再生协方差矩阵 $\boldsymbol{\Sigma}(\hat{\boldsymbol{\theta}})$ 和样本协方差矩阵 $\boldsymbol{S}$ 的差异 $[\boldsymbol{\Sigma}(\hat{\boldsymbol{\theta}})-\boldsymbol{S}]$。这两个矩阵的整体差异，可用一个综合数字（即拟合指数）表示。大多数拟合指数（包括 χ^2）都基于拟合函数（见第九章第四节）。

在一定的条件下，常用的估计方法得到的 χ^2 渐近服从卡方分布。χ^2 越大，表示 $\boldsymbol{\Sigma}(\hat{\boldsymbol{\theta}})$ 与 $\boldsymbol{S}$ 的差异越大。给定显著性水平，若 χ^2 大于对应的临界值，表示 $\boldsymbol{\Sigma}(\hat{\boldsymbol{\theta}})$ 与 $\boldsymbol{S}$ 的差异达到显著水平，模型与数据拟合不好；反之，若 χ^2 小于临界值，则认为模型与数据拟合得好。早期结构方程模型使用者，通过检视 χ^2 的单尾显著性概率 p 值是否小于预先设定的显著性水平（如 0.05）进行检验。如果 χ^2 很大，p 值小于 0.05，则认为模型不符合数据。

然而，直接应用 χ^2 检验推断一个模型是否与数据拟合并不妥当。问题在于 χ^2 的大小与样本容量 N 有关。当 N 很小时，χ^2 往往很小，使得与真实模型相距很远的错误模型，也给人拟合得好的印象。而当 N 很大时，χ^2 则很大，一个模型只要与真实模型有很小的差距，就可能被认为拟合不好。一个简单的解释是，FF 值反映模型再生矩阵与输入的样本协方差矩阵的差距（见表 8—1），$\chi^2=(N-1)\times \mathrm{FF}$ 随 N 增大而上升。早期也有人用 $\chi^2/df<2$ 或 $\chi^2/df<5$ 为拟合良好的判断标准，但它已被其他表现更好的指标所替代。

为解决上述问题，文献上先后出现了 40 多种拟合指数（大多数都已经列在表 8－1 中)，用于评价和选择模型。不过大部分拟合指数都以 χ^2 为基础(即 χ^2 的函数)，只是加上各式各样的修正。一个理想的拟合指数，应当具有下面三个特征（温忠麟 等，2004）：（1）与样本容量 N 无关，即拟合指数不受样本容量的系统影响（Marsh et al.，1996）；（2）惩罚复杂的模型，即拟合指数要根据模型参数多寡而做调整，惩罚参数多的模型；（3）对误设模型敏感，即如果所拟合的模型不真（参数过多或过少），拟合指数能反映拟合不好。

将众多的拟合指数按其功能分类，有助于对拟合指数的理解和合理使用。文献上有许多不同的分类方法（如 Bollen & Long，1993；Hu & Bentler，1998；McDonald & Ho，2002；Mulaik et al.，1989；王权，李金波，2002)，分类的依据各有侧重。Marsh 等人（2005）将拟合指数分成三大类：一类是绝对指数（absolute indices 或 stand alone indices)；一类是相对指数(relative indices)，也称为增值指数（incremental indices）或比较指数(comparative indices)；还有一类是简约指数（也称为省俭指数，parsimony indices)。

二、绝对拟合指数

（一）绝对拟合的概念

绝对拟合指数是将理论模型（M_t）和饱和模型（M_s）比较得到的一个统计量。饱和模型（saturated model）是指各观测变量之间均容许相关，是最复杂的模型，其自由度为 0，能百分之百地反映数据的原有关系。换一个角度看，拟合饱和模型相当于什么都没有做，与饱和模型比较，其实是与样本数据比较。所以绝对拟合指数衡量了所考虑的理论模型与样本数据的拟合程度。可以认为绝对拟合指数只涉及理论模型本身，没有与别的模型比较。绝对指数又可（有重叠地）分成：直接基于拟合函数的指数、基于离中参数的指数、近似误差指数、拟合优度指数和信息指数（详见表 8－1)。常用的有

χ^2、RMSEA（root mean square error of approximation，近似误差均方根）、SRMR（standardized root mean square residual，标准化残差均方根）。还有早期文献上常用的 GFI（goodness of fit index）和 AGFI（adjusted goodness of fit index）等，但此类指数常被批评受 N 的影响，且在不同情况下，有各种程度的误差出现（Hu & Bentler，1995）。相对而言，RMSEA 受 N 的影响较小，是较好的绝对拟合指数。

（二）基于拟合函数的指数

基于拟合函数 FF（fit function）的最小值的指数包括 χ^2、LHR（likelihood ratio）、PVALUE、χ^2/df。在模拟数据研究中，当产生数据的模型与用来拟合数据的模型完全相同时（即真模型研究），χ^2 可用来恰当地反映模型的拟合优度。但对于参数过多（overparameterized）或参数过少（under-parameterized）的误设模型，样本容量影响 χ^2 及其检验结果。

对于参数过少的误设模型（即有些参数在真模型中本来不是零，却被设定为零），χ^2 会敏感地反映模型拟合不好。不过，对于参数过多的误设模型（即有些参数在真模型中本来是零，却被设定自由估计），χ^2 检验往往反映不出错误的设定，倾向于接纳比较复杂的模型。

FF 和 LHR 与 χ^2 相似，能敏感地拒绝参数过少的模型，但鼓励参数过多的模型。

χ^2/df 在真模型研究中与 χ^2 同样有用。对于误设模型，χ^2/df 会调节模型的复杂程度（因分母为自由度），能比较恰当地选择一个参数不太多的模型。曾有人建议，当 χ^2/df 在 2.0 到 5.0 之间时，可以接受模型。不过因为它易受样本容量的影响，所以对于评价单个模型意义不大。报告 χ^2/df 比报告 χ^2 受欢迎，特别在模型比较时有参考价值。

总的来说，除 χ^2/df 外，这类直接基于拟合函数的简单指数有许多缺点，这也是研究者发展大量其他拟合指数的原因。

（三）基于离中参数的指数

离中参数（non-centrality parameter，NCP）$=\chi^2-df$，即卡方减去自

由度。基于离中参数的指数包括 Dk、PDF、Mc，它们都是基于离中参数做出的调整，减少样本容量的影响（McDonald，2014）。

Dk=（χ^2-df）/（$N-1$）是对离中参数的重新标度，以消除 N 的系统影响。PDF 与 Dk 的唯一差异是前者规范在固定值内（0 至 1），它们之间的相关可高达 0.999（Marsh & Balla，1994）。在真模型（用产生数据的模型去拟合）的模拟数据研究中，PDF 会轻微地受样本容量影响，Dk 则不会，所以在模拟研究中应当用 Dk 而非 PDF。PDF 及 Dk 都倾向于排斥简约模型，尤其是在样本容量较低时。

McDonald 提出的指数 Mc，理论取值落在 0 至 1 之间（但受抽样误差的影响有可能大于 1），基本上不受 N 的影响，能较好地区分真模型和误设模型（Marsh & Balla，1994）。Mc 是一个比较好的指数，大于 0.85 可认为模型拟合得好（温忠麟 等，2004），但应用中使用 Mc 的不多。除了 Mc 以外，基于离中参数的指数都是越小越好。

（四）近似误差指数

近似误差（error of approximation）指数包括 SRMR、RMR、RMS、RMSEA、MSEA、RMSEAP。

RMR（残差均方根）是通过样本差距（见第九章第五节）定义的，其大小与指标的度量单位有关。SRMR 与 RMR 不同之处是前者使用标准化的指标（即用相关矩阵），后者则用原有量度单位（即用协方差矩阵）。SRMR 的值在 0 至 1 之内。而 RMR 的下限为 0，但无上限。一般而言，标准化的 SRMR 有跨研究可比性，比较容易解释。不过在模型比较时，RMR 和 SRMR 对不同模型的排序是完全相同的。Hu 和 Bentler（1998）对 SRMR 推荐的界值是 0.08，即当 SRMR 小于 0.08 时认为模型可以接受，当 SRMR 大于 0.08 时认为模型拟合得不好。

Steiger 和 Lind（1980；也见 Steiger，1989）认为 Dk 的单位并不是原有参数的单位，也没有因模型的复杂性而调整，故提出了一个经调整的均方根指数 RMSEA，被广泛使用至今。对饱和模型（$df=0$），RMSEA 没有定义

(因为除数为0)。当 df 接近0时，RMSEA就变得很不稳定。虽然Dk不受 N 的系统影响，但RMSEA受 N 的影响，好在影响不大。与RMR相比，RMSEA受 N 的影响较小，对参数过少的误设模型还稍微更敏感一些(Marsh & Balla，1994)，是比较理想的指数。近似误差指数越小越好。Steiger（1990）认为，RMSEA低于0.1表示好的拟合；低于0.05表示非常好的拟合；低于0.01表示非常出色的拟合，这种情形应用上几乎碰不到。

MSEA与RMSEA的区别是后者永远取正值并开方，这差别只有在涉及真模型的研究中才明显，这时采用MSEA应更为恰当。

对于RMSEA，Mplus输出结果除了提供点估计值外，还提供90%置信区间（即左尾检验对应的95%置信区间右边界、右尾检验对应的95%置信区间左边界）和close fit检验的 p 值。如果置信区间的上限显示模型拟合很好，则我们对模型能拟合数据的信心就非常大。反之，若置信区间很宽，上限与点估计相差很大，在上限显示该模型拟合欠佳，那么就算拟合指数的点估计值显示模型可以接受，也最好能有更多的佐证。H_0：RMSEA总体参数 ≤ 0.05 是close fit检验的零假设。如果显著性概率 p 值小于 α（通常取 $\alpha=0.05$），则拒绝零假设，认为模型拟合不好。否则，认为模型可以接受。

（五）拟合优度指数

拟合优度指数包括GFI、GFI*、AGFI、AGFI*，这类指数越高，模型拟合越好。GFI和AGFI早期使用较多，后来发现问题不少。即使拟合的模型离真模型很远，这两个值也都可能很高。有研究（Marsh et al.，1988；McDonald & Marsh，1990；Steiger，1989，1990）显示GFI和AGFI对总体的渐近值的估计是有偏的。Steiger（1989）发现GFI*随参数增加而上升，没有考虑模型的复杂性，故此他提出AGFI*以惩罚复杂模型。GFI*和AGFI*比较不受 N 的系统影响（Marsh & Balla，1994；Steiger，1989，1990）。对饱和模型（$df=0$），它们都没有定义。当 df 接近0时，AGFI*变得不稳定。总的来说，GFI*和AGFI*比GFI和AGFI表现要好。

（六）信息指数

信息指数（information indices）包括 ECVI、CK、AIC、CAIC。Akaike（1973）和 Schwarz（1978）提出多个指数，依模型复杂程度去比较不同的可能模型。

Cudeck 及 Browne（1983）建议用交互效度法，即先用一个样本选择出一个模型，然后用总体的另一个样本去拟合，看看其拟合优度。后来，他们（Browne & Cudeck，1989）提出了用单样本计算交互效度指数的公式（见表 8－1 的 ECVI），并发展了 AIC 和 SC 等指数。AIC 用于比较不同模型拟合同一个样本数据，将它们依优劣排序。为避免选取参数过多或过少的模型，AIC^*（及 AIC）、SC 和 CK 均加入要估计的参数个数 k，来反映模型的复杂程度。每个指数均包含两部分，一部分反映近似差异，另一部分反映样本差距（见第九章第五节）。它们都随样本容量 N 增加而单调下降，并随参数个数 k 增加而上升。总而言之，这些指数主要是对某个特定样本，基于样本差距来比较多个可能模型，信息指数越小，模型拟合越好。但对评价单个模型，这些指数值用处不大。

信息指数依赖于样本容量被认为是合宜的（Browne & Cudeck，1993）。假如我们面对的总体关系很碰巧地不含抽样误差，那么 AIC 类指数，确实不能用以判断哪个模型最好。但对于某个样本，信息指数可以在众多模型中找出参数估计比较稳定的模型。其理念是，只有考虑了样本的大小，才决定可接受模型的复杂程度。例如，当样本容量小的时候，因抽样误差较大，含参数较少的简约模型，更容易在其他样本中重现并获得验证，所以信息指数在小样本时倾向于支持简约模型；反之，当样本容量较大时，信息指数对复杂模型则较为宽松。

三、相对拟合指数

（一）相对拟合的概念

考虑一系列嵌套模型 M_n、M_t、M_s（Bentler & Bonett，1980；林文莺，侯杰泰，1995），其中 M_n 为虚模型（null model），是限制最多、拟合最不好的模型；M_s 为饱和模型，是拟合最好的模型；M_t 则是介乎两者之间的理论模型。相对拟合指数是通过将理论模型（M_t）和基准模型（baseline model）比较得到的统计量。通常是用虚模型 M_n 作为基准模型。简单地说，相对拟合指数是将理论模型与虚模型比较，看看拟合程度改进了多少。Bentler 和 Bonett（1980）的想法是将指数值限制在［0，1］范围内，M_n 和 M_s 对应的指数分别是 0 和 1，M_t 对应的指数则界于 0 和 1 之间，其值越大，表示模型拟合越好。后来这种想法被推广，产生了许多相对指数（Hu & Bentler，1998；Marsh et al.，1988）。Bentler 和 Bonett（1980）提出的那个多少有点随意的 0.9 准则——相对指数超过 0.9 认为模型可以接受——后来被广泛应用，使相对指数受到欢迎。

Marsh 等人（1988）将相对指数分为两类，并催生了几个相对指数。Hu 和 Bentler（1995）更将相对指数分为三类。简单地说，第Ⅰ类相对指数只用到理论模型和基准模型的卡方统计量，即相对于基准模型的卡方，理论模型的卡方减少的比例，典型的是 NFI（Bentler & Bonett，1980）。第Ⅱ类相对指数除了使用第Ⅰ类中的信息外，还使用了理论模型的卡方在中心卡方分布下的期望值进行调整，如 NNFI（Bentler & Bonett，1980）。第Ⅲ类相对指数除了使用第Ⅰ类中的信息外，还使用了理论模型或基准模型的卡方在非中心卡方分布下的期望值进行调整，如 CFI（comparative fit index）（Bentler，1990）。

上述分类方法在早期有助于构建拟合指数，但对了解指数的特征帮助不大。Marsh 等人（2005）将其按有没有模型复杂性调整进行分类（见表

8—1)，温忠麟等人（2004）沿用此做法，并推荐使用 NNFI 和 CFI。

（二）拟合指数 NNFI（即 TLI）

Bentler 和 Bonett（1980）提出用虚模型为基准来衡量模型的拟合改进程度，赋予 Tucker 和 Lewis（1973）的 TLI（Tucker-Lewis index）新的内涵，将其命名为非范拟合指数（non-normed fit index，NNFI），但 Mplus 输出结果中还是使用 TLI 的名称。NNFI 会因样本的波动超出［0，1］范围，让人有一种把握不住高低的感觉。因此他们提出了赋范拟合指数（normed fit index，NFI）。NFI 的取值范围是［0，1］，其中 NFI＝1 对应于最好的拟合，NFI＝0 对应于最差的拟合。虽然 NFI 曾流行一段时间，但后来的研究显示 NFI 受样本容量的系统影响，在样本量少的时候，会低估拟合程度，其后的拟合指数研究中推荐使用的相对拟合指数都没有包含 NFI（Hu & Bentler，1998，1999；温忠麟 等，2004），反而推荐使用 NNFI。

（三）拟合指数 CFI（或 RNI）

国际著名的心理学刊物《心理学通报》（*Psychological Bulletin*）1990 年第 2 期上同时推出了两个相对拟合指数，Bentler 提出了 CFI，McDonald 和 Marsh 提出了 RNI（relative non-centrality index）。有趣的是，这两个指数几乎是一样的，不同之处是 RNI 的取值可以在［0，1］之外，而 CFI 相当于将 RNI 在［0，1］以外的值进行截取，取值范围变成［0，1］。常用的 SEM 软件上用的是 CFI，所以 RNI 比较少被人知道。

Bentler（1990）用模拟的方法考察了 NFI、NNFI、CFI、IFI 等相对拟合指数，结果发现只有 NFI 会受到样本容量的明显影响。对于基于真模型的小样本（$N=50$），CFI 的标准差比其他几个指数的都小，所以他更推荐 CFI。Marsh 等人（1996）则更喜欢 RNI，它和 CFI 一样有许多优点，如不受样本容量的系统影响，真模型的 RNI 的均值为 1，能够敏感地反映误设模型的变化。在模型检验和比较方面，RNI 与 CFI 是完全相同的（两者在［0，1］范围内的值是相同的）。但在数据模拟方面，RNI 比 CFI 好

(Steiger，1990)，因为对于真模型，RNI 的期望值是 1，所以有半数左右的值会超过 1，对应的 CFI 都等于 1，结果 CFI 的期望值小于 1，估计偏低。CFI 和 RNI 的不足之处是没有惩罚复杂模型，因为它们没有对模型复杂性做校正。由表 8－1 可以看出，CFI 也可以被看成是基于离中参数的指数。

四、简约拟合指数

有些学者提出要在拟合指数中引入简约原则，以惩罚参数多的模型(Bentler & Mooijaart，1989；McDonald & Marsh，1990；Mulaik et al.，1989)。简约拟合指数（parsimony fit indices）是前两类指数派生出来的一类指数，所以许多分类方案并没有将其单独作为一类。某个拟合指数（通常是越大越好的指数，如 GFI、NFI）对应的简约拟合指数是用简约比（parsimony ratio）df_t / df_n 乘以该指数。简约比中的 df_t 和 df_n 分别是理论模型和虚模型的自由度。虚模型 M_n 的自由参数最少，故相应的自由度 df_n 最大。若理论模型 M_t 简单，与 M_n 接近，则 df_t 与 df_n 接近，简约指数只是略低于对应的拟合指数。若 M_t 复杂，与饱和模型 M_s 接近，则 df_t 大减，简约指数大大低于对应的拟合指数。这正反映了以简约指数惩罚复杂模型的原则。就某个拟合指数而言，如果两个模型的指数相同，比较复杂的模型对应的简约指数较差。

五、拟合指数定义一览

表 8－1 列出了绝大多数拟合指数（Marsh et al.，2005）。读者可以从中了解各拟合指数的定义和所属的大致类型，对使用和研究拟合指数有一定的帮助。

表 8—1　拟合指数一览表

		简称	指数名称、定义
绝对拟合指数 absolute indices, or stand alone indices	A. 基于拟合函数的指数 fit function based indices	1. Fit Function (FF)	minimum fit function value, F_{MIN} 拟合函数的最小值，见第九章第五节
		2. CHI _ Sq (χ^2)	Chi-square，CMIN，minimum fit function Chi-square $\chi^2 = (N-1)\,FF$
		3. Likelihood Ratio	$LHR = \exp(-FF/2)$
		4. PVALUE	p-value of CHI _ Sq
		5. CHI _ Sq/DF	Chi-square/df ratio，CMIN/DF $CHI\_Sq/DF = \chi^2/df$
	B. 基于离中参数的指数 non-centrality based indices	6. Dk	rescaled non-centrality parameter $Dk = FF - \frac{df}{N-1} = \frac{\chi^2 - df}{N-1}$
		7. PDF	population discrepancy function (Dk normed to be non-negative)，F_0 $F_0 = \max\left(FF - \frac{df}{N-1},\ 0\right) = \max\left(\frac{\chi^2 - df}{N-1},\ 0\right)$
		8. Mc	measure of centrality，CENTRA，noncentraliaty index，McDonald fit index (MFI) $Mc = \exp(-Dk/2) = \exp\left[-(\chi^2 - df)/(2N-2)\right]$
		9. NCP	noncentrality parameter $NCP = \chi^2 - df$

续表

		简称	指数名称、定义
绝对拟合指数 absolute indices, or stand alone indices	C. 近似误差指数 error of approximation indices	10. RMSEA	root mean square error of approximation，RMS $\text{RMSEA} = \sqrt{\text{PDF}/df} = \sqrt{\max\left(\frac{\chi^2 - df}{N-1},\ 0\right)/df}$
		11. MSEA	mean square error of approximation (unnormed version of RMSEA) $\text{MSEA} = \frac{\text{Dk}}{df} = \frac{\chi^2 - df}{(N-1)df}$
		12. RMSEAP	root mean square error test of close fit，RMSEA≤0.05，PCLOSE
		13. RMR	root mean square residual $\text{RMR} = \sqrt{\frac{\sum_{ij}(s_{ij} - \hat{\sigma}_{ij})^2}{p(p+1)/2}}$ 其中 s_{ij} 和 $\hat{\sigma}_{ij}$ 是样本协方差矩阵 $\boldsymbol{S}$ 和再生协方差矩阵 $\boldsymbol{\Sigma}(\hat{\boldsymbol{\theta}})$ 的元素
		14. SRMR	standardized root mean square residual，STDRMR $\text{SRMR} = \sqrt{\frac{\sum_{ij}(s_{ij} - \hat{\sigma}_{ij})^2}{p(p+1)/2}}$ 其中 s_{ij} 和 $\hat{\sigma}_{ij}$ 是样本相关矩阵 $\boldsymbol{S}$ 和再生相关矩阵 $\boldsymbol{\Sigma}(\hat{\boldsymbol{\theta}})$ 的元素

续表

		简称	指数名称、定义
绝对拟合指数 absolute indices，or stand alone indices	D. 信息指数 information indices	15. ECVI	expected cross validation index，CAK $ECVI=\frac{AIC}{N-1}=\frac{\chi^2}{N-1}+\frac{2k}{N-1}=FF+\frac{2k}{N-1}$
		16. CK	cross validation index (an alternative form of ECVI) $CK=\frac{\chi^2}{N-1}+\frac{2k}{N-p-2}$
		17. AIC	Akaike information criterion for model $AIC=\chi^2+2k=\chi^2+p(p+1)-2df$
		18. AIC*	rescaled AIC（简称本身含“*”） $AIC^*=FF+2k/N$
		19. CAIC	consistent Akaike information criterion for model $CAIC=\chi^2+(1+\ln N)k=\chi^2+(1+\ln N)[p(p+1)/2-df]$
		20. SC	rescaled Schwarz index $SC=FF+\frac{k\ln(N)}{N}$
		21. BIC	Baysian information criterion，Schwarz criterion $BIC=\chi^2+k\ln\left[\frac{p(p+1)}{2}\times N\right]$
		22. MECVI	model expected cross-validation index $MECVI=BCC/(N-1)$

续表

		简称	指数名称、定义
绝对拟合指数 absolute indices, or stand alone indices	E. 拟合优度指数 goodness of fit indices	23. GFI	goodness of fit index，Gamma，LISREL GFI $\mathrm{GFI} = 1 - \mathrm{tr}[(\boldsymbol{E}^{-1}\boldsymbol{S} - \boldsymbol{I})^2]/\mathrm{tr}[(\boldsymbol{E}^{-1}\boldsymbol{S})^2]$ 其中 $\boldsymbol{S}$ 和 $\boldsymbol{E} = \boldsymbol{\Sigma}(\hat{\boldsymbol{\theta}})$ 分别是样本协方差矩阵和再生协方差矩阵
		24. GFI*	unbiased goodness of fit index，Gamma hat $\mathrm{GFI}^* = p/(2\mathrm{Dk} + p) = \dfrac{p}{2(\chi^2 - df)/(N-1) + p}$
		25. AGFI	adjusted goodness of fit index $\mathrm{AGFI} = 1 - \dfrac{p(p+1)/2}{df}(1 - \mathrm{GFI})$
		26. AGFI*	unbiased adjusted goodness of fit index $\mathrm{AGFI}^* = 1 - \dfrac{p(p+1)/2}{df}(1 - \mathrm{GFI}^*)$
	F. 其他指数	27. CN	critical N；Hoelter index $\mathrm{CN} = \dfrac{(z_\alpha + \sqrt{2df - 1})^2}{2\chi^2/(N-1)} + 1$ 其中 z_α 是显著性水平为 α 的标准正态分布的临界值

续表

		简称	指数名称、定义
相对拟合指数 relative/ incremental indices	G. 增值指数（不按模型复杂性校正）	28. RNI	relative noncentrality index，unbiased relative fit index（URFI） $\mathrm{RNI} = 1 - \frac{\mathrm{Dk}}{\mathrm{Dk_n}} = 1 - \frac{\chi^2 - df}{\chi_n^2 - df_n}$ 其中下标 n 表示虚模型
		29. CFI	comparative fit index（normed version of RNI） $\mathrm{CFI} = 1 - \frac{\max(\chi^2 - df, 0)}{\max(\chi_n^2 - df_n, 0)} = 1 - \frac{\max(\mathrm{NCP}, 0)}{\max(\mathrm{NCP_n}, 0)}$
		30. NFI	normed fit index; Bentler-Bonett index（BBI）; Bentler-Bonett normed fit index（BBNFI）; DELTA1（Δ1） $\mathrm{NFI} = 1 - \frac{\mathrm{FF}}{\mathrm{FF_n}} = \frac{\chi_n^2 - \chi^2}{\chi_n^2}$
	H. 增值指数（按模型复杂性校正）	31. TLI	Tucker-Lewis index，non-normed fit index（NNFI），Bentler-Bonett nonnormed fit index（BBNNFI），RHO2 $\mathrm{TLI} = \frac{\chi_n^2/df_n - \chi^2/df}{\chi_n^2/df_n - 1}$
		32. NTLI	normed Tucker-Lewis index $\mathrm{NTLI} = \min[\max(0, \mathrm{TLI}), 1]$

续表

		简称	指数名称、定义
相对拟合指数 relative/ incremental indices	H. 增值指数（按模型复杂性校正）	33. IFI	incremental fit index，DELTA2（Δ2），BL89 $\mathrm{IFI}=\frac{\chi_{\mathrm{n}}^{2}-\chi^{2}}{\chi_{\mathrm{n}}^{2}-df}$
		34. RFI	relative fit index，RHO1，BL86 $\mathrm{RFI}=\frac{\chi_{\mathrm{n}}^{2}/df_{\mathrm{n}}-\chi^{2}/df}{\chi_{\mathrm{n}}^{2}/df_{\mathrm{n}}}$
简约指数 parsimony indices	I. 简约指数 parsimony indices	35. PRNI	parsimony relative noncentrality index，PCFI $\mathrm{PRNI}=\frac{df}{df_{\mathrm{n}}}\mathrm{RNI}=\frac{df}{p(p-1)/2}\mathrm{RNI}$
		36. PGFI*	parsimony unbiased goodness of fit index $\mathrm{PGFI}^{*}=\frac{df}{df_{\mathrm{n}}}\mathrm{GFI}^{*}=\frac{df}{p(p-1)/2}\mathrm{GFI}^{*}$
		37. PNFI	parsimony normed fit index $\mathrm{PNFI}=\frac{df}{df_{\mathrm{n}}}\mathrm{NFI}=\frac{df}{p(p-1)/2}\mathrm{NFI}$

续表

		简称	指数名称、定义
简约指数 parsimony indices	I. 简约指数 parsimony indices	38. PGFI	parsimony goodness of fit index $PGFI = \frac{df}{df_n}GFI = \frac{df}{p(p-1)/2}GFI$

注：

N =被试人数

p =观测变量个数

k =自由估计参数个数= $p(p+1)/2-df$

df =理论模型的自由度

df_n =虚模型的自由度= $p(p+1)/2-p$

FF =理论模型的拟合函数最小值

FF_n =虚模型的拟合函数最小值

χ^2=理论模型的卡方

χ^2_n =虚模型的卡方

max、min 是最大、最小值函数

ln、exp 是自然对数、指数函数

tr 是矩阵对角线元素之和

第四部分

结构方程模型统计原理

第九章　验证性因子分析原理

第九章至第十一章分别论述验证性因子分析、路径分析和结构方程分析的统计原理。阅读这三章不仅需要具备基本的概率统计知识（如参数估计、假设检验、回归分析），还需要具备基本的线性代数和矩阵知识（如矩阵运算、逆矩阵），缺少基础的读者可参考温忠麟和刘红云（2020）的著作第一章。

一、验证性因子分析的基本概念

（一）一个简单的验证性因子分析模型及其假设

在验证性因子分析（CFA）模型中，最简单而常见的是每个观测变量（指标）只在一个因子（潜变量）上负荷不为零。先看一个简单的CFA模型。设 x_1、x_2、x_3 是潜变量 ξ_1 的指标，x_4、x_5 是潜变量 ξ_2 的指标，则CFA模型为

$$
\begin{aligned}
x_1 &= \lambda_{11}\xi_1 + \delta_1 \\
x_2 &= \lambda_{21}\xi_1 + \delta_2 \\
x_3 &= \lambda_{31}\xi_1 + \delta_3 \\
x_4 &= \lambda_{42}\xi_2 + \delta_4 \\
x_5 &= \lambda_{52}\xi_2 + \delta_5
\end{aligned}
\tag{9.1}
$$

模型假设：

(1) 误差项的均值为零，即 $E(\delta_i)=0(i=1,\cdots,5)$；

(2) 误差项与因子之间不相关，即 $\mathrm{cov}(\xi_i,\delta_j)=0(i=1,2,j=1,\cdots,5)$；

(3) 误差项之间不相关，即 $\mathrm{cov}(\delta_i,\delta_j)=0(i\neq j)$。

方程（9.1）称为测量方程（measurement equation），反映了因子（潜变量）与其测量指标之间的关系（见图 9－1）。虽然通常的 CFA 模型都有假设（3），但不是必需的。就是说，在 CFA 模型中，误差项是可以相关的，这一点在有些实际问题中很重要。例如，在纵向数据研究中，同一个指标在不同时间点的观测误差之间是相关的。除了上述假设外，通常还假定所有的指标和潜变量都是中心化的。所谓中心化，是指变量减去它的均值（即数学期望）。对于样本数据，将一个变量的每个观测值减去该变量的样本均值，变换后的变量就是中心化的。除非另有说明（非中心化的因子模型见本章第六节），本书中的模型都有这个假定，但 Mplus 默认的是非中心化的模型。如果研究的是因子之间的关系，而不考虑因子均值大小，那么无论是否中心化，结果都一样。由于中心化并不改变协方差，所以在使用统计软件时并不需要预先将数据中心化，而可以直接输入原始数据或协方差矩阵。

将测量方程（9.1）写成矩阵的形式：

$$\boldsymbol{x}=\boldsymbol{\Lambda}_x\boldsymbol{\xi}+\boldsymbol{\delta} \tag{9.2}$$

其中，

$$\boldsymbol{x}=\begin{pmatrix}x_1\\x_2\\x_3\\x_4\\x_5\end{pmatrix},\ \boldsymbol{\Lambda}_x=\begin{pmatrix}\lambda_{11}&0\\\lambda_{21}&0\\\lambda_{31}&0\\0&\lambda_{42}\\0&\lambda_{52}\end{pmatrix},\ \boldsymbol{\xi}=\begin{pmatrix}\xi_1\\\xi_2\end{pmatrix},\ \boldsymbol{\delta}=\begin{pmatrix}\delta_1\\\delta_2\\\delta_3\\\delta_4\\\delta_5\end{pmatrix}$$

现在来看看模型中有哪些参数。显然，λ_{11}、λ_{21}、λ_{31}、λ_{42}、λ_{52} 是参数，此外，ξ_1 和 ξ_2 的方差以及它们的协方差是参数，$\delta_1,\cdots,\delta_5$ 的方差也是参数。记为

$\phi_{11}=\mathrm{var}(\xi_1)$，$\phi_{22}=\mathrm{var}(\xi_2)$，$\phi_{21}=\mathrm{cov}(\xi_2,\xi_1)$；$\theta_{ii}=\mathrm{var}(\delta_i)(i=1,\cdots,5)$

一般用 $\boldsymbol{\theta}$ 表示模型中的全体未知参数组成的向量，用 $\hat{\boldsymbol{\theta}}$ 表示 $\boldsymbol{\theta}$ 的估计。

将 $\boldsymbol{x}$ 在总体中的真实（但未知）的协方差矩阵记为 $\boldsymbol{\Sigma}$，$\boldsymbol{x}$ 的样本协方差矩阵记为 $\boldsymbol{S}$，由所研究的模型（即理论模型）推出的总体协方差矩阵记为 $\boldsymbol{\Sigma}(\boldsymbol{\theta})$，根据样本估计出参数 $\hat{\boldsymbol{\theta}}$ 后得到估计的协方差矩阵记为 $\boldsymbol{\Sigma}(\hat{\boldsymbol{\theta}})$［这就是第八章提到过的再生协方差矩阵 $\boldsymbol{E}$，这里为了表明它与模型和参数估计 $\hat{\boldsymbol{\theta}}$ 的联系，记为 $\boldsymbol{\Sigma}(\hat{\boldsymbol{\theta}})$］。

对于模型（9.1），$\boldsymbol{x}$ 在总体中的真实（但未知）的协方差矩阵（因为协方差矩阵是对称矩阵，所以只需写出对角线以下的元素）为

$$\boldsymbol{\Sigma}=\begin{pmatrix} \mathrm{var}(x_1) & & & & \\ \mathrm{cov}(x_2, x_1) & \mathrm{var}(x_2) & & & \\ \mathrm{cov}(x_3, x_1) & \mathrm{cov}(x_3, x_2) & \mathrm{var}(x_3) & & \\ \mathrm{cov}(x_4, x_1) & \mathrm{cov}(x_4, x_2) & \mathrm{cov}(x_4, x_3) & \mathrm{var}(x_4) & \\ \mathrm{cov}(x_5, x_1) & \mathrm{cov}(x_5, x_2) & \mathrm{cov}(x_5, x_3) & \mathrm{cov}(x_5, x_4) & \mathrm{var}(x_5) \end{pmatrix} \tag{9.3}$$

根据模型推出的总体协方差矩阵为

$$\boldsymbol{\Sigma}(\boldsymbol{\theta})=\begin{pmatrix} \lambda_{11}^2\phi_{11}+\theta_{11} & & & & \\ \lambda_{21}\lambda_{11}\phi_{11} & \lambda_{21}^2\phi_{11}+\theta_{22} & & & \\ \lambda_{31}\lambda_{11}\phi_{11} & \lambda_{31}\lambda_{21}\phi_{11} & \lambda_{31}^2\phi_{11}+\theta_{33} & & \\ \lambda_{42}\lambda_{11}\phi_{21} & \lambda_{42}\lambda_{21}\phi_{21} & \lambda_{42}\lambda_{31}\phi_{21} & \lambda_{42}^2\phi_{22}+\theta_{44} & \\ \lambda_{52}\lambda_{11}\phi_{21} & \lambda_{52}\lambda_{21}\phi_{21} & \lambda_{52}\lambda_{31}\phi_{21} & \lambda_{52}\lambda_{42}\phi_{22} & \lambda_{52}^2\phi_{22}+\theta_{55} \end{pmatrix} \tag{9.4}$$

如果理论模型是对的，那么 $\boldsymbol{\Sigma}=\boldsymbol{\Sigma}(\boldsymbol{\theta})$。写出它们对应的元素，指标的方差和协方差就可以用模型的参数表示出来：

$$\mathrm{var}(x_1)=\lambda_{11}^2\phi_{11}+\theta_{11}, \mathrm{cov}(x_2, x_1)=\lambda_{21}\lambda_{11}\phi_{11}, \cdots, \mathrm{var}(x_5)=\lambda_{52}^2\phi_{22}+\theta_{55} \tag{9.5}$$

在有了样本以后，就有了指标的样本方差和协方差，它们可作为指标的总体方差和协方差的估计。所以以后在讨论与参数估计有关的问题时，可以

将 var(x_1)、cov(x_2, x_1) 等等作为已知的，因为一旦有了样本，它们就成了已知量。我们希望通过样本方差和协方差将模型参数（如 λ_{21}、ϕ_{11} 等）估计出来。

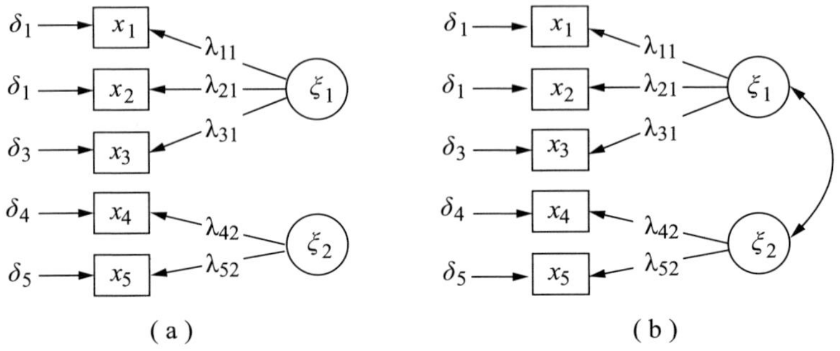

图 9—1　因子分析模型

（二）模型识别

为了说明模型识别（model identification），先假设两个潜变量之间的协方差等于零，即它们之间不相关，从而 $\phi_{21}=0$ [见图 9—1（a）]。为了求解模型参数，令 $\boldsymbol{\Sigma}(\boldsymbol{\theta})=\boldsymbol{\Sigma}$，由（9.3）和（9.4）可得到 15 个方程，但因为 $\phi_{21}=0$，只有如下 9 个方程含有参数：

$$\lambda_{11}^2\phi_{11}+\theta_{11}=\text{var}(x_1) \tag{9.6}$$

$$\lambda_{21}\lambda_{11}\phi_{11}=\text{cov}(x_2, x_1) \tag{9.7}$$

$$\lambda_{21}^2\phi_{11}+\theta_{22}=\text{var}(x_2) \tag{9.8}$$

$$\lambda_{31}\lambda_{11}\phi_{11}=\text{cov}(x_3, x_1) \tag{9.9}$$

$$\lambda_{31}\lambda_{21}\phi_{11}=\text{cov}(x_3, x_2) \tag{9.10}$$

$$\lambda_{31}^2\phi_{11}+\theta_{33}=\text{var}(x_3) \tag{9.11}$$

$$\lambda_{42}^2\phi_{22}+\theta_{44}=\text{var}(x_4) \tag{9.12}$$

$$\lambda_{52}\lambda_{42}\phi_{22}=\text{cov}(x_5, x_4) \tag{9.13}$$

$$\lambda_{52}^2\phi_{22}+\theta_{55}=\text{var}(x_5) \tag{9.14}$$

这 9 个方程含有 12 个参数：5 个负荷，5 个误差方差，2 个潜变量的方差。因而有些参数的解有无穷多个，无法得到确定的参数值，这样的参数是不可识别的（under identified）。一般地，一个参数如果不能由已知量表示出来，是不可识别的。如果一个模型包含不可识别的参数，则模型是不可识别的。当模型（9.1）中的两个潜变量之间不相关时，模型是不可识别的。

（三）指定测量单位

在 CFA 中，每个因子都需要指定其测量单位，不然任何模型都是不可识别的，因为负荷会随潜变量测量单位的变化而变化。

当方程（9.2）中的两个潜变量之间不相关时［见图 9－1（a）］，相当于分别做两个因子分析：一个是前 3 个指标 x_1、x_2、x_3，共享因子 ξ_1，简称为三指标模型；另一个是后 2 个指标 x_4、x_5，共享因子 ξ_2，简称为两指标模型。这一点从方程（9.6）—（9.14）也容易看出，其中方程（9.6）—（9.11）只含三指标模型的参数，方程（9.12）—（9.14）只含两指标模型的参数。

先考虑三指标模型，

$$x_1 = \lambda_{11}\xi_1 + \delta_1$$

$$x_2 = \lambda_{21}\xi_1 + \delta_2$$

$$x_3 = \lambda_{31}\xi_1 + \delta_3$$

方程（9.6）—（9.11）含有 7 个未知参数：λ_{11}、λ_{21}、λ_{31}，ϕ_{11}，θ_{11}、θ_{22}、θ_{33}。如果对这些参数没有任何限制，三指标模型是不可识别的。在探索性因子分析（EFA）中，通常是将观测变量标准化，并且将因子指定为标准化变量。所以在 EFA 中一般不讨论模型指定问题。在 CFA 中，通常有两种方式指定潜变量的测量单位。一种是固定负荷法，做法是将其中一个负荷固定为 1。例如，将 λ_{11} 固定为 1，这相当于将潜变量 ξ_1 的测量单位指定为与指标 x_1 的测量单位相同，称 x_1 为 ξ_1 的尺度指标（scale indicator）。另一种是固定方差法，做法是将因子的方差 ϕ_{11} 固定为 1。

(四) 三指标模型的识别

指定潜变量的测量单位后，少了一个未知参数，剩下需要估计的未知参数称为自由参数，其个数记为 t 。对三指标模型，将 λ_{11} 固定为 1 后，6 个方程含有 6 个未知参数。由方程（9.6）—（9.11），通过简单的代数运算可解出未知参数：

$$\lambda_{21}=\frac{\operatorname{cov}(x_3, x_2)}{\operatorname{cov}(x_3, x_1)}$$

$$\lambda_{31}=\frac{\operatorname{cov}(x_3, x_2)}{\operatorname{cov}(x_2, x_1)}$$

$$\phi_{11}=\frac{\operatorname{cov}(x_2, x_1)\operatorname{cov}(x_3, x_1)}{\operatorname{cov}(x_3, x_2)}$$

$$\theta_{11}=\operatorname{var}(x_1)-\phi_{11}$$

$$\theta_{22}=\operatorname{var}(x_2)-\lambda_{21}^2\phi_{11}$$

$$\theta_{33}=\operatorname{var}(x_3)-\lambda_{31}^2\phi_{11}$$

这一结果说明，对于三指标模型，在指定了潜变量的测量单位（如固定负荷 $\lambda_{11}=1$ 或固定方差 $\phi_{11}=1$）后，每一个参数都可以由已知量表示出来，因而都是可识别的（identified），所以模型是可识别的。

(五) 两指标模型的识别

对于两指标模型

$$x_1=\lambda_{11}\xi_1+\delta_1$$

$$x_2=\lambda_{21}\xi_1+\delta_2$$

在指定了潜变量的测量单位（如固定负荷 $\lambda_{11}=1$）后，4 个未知参数只有 3 个方程：

$$\phi_{11}+\theta_{11}=\operatorname{var}(x_1) \tag{9.15}$$

$$\lambda_{21}\phi_{11}=\operatorname{cov}(x_2, x_1) \tag{9.16}$$

$$\lambda_{21}^2\phi_{11}+\theta_{22}=\operatorname{var}(x_2) \tag{9.17}$$

参数有无穷多解，模型仍然是不可识别的。

要使两指标模型是可识别的，还要增加信息。例如，如果知道了 x_1 的信度 $r_{x_1x_1'}$，则模型可以识别。事实上，由信度的定义，$r_{x_1x_1'}=\phi_{11}/\text{var}(x_1)$，从而 $\phi_{11}=r_{x_1x_1'}\text{var}(x_1)$，将其代入方程（9.15）—（9.16）可分别解出 θ_{11}、λ_{21}，最后解出 θ_{22}。又如，如果已知两个负荷相等（τ 等价测量的各指标的负荷相等)，则指定 $\lambda_{11}=1$ 时意味着 $\lambda_{21}=1$，这时模型是可识别的。如果指定 $\phi_{11}=1$，在 $\lambda_{21}=\lambda_{11}$ 的约束下，模型也是可识别的。

上述结果说明，两指标模型是不可识别的，除非有附加的信息。

（六）不可识别与超识别

当两个潜变量不相关时，即 $\phi_{21}=0$ 时［见图 9－1（a）］，模型（9.1）是不可识别的。实际上，如果一个模型含有一个不可识别的独立子模型（即其中的变量与子模型外的所有变量都不相关)，就是不可识别的。但如果 $\phi_{21}\neq 0$［见图 9－1（b）］，模型是可识别的。这时除了（9.6）—（9.14）这 9 个方程外，由方程（9.3）和方程（9.4）还可以得到与 ϕ_{21} 有关的另外 6 个方程。例如，

$$\lambda_{42}\lambda_{11}\phi_{21}=\text{cov}(x_4,\ x_1) \tag{9.18}$$

$$\lambda_{42}\lambda_{21}\phi_{21}=\text{cov}(x_4,\ x_2) \tag{9.19}$$

$$\lambda_{52}\lambda_{11}\phi_{21}=\text{cov}(x_5,\ x_1) \tag{9.20}$$

每一个潜变量都需要固定一个参数以指定测量单位。如固定负荷 $\lambda_{11}=1$，$\lambda_{42}=1$，则由方程（9.18）和方程（9.20）可解出

$$\phi_{21}=\text{cov}(x_4,\ x_1)$$

$$\lambda_{52}=\frac{\text{cov}(x_5,\ x_1)}{\text{cov}(x_4,\ x_1)}$$

再由方程（9.12）—（9.14）可得

$$\phi_{22}=\frac{\text{cov}(x_5,\ x_4)\text{cov}(x_4,\ x_1)}{\text{cov}(x_5,\ x_1)}$$

$$\theta_{44}=\text{var}(x_4)-\phi_{22}$$

$$\theta_{55}=\mathrm{var}(x_5)-\lambda_{52}^2\phi_{22}$$

模型（9.1）的其他参数都可以像上面的三指标模型那样解出，所以模型是可识别的。

如果将 $\lambda_{21}=\mathrm{cov}(x_3, x_2)/\mathrm{cov}(x_3, x_1)$ 代入方程（9.19），也可以解出

$$\phi_{21}=\frac{\mathrm{cov}(x_4, x_2)\mathrm{cov}(x_3, x_1)}{\mathrm{cov}(x_3, x_2)}$$

因此 ϕ_{21} 有不止一个表达式，这样的参数称为超识别的（over identified）。就形式上看，超识别的参数类似于矛盾方程中的未知数。但是，如果理论模型正确，则超识别参数的所有表达式都应当相等，因而有一个确定的参数值。如果一个参数能且只能用已知量的一个表达式表示出来，则是恰好识别的（just identified）。

一般地，如果模型中所有的参数都是可识别或超识别的，模型是可识别的。如果每一个参数都是恰好识别的，则模型是恰好识别的。如果至少有一个参数是超识别的，则模型是超识别的。如果至少有一个参数是不可识别的，则模型是不可识别的。

二、因子分析模型及其协方差结构

含有 p 个指标，n 个因子的验证性因子分析数学模型为

$$\boldsymbol{x}=\boldsymbol{\Lambda}_x\boldsymbol{\xi}+\boldsymbol{\delta} \tag{9.21}$$

其中 $\boldsymbol{x}$ 是由 p 个指标组成的 $p\times1$ 指标向量，$\boldsymbol{\xi}$ 是由 n 个潜变量（因子）组成的 $n\times1$ 因子向量，$\boldsymbol{\Lambda}_x$ 是 $p\times n$ 因子负荷矩阵，$\boldsymbol{\delta}$ 是 p 个误差组成的 $p\times1$ 误差向量。模型假设：

（1）误差项的均值为零，即 $E(\boldsymbol{\delta})=0$；

（2）误差项与因子之间不相关，即 $\mathrm{cov}(\boldsymbol{\xi}, \boldsymbol{\delta})=\boldsymbol{O}$。

进一步假设指标和潜变量都是中心化的，但这个条件不是必需的，本章第七节会讨论不是中心化的模型。

有了模型，就可以根据模型推出总体的协方差矩阵 $\boldsymbol{\Sigma}(\boldsymbol{\theta})$，它有助于我们

理解参数是如何估计出来的。记 $\boldsymbol{\Phi}$ 为潜变量之间的协方差矩阵，注意到潜变量是中心化的，所以 $\boldsymbol{\Phi}=E(\xi\xi')$。再记 $\boldsymbol{\Theta}_{\delta}$ 为误差向量 $\boldsymbol{\delta}$ 的协方差矩阵，对角线上元素是误差的方差。值得一提的是，我们并没有假设误差之间不相关。如果误差之间不相关，则 $\boldsymbol{\Theta}_{\delta}$ 是对角矩阵。由（9.21）两边求协方差可得

$$\begin{aligned}\mathrm{var}(\boldsymbol{x}) &= E(\boldsymbol{\Lambda}_x\xi+\boldsymbol{\delta})(\xi'\boldsymbol{\Lambda}_x'+\boldsymbol{\delta}') \\ &= \boldsymbol{\Lambda}_x E(\xi\xi')\boldsymbol{\Lambda}_x'+E(\boldsymbol{\delta}\boldsymbol{\delta}') \\ &= \boldsymbol{\Lambda}_x\boldsymbol{\Phi}\boldsymbol{\Lambda}_x'+\boldsymbol{\Theta}_{\delta}\end{aligned} \tag{9.22}$$

所以模型推出的协方差矩阵

$$\boldsymbol{\Sigma}(\boldsymbol{\theta})=\boldsymbol{\Lambda}_x\boldsymbol{\Phi}\boldsymbol{\Lambda}_x'+\boldsymbol{\Theta}_{\delta}$$

三、因子分析模型识别的若干准则

前面我们在一些具体的 CFA 中讨论了模型识别问题。直观地说，如果所有未知参数能用已知量（指标的方差、协方差）唯一地表示出来，即所有未知参数有唯一解，模型是可识别的。严格来说，就是如果不存在参数向量 $\boldsymbol{\theta}$ 的两个不同的解 $\boldsymbol{\theta}_1$ 和 $\boldsymbol{\theta}_2$，使得 $\boldsymbol{\Sigma}(\boldsymbol{\theta}_1)=\boldsymbol{\Sigma}(\boldsymbol{\theta}_2)$，则模型是可识别的。

在实际应用中，很难像前面的只含一个潜变量的三指标模型或两指标模型那样，通过直接解方程来判断模型是否可识别。对于一般的模型，还没有一个充要条件可以让人简单地判定模型是否可识别。下面给出一些模型识别的准则，它们要么是必要条件，要么是充分条件。

（一）指定潜变量的测量单位

前面已经讨论过，如果不指定潜变量的测量单位，任何模型都是不可识别的。所以，为每个潜变量指定一个测量单位，是模型可识别的必要条件。通常的做法是固定潜变量的一个负荷或固定潜变量的方差。但也可以用限制参数的办法，间接地指定潜变量的测量单位。以后如果没有特别说明，都默认模型已经用固定潜变量的一个负荷或固定潜变量方差的方法指定了测量单位。

模型识别与参数类型有密切关系。参数可分为三种：固定参数（fixed parameter）、自由参数（free parameter）和约束参数（constrained parameter）。固定参数是人为指定了取值的参数，在 CFA 中，如果因子不止一个，负荷矩阵中通常会有许多被指定为零的固定参数。自由参数是未知且需要估计的参数。约束参数等于一个或多个自由参数的函数。约束参数的值通常是未知的但无须估计。当估计出自由参数后，约束参数的值随之确定。

（二）t -法则

由 p 个指标可以产生 $p(p+1)/2$ 个不同的方差或协方差，它们是 $\boldsymbol{\Sigma}=\mathrm{var}(\boldsymbol{x})$ 的下三角矩阵（含对角线）的元素。如果理论模型成立，则由 $\boldsymbol{\Sigma}(\boldsymbol{\theta})=\boldsymbol{\Sigma}$，可以得到 $p(p+1)/2$ 个不同的方程。记 t 为模型中所有自由参数个数，则模型可识别的一个必要条件是

$$t \leqslant p(p+1)/2$$

称为 t -法则。

在实际应用中，研究者有了理论模型后，应当看看它能否满足 t -法则。虽然不能保证满足 t -法则的模型是可识别的，但可以排除掉一些不可识别的模型。例如，两指标的单因子模型，$t=4$，而 $p(p+1)/2=2\times(2+1)/2=3$，不满足 t -法则，就可以判定模型不可识别。

（三）三指标法则

前面我们已经看到，如果只有一个因子，有三个指标且误差互不相关，则模型是恰好识别的。不难看出，如果只有一个因子，多于三个指标且误差互不相关，则模型是超识别的。

对于多个因子的模型，可识别的一个充分条件如下：

(1) 每个因子至少有三个指标，即负荷矩阵 $\boldsymbol{\Lambda}_x$ 的每一列至少有三个非零元素。

(2) 每个指标只测量一个潜变量，即负荷矩阵 $\boldsymbol{\Lambda}_x$ 的每一行有且仅有一个非零元素。

（3）误差之间不相关，即误差的协方差矩阵 $\boldsymbol{\Theta}_{\boldsymbol{\delta}}$ 为对角矩阵。

证明思路如下。用固定负荷法，由上面单因子模型的结果，对于每一个潜变量 ξ_j，用该潜变量的指标的方差-协方差，就可以识别这些指标的负荷及其误差方差，还可以识别该潜变量的方差 ϕ_{jj}。三指标法则对 $\boldsymbol{\Phi}$ 没有限制。如果 $\boldsymbol{\Phi}$ 是对角矩阵，识别问题已经解决。如果 $\boldsymbol{\Phi}$ 不是对角矩阵，只剩下 $\boldsymbol{\Phi}$ 的非对角元素的识别问题。设 $\phi_{jk}=\mathrm{cov}(\xi_j, \xi_k)$（$j \neq k$）是一个自由参数，而 x' 和 x'' 分别是 ξ_j 和 ξ_k 的尺度指标，即 $x'=\xi_j+\delta'$，$x''=\xi_k+\delta''$，则 $\phi_{jk}=\mathrm{cov}(x', x'')$。

（四）两指标法则

如果只有一个因子，而且有两个指标，则模型不可识别。如果有两个因子，各有两个指标，当这两个因子不相关时，模型显然不可识别。下面考虑两个因子相关的情形，固定负荷的模型如下

$$x_1=\xi_1+\delta_1$$

$$x_2=\lambda_{21}\xi_1+\delta_2$$

$$x_3=\xi_2+\delta_3$$

$$x_4=\lambda_{42}\xi_2+\delta_4$$

模型的协方差矩阵

$$\boldsymbol{\Sigma}(\boldsymbol{\theta})=\begin{bmatrix} \phi_{11}+\theta_{11} & & & \\ \lambda_{21}\phi_{11} & \lambda_{21}^2\phi_{11}+\theta_{22} & & \\ \phi_{21} & \lambda_{21}\phi_{21} & \phi_{22}+\theta_{33} & \\ \lambda_{42}\phi_{21} & \lambda_{21}\lambda_{42}\phi_{21} & \lambda_{42}\phi_{22} & \lambda_{42}^2\phi_{22}+\theta_{44} \end{bmatrix}$$

令 $\boldsymbol{\Sigma}(\boldsymbol{\theta})=\boldsymbol{\Sigma}$，其中 $\boldsymbol{\Sigma}$ 是 4 个指标的协方差矩阵［类似于（9.3）的 4 阶方阵］。显然，$\phi_{21}=\mathrm{cov}(x_3, x_1)$，进而可以解出

$$\lambda_{21}=\frac{\mathrm{cov}(x_3, x_2)}{\mathrm{cov}(x_3, x_1)}, \quad \phi_{11}=\frac{\mathrm{cov}(x_2, x_1)\mathrm{cov}(x_3, x_1)}{\mathrm{cov}(x_3, x_2)}$$

$$\lambda_{42}=\frac{\mathrm{cov}(x_4, x_1)}{\mathrm{cov}(x_3, x_1)}, \quad \phi_{22}=\frac{\mathrm{cov}(x_4, x_3)\mathrm{cov}(x_3, x_1)}{\mathrm{cov}(x_4, x_1)}$$

四个误差方差很容易从 $\boldsymbol{\Sigma}(\boldsymbol{\theta})=\boldsymbol{\Sigma}$ 的对角线上的等式解出来。例如，$\theta_{11}=\operatorname{var}(x_1)-\phi_{11}$，$\theta_{22}=\operatorname{var}(x_2)-\lambda_{21}^2\phi_{11}$。这就证明了，当两因子相关时，模型可识别。

对于多个因子的模型，可识别的一个充分条件如下：

（1）每个因子有两个或两个以上的指标。即负荷矩阵 $\boldsymbol{\Lambda}_x$ 的每一列至少有两个非零元素。

（2）每个指标只测量一个潜变量。即负荷矩阵 $\boldsymbol{\Lambda}_x$ 的每一行有且仅有一个非零元素。

（3）对每一个潜变量，至少有另一个潜变量与之相关。即潜变量的协方差矩阵 $\boldsymbol{\Phi}$ 的每一行，对角线以外至少有一个非零元素。

（4）误差之间不相关。即误差的协方差矩阵 $\boldsymbol{\Theta}_\delta$ 为对角矩阵。

证明思路如下。对于任意一个潜变量 ξ_j，存在一个潜变量 ξ_k 与之相关，即 $\phi_{jk}\neq 0$。每个潜变量各任选两个指标，由上面两因子模型的结果可知，由这四个指标得到的方差-协方差（共 10 个），就足以识别模型中与这 4 个指标有关的全部 9 个自由参数。用固定方差的方法比较容易理解，需要估计的参数是：4 个负荷、4 个误差方差和 ϕ_{jk}。由于上述推理对任意 4 个满足上面条件的指标都有效，所以所有参数都可识别。

由两指标法则可知，当方程（9.1）中的两个因子相关时，模型是可识别的。

（五）因子模型识别小结

对于一个因子模型，应当检查是否用固定负荷或固定方差等指定了因子的测量单位，检查 t -法则是否成立。如果其中之一不满足，则模型不可识别。利用三指标法则和两指标法则，可以判断出许多可识别的因子模型。表 9—1 列出了本节讨论的若干法则。

需要指出的是，如果一个因子只有一个指标，则除了固定负荷或固定方差外，还必须固定该指标的误差方差，否则不可识别。

表 9—1　因子模型的识别法则/条件（模型 $x = \Lambda_x \xi + \delta$）

识别法则	条件要求	充分或必要条件
指定	对每个因子指定了测量单位	必要条件
t -法则	$t \leqslant p(p+1)/2$	必要条件
三指标法则	每个因子至少有 3 个指标 每个指标只测量 1 个因子 误差不相关	充分条件
两指标法则	多于 1 个因子 每个因子至少有 2 个指标 每个指标只测量 1 个因子 每个因子都有与之相关的因子 误差不相关	充分条件

四、参数估计

（一）拟合函数

指标向量 $\boldsymbol{x}$ 在总体中的真实协方差矩阵 $\boldsymbol{\Sigma}$ 是未知的。有了一个观测样本后，知道的是 $\boldsymbol{x}$ 的样本协方差矩阵 $\boldsymbol{S}$。我们自然希望求出这样的参数，它们使得由假设的模型推出的总体协方差矩阵 $\boldsymbol{\Sigma}(\boldsymbol{\theta})$ 与 $\boldsymbol{S}$ 尽可能“接近”。$\boldsymbol{\Sigma}(\hat{\boldsymbol{\theta}})$ 就是再生协方差矩阵。要明确 $\boldsymbol{\Sigma}(\boldsymbol{\theta})$ 与 $\boldsymbol{S}$ “接近”的含义，需要定义一个“距离”，它是 $\boldsymbol{S}$ 和 $\boldsymbol{\Sigma}(\boldsymbol{\theta})$ 的函数，称为拟合函数，记为 $F[\boldsymbol{S}, \boldsymbol{\Sigma}(\boldsymbol{\theta})]$。后面会看到，拟合函数有多种定义方法。参数估计是要求出这样的 $\hat{\boldsymbol{\theta}}$，使得 $F[\boldsymbol{S}, \boldsymbol{\Sigma}(\hat{\boldsymbol{\theta}})]$ 达到最小值。

虽然 $\boldsymbol{S}$ 和 $\boldsymbol{\Sigma}(\boldsymbol{\theta})$ 都是矩阵，但拟合函数 $F[\boldsymbol{S}, \boldsymbol{\Sigma}(\boldsymbol{\theta})]$ 的取值是非负的数值。下面介绍的三种估计方法对应的拟合函数不仅是非负的数值，还是 $\boldsymbol{S}$ 和 $\boldsymbol{\Sigma}(\boldsymbol{\theta})$ 的连续函数，且满足 $F[\boldsymbol{S}, \boldsymbol{\Sigma}(\boldsymbol{\theta})]=0$ 当且仅当 $\boldsymbol{\Sigma}(\boldsymbol{\theta})=\boldsymbol{S}$。可以证明，满足这些条件的拟合函数得到的估计 $\hat{\boldsymbol{\theta}}$ 是 $\boldsymbol{\theta}$ 的一致（consistent）估计（Browne，1984）。一致估计也称为相容估计，即 $\hat{\boldsymbol{\theta}}$ 依概率收敛于 $\boldsymbol{\theta}$。

（二）极大似然估计

用极大似然法（ML）可以推出下面的拟合函数（记为 F_{ML}）：

$$F_{\mathrm{ML}}=\mathrm{tr}[\boldsymbol{S}\boldsymbol{\Sigma}^{-1}(\boldsymbol{\theta})]+\log|\boldsymbol{\Sigma}(\boldsymbol{\theta})|-\log|\boldsymbol{S}|-p$$

其中 $\mathrm{tr}(\boldsymbol{A})$ 表示矩阵 $\boldsymbol{A}$ 的迹（trace），即矩阵 $\boldsymbol{A}$ 的对角线元素之和；$\log|\boldsymbol{A}|$ 表示矩阵 $\boldsymbol{A}$ 的行列式的自然对数。一般要假设 $\boldsymbol{S}$ 和 $\boldsymbol{\Sigma}(\boldsymbol{\theta})$ 都是正定矩阵，因而它们的行列式大于零，并且 $\boldsymbol{\Sigma}(\boldsymbol{\theta})$ 有逆矩阵。如果实际的数据不满足这一假设，将使求解过程无法进行。

拟合函数 F_{ML} 是由极大似然函数的对数修改而成的，因而需要假设指标向量 $\boldsymbol{x}$ 服从多维正态分布。使得 F_{ML} 达到最小值的估计 $\hat{\boldsymbol{\theta}}$ 称为极大似然估计，简记为 ML 估计，它有如下性质（Bollen，1989）：

（1）ML 估计是渐近无偏（asymptotically unbiased）估计，即当样本容量增大时，$E(\hat{\boldsymbol{\theta}}_{\mathrm{ML}})$ 收敛于 $\boldsymbol{\theta}$。就是说，ML 估计在小样本时一般是有偏的；但在大样本时，$E(\hat{\boldsymbol{\theta}}_{\mathrm{ML}})$ 与 $\boldsymbol{\theta}$ 的偏差将很小。可以理解为，对于大样本，一般而言，$\hat{\boldsymbol{\theta}}_{\mathrm{ML}}$ 与 $\boldsymbol{\theta}$ 没有什么差异。

（2）ML 估计是一致估计。可以理解为，对于大样本，$\hat{\boldsymbol{\theta}}_{\mathrm{ML}}$ 与 $\boldsymbol{\theta}$ 有实质性偏差的可能性很小。

（3）ML 估计是渐近有效估计，即不存在另外一个一致估计，它的渐近方差比 ML 估计的还小。

（4）ML 估计的分布是渐近正态分布，即在大样本时，ML 估计的分布近似于一个正态分布。这一性质在参数的显著性检验中很重要，它说明估计的参数与它的标准误的比在大样本时近似服从于 t 分布，甚至是标准正态分布。

（5）除了少数的例外，ML 估计有尺度不变性。就是说，ML 估计的标准化解不受测量单位的影响，当一个或多个指标的测量单位变化时（如由米变为厘米），标准化的参数估计值不变。如果有尺度不变性，意味着基于协方差矩阵得到的标准化估计与基于相关系数矩阵得到的标准化估计是一样的。

（6）ML 估计可以对假设模型进行整个模型检验（详见下一节）。整个模型检验是相对于参数检验来说的。参数检验的原假设是一个或一组参数等于零，而整个模型检验的原假设是 H_0：$\boldsymbol{\Sigma}=\boldsymbol{\Sigma}(\boldsymbol{\theta})$。检验统计量是 $c=(N-1)\min\{F_{\mathrm{ML}}\}$，它的渐近分布是自由度为 $p(p+1)/2-t$ 的 χ^2 分布，其中 N 为样本容量，$\min\{F_{\mathrm{ML}}\}$ 是拟合函数的最小值，t 是自由参数个数。通常称这个统计量为卡方统计量，并记为 χ^2，它不仅是一个重要的拟合指数，而且是大多数拟合指数的基础。

ML 估计的上述良好性质，使其成为 CFA 和结构方程中最常用的估计。常见软件默认的估计就是 ML 估计。虽然 ML 估计需要假设指标是正态分布的，但许多研究指出，ML 估计在一般场合是稳健估计，即当正态条件不满足时，基于 ML 估计的结论仍是可信的（Boomsma，1983；Hau & Marsh，2004）。

（三）未加权最小二乘估计

未加权最小二乘（ULS）的拟合函数（记为 F_{ULS}）为

$$F_{\mathrm{ULS}}=\frac{1}{2}\mathrm{tr}\{[\boldsymbol{S}-\boldsymbol{\Sigma}(\boldsymbol{\theta})]^2\}$$

熟识矩阵理论的读者不难看出，$\mathrm{tr}\{[\boldsymbol{S}-\boldsymbol{\Sigma}(\boldsymbol{\theta})]^2\}$ 等于残差矩阵 $[\boldsymbol{S}-\boldsymbol{\Sigma}(\boldsymbol{\theta})]$ 中全部元素的平方和。使得 F_{ULS} 达到最小值的估计 $\hat{\boldsymbol{\theta}}$ 称为未加权最小二乘估计，简记为 ULS 估计。

ULS 估计的优点是容易理解。为了使由模型推出的协方差矩阵 $\boldsymbol{\Sigma}(\boldsymbol{\theta})$ 与样本协方差矩阵 $\boldsymbol{S}$ 很"接近"，直观的想法是让 $\boldsymbol{\Sigma}(\boldsymbol{\theta})$ 的每个元素都与 $\boldsymbol{S}$ 对应的元素差距很小，因而定义 $\boldsymbol{\Sigma}(\boldsymbol{\theta})$ 与 $\boldsymbol{S}$ 的距离为所有元素之差的平方和。这和回归分析中最小二乘法的思想是一样的。两者的主要区别在于，回归分析中考虑的是因变量的预测值与观测值之间的距离，CFA 和 SEM 中考虑的是由模型推出的协方差矩阵 $\boldsymbol{\Sigma}(\boldsymbol{\theta})$ 与样本协方差矩阵 $\boldsymbol{S}$ 之间的距离。

ULS 估计是一致估计。与 ML 估计不同的是，ULS 估计不是渐近有效估计。ULS 估计没有尺度不变性，因而根据协方差矩阵得到的标准化估计与根据相关矩阵得到的标准化估计可能是不同的。检验整个模型所用的 χ^2 不能直接用 $(N-1)\min\{F_{\text{ULS}}\}$ 计算，而要进行一些修改（Browne，1984）。ULS 估计不需要假设指标是正态的，但也有软件按正态理论给出 ULS 估计的标准误。

（四）广义最小二乘估计

在回归分析中，使用通常的最小二乘估计，需要假设诸误差项之间不相关且方差都相等。如果条件不满足，通常的最小二乘估计是不合适的，而要使用所谓的加权最小二乘估计或更一般的广义最小二乘估计。类似地，CFA 和 SEM 也需要考虑广义最小二乘（GLS）估计。

广义最小二乘法最一般的拟合函数可以写成如下形式：

$$F_{\text{GLS}}=\frac{1}{2}\text{tr}\{[(\boldsymbol{S}-\boldsymbol{\Sigma}(\boldsymbol{\theta}))\boldsymbol{W}^{-1}]^2\}$$

其中 $\boldsymbol{W}^{-1}$ 是残差矩阵的加权矩阵。加权矩阵 $\boldsymbol{W}^{-1}$ 是正定矩阵，或依概率收敛于一个正定矩阵的随机矩阵。使得 F_{GLS} 达到最小值的估计 $\hat{\boldsymbol{\theta}}$，称为广义最小二乘估计，简记为 GLS 估计。显然，ULS 估计是 GLS 估计的特例，对应的 $\boldsymbol{W}=\boldsymbol{I}$（单位矩阵）。GLS 估计是一致估计，但如果对加权矩阵 $\boldsymbol{W}^{-1}$ 不加任何条件，GLS 估计不一定是有效估计，因为 ULS 就不是有效估计。

在很一般的条件下，如果选取的加权矩阵 $\boldsymbol{W}^{-1}$ 依概率收敛于 $\boldsymbol{\Sigma}^{-1}$，GLS 估计将和 ML 估计一样有许多良好的性质。如果 $\boldsymbol{W}^{-1}=\boldsymbol{\Sigma}^{-1}(\hat{\boldsymbol{\theta}}_{\text{ML}})$，则对应的 GLS 估计 $\hat{\boldsymbol{\theta}}_{\text{GLS}}$ 就是 ML 估计 $\hat{\boldsymbol{\theta}}_{\text{ML}}$（Browne，1974）。所以，ML 估计也是 GLS 估计的特例。

最常用的是选取 $\boldsymbol{W}^{-1}=\boldsymbol{S}^{-1}$，这时

$$F_{\text{GLS}}=\frac{1}{2}\text{tr}\{[(\boldsymbol{S}-\boldsymbol{\Sigma}(\boldsymbol{\theta}))\boldsymbol{S}^{-1}]^2\}$$

结构方程模型软件上所说的 GLS，就是以上式为拟合函数得到的。以后

我们所说的 GLS 就是以 $\boldsymbol{S}^{-1}$ 为加权矩阵的 GLS。

如果样本协方差矩阵 $\boldsymbol{S}$ 满足如下条件：(1) $E(s_{ij})=\sigma_{ij}$，即 $\boldsymbol{S}=(s_{ij})$ 是 $\boldsymbol{\Sigma}=(\sigma_{ij})$ 的无偏估计；(2)$\boldsymbol{S}=(s_{ij})$ 的下三角矩阵（对角线以下）元素，按列顺序排列成的向量，是渐近多元正态分布，其均值向量是 $\boldsymbol{\Sigma}=(\sigma_{ij})$ 的下三角矩阵（对角线以下）元素按列顺序排列成的向量，其渐近协方差为

$$\mathrm{Acov}(s_{ij},\ s_{gh})=(\sigma_{ig}\sigma_{jh}+\sigma_{ih}\sigma_{jg})/N$$

那么 GLS 估计有许多与 ML 估计相同的性质。如 GLS 估计是渐近有效估计，渐近服从正态分布，有尺度不变性。尤其值得指出的是，和 ML 估计一样，$\chi^2=(N-1)\min\{F_{\mathrm{GLS}}\}$ 可以用来进行整个模型检验，它的渐近分布是自由度为 $p(p+1)/2-t$ 的 χ^2 分布（Browne，1984）。如果模型是正确的，在大样本时，由 GLS 估计得到的 $\chi^2=(N-1)\min\{F_{\mathrm{GLS}}\}$ 和由 ML 估计得到的 $\chi^2=(N-1)\min\{F_{\mathrm{ML}}\}$ 将很接近。

五、模型评价

有了参数估计后，就得到了拟合模型。如何知道拟合模型的优劣？需要从不同的角度对模型进行评价，并对模型做出修正。评价模型可以从三个方面进行：一是用各种拟合指数对模型做整体的评价；二是检验参数的显著性，评价参数的意义和合理性；三是计算测定系数（coefficient of determination），评价方程对数据的解释能力。这里先讨论前两个方面，第三个方面在路径模型的评价中比较重要，故留待第十章讨论。

（一）残差

沿用前面的记号，$\boldsymbol{\Sigma}$ 为 $\boldsymbol{x}$ 在总体中的真实（但未知）的协方差矩阵，反映了观测变量（指标）在总体中的真实关系。$\boldsymbol{S}$ 为 $\boldsymbol{x}$ 的样本协方差矩阵，反映了变量在样本中的关系。$\boldsymbol{\Sigma}(\boldsymbol{\theta})$ 为假设的模型隐含的总体协方差矩阵，是研究者假设或构想的变量在总体中的简化关系。$\boldsymbol{\Sigma}(\hat{\boldsymbol{\theta}})$ 为代入估计的参数 $\hat{\boldsymbol{\theta}}$ 后的协方差矩阵（即再生协方差矩阵），反映了观测变量在样本中的简化关系。

这四个矩阵之间的关系见图 9－2（MacCallum et al.，1994）。

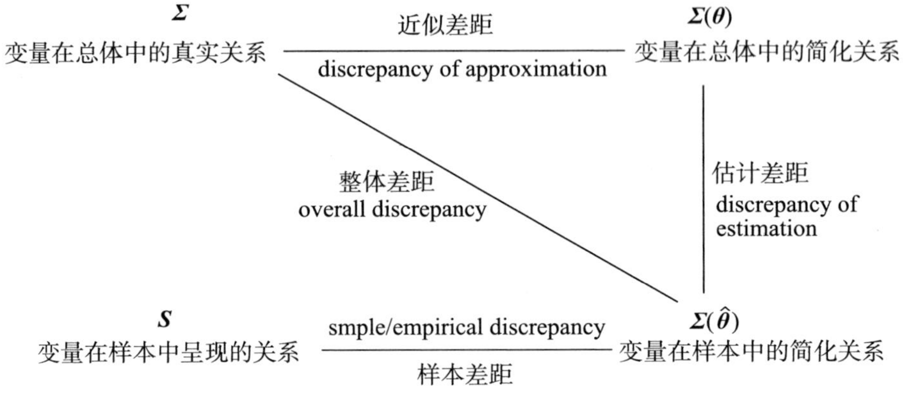

图 9－2　四种协方差矩阵的关系

如果假设的模型为真，则 $\boldsymbol{\Sigma}=\boldsymbol{\Sigma}(\boldsymbol{\theta})$，即 $\boldsymbol{\Sigma}-\boldsymbol{\Sigma}(\boldsymbol{\theta})=\boldsymbol{O}$。所以残差矩阵 $\boldsymbol{\Sigma}-\boldsymbol{\Sigma}(\boldsymbol{\theta})$ 反映了假设的模型在多大程度上接近真实的模型。但这两个矩阵都是总体的，是未知的，需要根据样本做出估计。$\boldsymbol{\Sigma}$ 的估计是 $\boldsymbol{S}$，$\boldsymbol{\Sigma}(\boldsymbol{\theta})$ 的估计是 $\boldsymbol{\Sigma}(\hat{\boldsymbol{\theta}})$。在很一般的条件下，当样本容量增大时，$\boldsymbol{S}$ 收敛于 $\boldsymbol{\Sigma}$，$\boldsymbol{\Sigma}(\hat{\boldsymbol{\theta}})$ 收敛于 $\boldsymbol{\Sigma}(\boldsymbol{\theta})$，从而 $\boldsymbol{S}-\boldsymbol{\Sigma}(\hat{\boldsymbol{\theta}})$ 收敛于 $\boldsymbol{\Sigma}-\boldsymbol{\Sigma}(\boldsymbol{\theta})$。所以，可以用样本残差矩阵 $\boldsymbol{S}-\boldsymbol{\Sigma}(\hat{\boldsymbol{\theta}})$ 来衡量假设模型接近于真实模型的程度。

设 $\boldsymbol{S}=(s_{ij})$，$\boldsymbol{\Sigma}(\hat{\boldsymbol{\theta}})=(\hat{\sigma}_{ij})$，考虑 $\boldsymbol{S}-\boldsymbol{\Sigma}(\hat{\boldsymbol{\theta}})$ 的元素 $s_{ij}-\hat{\sigma}_{ij}$，它是 x_i 与 x_j 的协方差的样本残差。如果 $s_{ij}-\hat{\sigma}_{ij}>0$，说明模型低估了 x_i 与 x_j 的协方差。如果 $s_{ij}-\hat{\sigma}_{ij}<0$，说明模型高估了 x_i 与 x_j 的协方差。样本残差受下列因素的影响：（1）假设模型与真实模型的差距；（2）抽样误差；（3）指标的测量单位。如果是比较两个模型哪个拟合得更好，后面两个因素不成问题，因为两个模型都用同一个样本，有相同的测量单位。这两个样本残差的差异主要是第一个因素引起的。但如果独立地评价一个模型，后面两个因素不可忽视。因为 $\boldsymbol{S}-\boldsymbol{\Sigma}(\hat{\boldsymbol{\theta}})$ 收敛于 $\boldsymbol{\Sigma}-\boldsymbol{\Sigma}(\boldsymbol{\theta})$，所以增加样本可以减少第二个因素的影响。为了避免测量单位的影响，可以计算相关系数残差 $r_{ij}-\hat{r}_{ij}$，其中 r_{ij} 是样本相关系数，$\hat{r}_{ij}=\hat{\sigma}_{ij}/\sqrt{\hat{\sigma}_{ii}\hat{\sigma}_{jj}}$。理论上，$r_{ij}$ 和 $\hat{r}_{ij}$ 的绝对值都不超过 1，

故相关系数残差的绝对值不超过 2。

Jöreskog 和 Sörbom（1989，1993，1996，1999）提出的正态化残差不受测量单位的影响，对样本容量的影响也做了校正。正态化残差计算公式如下：

$$正态化残差 = \frac{s_{ij} - \hat{\sigma}_{ij}}{[(\hat{\sigma}_{ii}\hat{\sigma}_{jj} + \hat{\sigma}_{ij}^2)/N]^{1/2}} \tag{9.23}$$

正态化残差可以用来粗略地检验总体的残差值是否为零：如果一个正态化残差的绝对值不超过 1.96，则对应的总体残差值可以认为是零。然而，这种检验不能提供关于整个模型拟合好坏的信息。样本残差矩阵的下三角元素的均值，可以作为整个模型拟合程度的一个指数，但即使是相关系数残差的均值，仍然受样本容量的影响。下节介绍的各种拟合指数中，有两个指数（SRMR 和 RMR）是残差的函数，而更多的指数则基于拟合函数的最小值，或者它的 $N-1$ 倍—— χ^2 值。

（二）拟合指数

拟合指数是拟合优度统计量的简称，是人们从某一角度构造出来，用于反映模型拟合好坏的统计量。所有的拟合指数都是 $\boldsymbol{S}$ 和 $\boldsymbol{\Sigma}(\hat{\boldsymbol{\theta}})$ 的函数，用于衡量它们之间的差距。这里只讨论几个常用的指数，其他指数的定义见第八章第五节。

1. 卡方检验

拟合函数 $F[\boldsymbol{S}, \boldsymbol{\Sigma}(\boldsymbol{\theta})]$ 是 $\boldsymbol{S}$ 和 $\boldsymbol{\Sigma}(\boldsymbol{\theta})$ 之间的一种“距离”，拟合函数的最小值 $F[\boldsymbol{S}, \boldsymbol{\Sigma}(\hat{\boldsymbol{\theta}})]$（以下记为 $\min\{F\}$）是 $\boldsymbol{S}$ 和 $\boldsymbol{\Sigma}(\hat{\boldsymbol{\theta}})$ 之间的“距离”。对于 ML 估计和 GLS 估计，这个距离的 $N-1$ 倍可用于检验假设 H_0：$\boldsymbol{\Sigma} = \boldsymbol{\Sigma}(\boldsymbol{\theta})$。如果 H_0 为真，$\chi^2 = (N-1)\min\{F\}$ 是渐近卡方分布（Bollen，1989；Browne，1984），自由度为 $p(p+1)/2-t$，其中 N 为样本容量，t 是自由参数个数。对于 ULS 估计，相应的卡方统计量比较复杂（Browne，1984）。但使用结构方程模型软件时，只需直接看输出结果中的卡方值，不用考虑是哪种估计方法。

卡方是衡量模型好坏的一个指数，最小值是零，但没有上限。一个好的模型，卡方值应当小。当得到一个显著的卡方值时（相应的概率小于0.01或0.05），认为拟合的模型不好。如果卡方值不显著，认为模型可以接受。然而，许多因素会影响卡方检验的结果。$\chi^2=(N-1)\min\{F\}$ 只是近似的卡方分布，近似的程度依赖于：(1) H_0：$\boldsymbol{\Sigma}=\boldsymbol{\Sigma}(\boldsymbol{\theta})$ 是否完全成立；(2) 指标是否服从正态分布；(3) 样本容量 N 的大小；(4) 用协方差矩阵还是相关系数矩阵进行分析。这几点使得卡方检验不是衡量模型好坏的理想方法，卡方值也不是一个理想的指数。

第一，回忆一下熟知的两总体均值差异的 t 检验。推导检验统计量时，假设均值完全相等，这个假设不是很过分。但这里要使 H_0：$\boldsymbol{\Sigma}=\boldsymbol{\Sigma}(\boldsymbol{\theta})$ 完全成立的条件是很苛刻的，因为这要求 $p(p+1)/2$ 个值都相等。在实际应用时，几乎没有一个模型能被接受。我们可以要求低一点，如果一个模型推出的 $\boldsymbol{\Sigma}(\boldsymbol{\theta})$ 能够帮助我们合理地解释变量之间的关系，并且合理地拟合了数据，就认为模型是可以接受的。从这个角度说，不应当将卡方检验作为一票否决的依据。

第二，如果指标不是正态分布，当峰度过高（高于正态的峰度）时，会高估卡方值，导致犯第一类错误（拒绝真模型）的概率偏大；而当峰度过低时，则低估卡方值，犯第一类错误的概率偏小（Browne，1984）。如果指标的分布有较大的偏度，也会高估卡方值（Boomsma，1983）。这说明，当指标不是正态时，卡方检验靠不住。

第三，卡方分布作为渐近分布，N 越大，分布近似得越好。所以对于小的 N（比如，小于50），估计的卡方值误差往往很大。然而，对于大的 N，正如第一点提到的那样，卡方值都较大，导致几乎所有模型都被拒绝。

第四，当模型中的参数附加了额外的约束时，估计的参数可能没有尺度不变性。这时，根据协方差矩阵的结果和相关系数的结果所做的卡方检验可能是很不相同的（Boomsma，1983）。

如果不做检验，只是将卡方作为一般的指数进行报告，则通常报告卡方与其自由度的比值 χ^2/df。但这个比值只是消除了自由度的影响，没有消除

N 的影响，所以它的大小很难说明模型的好坏。

然而，在比较嵌套的模型时，卡方检验特别有用。对于一个给定的样本和模型，增加自由参数，卡方只降不升。一个模型增加自由参数后，其实是一个新的模型，前后两个模型形成嵌套关系（见第五章第六节），原来那个模型嵌套于增加了自由参数的那个新模型。当然也可以反过来，约束一个模型的某些参数（如固定为零），即减少自由参数，从而形成两个嵌套的模型。自由参数多的模型，卡方值比较小，但同时自由度也比较小。比较两个嵌套模型的做法是，两个模型的卡方值的差作为一个新的卡方统计量的值，其自由度是原来两个卡方自由度的差。如果新的卡方值比较大，达到显著水平，则认为自由参数较多的模型较好。否则认为自由参数少的模型较好。直观地说就是，当增加自由参数时，牺牲了自由度，卡方值要降低得足够多才是值得的。

如果比较的模型不一定是嵌套的，可以使用信息指数（见第八章），如 Akaike 的信息准则（AIC；Akaike，1973）和期望交叉证实指数（ECVI；Cudeck & Browne，1983）。AIC 的定义为：

$$\mathrm{AIC} = \chi^2 + 2t$$

其中 $t = p(p+1)/2 - df$ 是自由参数个数。ECVI 的定义为

$$\mathrm{ECVI} = \mathrm{AIC}/(N-1)$$

以 AIC 为例，如果模型 M_1 的 AIC 小于模型 M_2 的 AIC，则认为模型 M_1 拟合得较好。

2. 其他常用的绝对拟合指数

像卡方那样只基于假设模型隐含的协方差矩阵和样本协方差矩阵的指数称为绝对指数。上面提到，卡方不是一个理想的指数，却是一个常用的指数，许多 CFA 的研究都报告卡方值。而且，卡方是绝大多数指数的基础，即除了个别指数外，大多数指数都可以写成卡方（可能包括假设模型和虚模型的卡方）的函数。下面列出比较常用的两个，其他绝对指数见第八章。

（1）近似误差均方根 RMSEA

近似误差均方根（RMSEA）是较早被提出的指数之一（Steiger &

Lind，1980)，定义为

$$\text{RMSEA}=\{\max[(\chi^2-df)/(N-1),\ 0]/df\}^{1/2}$$

其中 df 是卡方的自由度。RMSEA 与好几个指数密切相关。χ^2-df 称为离中参数（NCP；Steiger & Lind，1980）。将 NCP 重新标度变为 Dk＝NCP/（$N-1$）(McDonald & Marsh，1990)。规范 Dk，即把 Dk 的负值变为 0，变成总体差距函数（PDF；Steiger & Lind，1980），通常记为 F_0：

$$F_0=\max[(\chi^2-df)/(N-1),\ 0]$$

它除以自由度后的平方根就是 RMSEA。在众多指数中，RMSEA 受 N 的影响较小，对错误模型比较敏感，而且惩罚了复杂模型，是比较理想的指数。Steiger（1990）认为，RMSEA 低于 0.1 表示好的拟合，低于 0.05 表示非常好的拟合，低于 0.01 表示非常出色的拟合。现在通常将 RMSEA 低于 0.08 作为模型可以接受的临界值（Marsh，Hau，& Wen，2004；温忠麟 等，2004）。

（2）标准化残差均方根 SRMR

标准化残差均方根（SRMR；Jöreskog & Sörbom，1989）是少数几个直接基于残差的指数之一。定义为

$$\text{SRMR}=\left[\frac{\sum_{i=1}^{p}\sum_{j=1}^{i}(s_{ij}-\hat{\sigma}_{ij})^2/(s_{ii}s_{jj})}{p(p+1)/2}\right]^{1/2}$$

其中 $s_{ij}-\hat{\sigma}_{ij}$ 就是前面提到的 x_i 与 x_j 的协方差的样本残差，s_{ii} 是 x_i 的样本方差。与 SRMR 类似的指数是残差均方根（RMR；Jöreskog & Sörbom，1989），定义为

$$\text{RMR}=\left[\frac{\sum_{i=1}^{p}\sum_{j=1}^{i}(s_{ij}-\hat{\sigma}_{ij})^2}{p(p+1)/2}\right]^{1/2}$$

如果是用相关矩阵进行分析，则 SRMR 和 RMR 相同。SRMR 不受变量单位的影响，取值范围是 0—1，但 RMR 的上限不是 1。Marsh 和 Balla（1994）发现 RMR 对误设模型敏感，但受 N 的系统影响，建议不要使用它。Hu 和 Bentler（1998）的研究说明 SRMR 对误设模型敏感。但从他们的模拟

研究结果中可以发现，SRMR 的表现与模型密切相关，对有些模型，它受 N 的影响不大；对有些模型，它受 N 的影响较大。Hu 和 Bentler 对 SRMR 推荐的界值是 0.08，即当 SRMR 大于 0.08 时，认为模型拟合得不好。

3. 相对拟合指数

最简单并且拟合得最差的模型是虚模型，其中的所有指标都假设是不相关的。拟合虚模型得到的卡方值比任何其他模型的都要大。问题是，相对于虚模型的这个卡方值而言，假设模型的卡方值减少了的部分占了多大的比例，这个比例就是赋范拟合指数（NFI；Bentler & Bonett，1980）：

$$\mathrm{NFI}=(\chi_{\mathrm{n}}^{2}-\chi_{\mathrm{t}}^{2})/\chi_{\mathrm{n}}^{2}$$

其中 χ_{n}^{2} 和 χ_{t}^{2} 分别表示拟合虚模型和假设模型（即理论模型）得到的卡方值。NFI 是相对拟合指数的一种。一般而言，各种相对拟合指数都可以写成这样的形式：

$$[f(\chi_{\mathrm{n}}^{2})-f(\chi_{\mathrm{t}}^{2})]/f(\chi_{\mathrm{n}}^{2}) \tag{9.24}$$

其中 $f(\chi^{2})$ 是卡方的函数，它衡量了相对于虚模型的 $f(\chi_{\mathrm{n}}^{2})$ 而言，假设模型的 $f(\chi_{\mathrm{t}}^{2})$ 减少的比例。最简单的情形是 $f(\chi^{2})=\chi^{2}$，对应的相对指数就是 NFI。但 NFI 受到样本容量的明显影响（Bentler，1990），因而不是理想的拟合指数。比较常用的相对指数是非范拟合指数 NNFI 和比较拟合指数 CFI，下面分别介绍。其他相对指数见第八章。

（1）非范拟合指数

非范拟合指数（NNFI；Bentler & Bonett，1980；Tucker & Lewis，1973）定义为

$$\mathrm{NNFI}=\frac{\chi_{\mathrm{n}}^{2}/df_{\mathrm{n}}-\chi_{\mathrm{t}}^{2}/df_{\mathrm{t}}}{\chi_{\mathrm{n}}^{2}/df_{\mathrm{n}}-1}$$

它对应于（9.24）的 $f(\chi^{2})=\chi^{2}/df-1$。不像 NFI，NNFI 的取值范围不是 [0，1]，而可能超出这个范围。一般地说，NNFI 超过 0.9，认为模型可以接受（Bentler & Bonett，1980）。Hu 和 Bentler（1998，1999）推荐的界值更加苛刻，NNFI 要高达 0.95，但温忠麟等人（2004）对此提出了质疑（也见 Marsh，Hau，& Wen，2004）。对 NNFI 的主要批评在于它的样本波动性较

大，特别是当虚模型能很好地拟合样本数据的时候。尽管如此，它还是比较常用的相对指数。

（2）比较拟合指数

比较拟合指数（CFI；Bentler，1990）的定义为

$$\mathrm{CFI}=1-\frac{\max[(\chi_t^2-df_t),\ 0]}{\max[(\chi_t^2-df_t),\ (\chi_n^2-df_n),\ 0]}$$

它是下面的相对离中指数（RNI；McDonald & Marsh，1990）的规范形式（即低于 0 的值规定为 0，超过 1 的值规定为 1）：

$$\mathrm{RNI}=\frac{(\chi_n^2-df_n)-(\chi_t^2-df_t)}{\chi_n^2-df_n}$$

显然，RNI 对应于（9.24）的 $f(\chi^2)=\chi^2-df$ 。CFI（或 RNI）超过 0.9，认为模型可以接受。CFI 的主要缺点是没有惩罚复杂模型。

4. 简约指数

某个指数对应的简约指数是用简约比 df_t/df_n 乘以该指数，其中分子和分母分别表示拟合假设模型和虚模型对应的自由度，目的是惩罚复杂模型（即自由度少的模型）。与绝对指数和相对指数相比，简约指数应用较少。

（三）参数检验

即使拟合指数显示模型拟合得好，也不排除可能有些参数的估计值根本就没有意义。所以对参数逐一检视是评价模型很重要的步骤。

每一个参数估计都有相应的标准误（在 CFA 中求出的是渐近标准误），这样就可以对参数做显著性检验。在输出结果中，除了参数的估计值外，还有标准误和 t 统计量的值。就 CFA 而言，要检验的参数是负荷（特别是一个指标不止在一个因子上有负荷时）、因子之间的相关系数、误差之间的相关系数（如果允许自由估计），即检验 $\boldsymbol{\Lambda}$ 中的元素、$\boldsymbol{\Phi}$ 和 $\boldsymbol{\Theta}_{\delta}$ 的非对角线元素。t 统计量用于检验“参数等于零”的假设，当检验结果是参数显著不等于零时，认为假设模型让该参数自由估计是合理的。否则，如果检验结果是参数不显著，则认为该参数应固定为零，这时应当修正模型并重新估计。

除了参数检验外，要检视 $\boldsymbol{\Phi}$ 和 $\boldsymbol{\Theta}_\delta$ 的对角线元素的估计值，如果出现负数，则模型的估计是不恰当的，因为这些对角线元素都是方差，应当是非负值。同理，要检视所有参数的标准误，如果出现负数，也是不恰当的，要对模型进行修正。

（四）模型修正

得到一个模型的估计后，首先要检视估计的参数值是否恰当。如果有不恰当的参数值出现，模型应当修正。其次，检视常用的拟合指数，看看模型拟合程度，对拟合程度低的模型要设法进行修正。模型修正主要是减少、增加和变动模型自由参数的设定。从纯技术的角度说，减少自由参数可以通过参数检验进行，对那些不显著的参数，可以固定它们的值为零，这就减少了自由参数。增加自由参数则可以检视修正指数。在 Mplus 中，如果在输出命令（OUTPUT）中写上输出修正指数的选项（MOD），则固定参数的位置都会给出一个修正指数，它等于当该参数设为自由参数时，减少的卡方值。将有最大修正指数的那个参数设定为自由参数，重新拟合模型。这一过程可以重复进行，在减少卡方的同时，模型变得复杂，直到在减少卡方与模型简约性方面有一个可以接受的平衡时为止。如果一次增加或减少多于一个自由参数，用前面介绍的卡方检验比较新旧两个嵌套的模型。如果保持自由参数个数不变，只是变动自由参数的设定，可以通过信息指数比较模型，并比较新旧模型的其他绝对指数和相对指数。但这种探索不能是随意的，应当依据学科理论和实际背景，使修正后的模型有意义。

六、有均值结构的因子分析模型

前面几节都假设所有的潜变量和指标都是中心化变量（即均值为零），但有时我们想知道潜变量的均值和测量方程的截距项，这就需要有均值结构的因子模型。

含有 p 个指标、n 个因子，有截距项的测量方程如下：

$$\boldsymbol{x}=\boldsymbol{\tau}_x+\boldsymbol{\Lambda}_x\boldsymbol{\xi}+\boldsymbol{\delta} \tag{9.25}$$

其中 $\boldsymbol{x}$ 是由 p 个指标组成的 $p\times 1$ 指标向量，$\boldsymbol{\tau}_x$ 是 $p\times 1$ 截距向量（$\xi=0$ 时，$\boldsymbol{x}$ 的均值），$\boldsymbol{\xi}$ 是由 n 个潜变量（因子）组成的 $n\times 1$ 因子向量，$\boldsymbol{\Lambda}_x$ 是 $p\times n$ 因子负荷矩阵，$\boldsymbol{\delta}$ 是 p 个误差组成的 $p\times 1$ 误差向量。模型假设：

（1）误差项的均值为零，即 $E(\boldsymbol{\delta})=\boldsymbol{0}$；

（2）误差项与因子之间不相关，即 $\text{cov}(\boldsymbol{\xi},\boldsymbol{\delta})=\boldsymbol{0}$。

这个模型除了参数矩阵 $\boldsymbol{\Lambda}_x$、$\boldsymbol{\Phi}$、$\boldsymbol{\Theta}_\delta$ 外，还增加了两个参数向量，一个是 $\boldsymbol{x}$ 的均值 $\boldsymbol{\tau}_x$，另一个是 $\boldsymbol{\xi}$ 的均值 $\boldsymbol{\kappa}$。$\boldsymbol{x}$ 的均值向量为

$$E(\boldsymbol{x})=\boldsymbol{\tau}_x+\boldsymbol{\Lambda}_x\boldsymbol{\kappa} \tag{9.26}$$

$\boldsymbol{x}$ 的协方差矩阵为

$$\begin{aligned}\text{var}(\boldsymbol{x})&=\text{cov}(\boldsymbol{\tau}_x+\boldsymbol{\Lambda}_x\boldsymbol{\xi}+\boldsymbol{\delta},\boldsymbol{\tau}_x+\boldsymbol{\Lambda}_x\boldsymbol{\xi}+\boldsymbol{\delta})\\&=\text{cov}(\boldsymbol{\Lambda}_x\boldsymbol{\xi},\boldsymbol{\Lambda}_x\boldsymbol{\xi})+\text{cov}(\boldsymbol{\Lambda}_x\boldsymbol{\xi},\boldsymbol{\delta})+\text{cov}(\boldsymbol{\delta},\boldsymbol{\Lambda}_x\boldsymbol{\xi})+\text{cov}(\boldsymbol{\delta},\boldsymbol{\delta})\\&=\boldsymbol{\Lambda}_x\text{var}(\boldsymbol{\xi})\boldsymbol{\Lambda}_x'+\text{var}(\boldsymbol{\delta})\\&=\boldsymbol{\Lambda}_x\boldsymbol{\Phi}\boldsymbol{\Lambda}_x'+\boldsymbol{\Theta}_\delta\end{aligned} \tag{9.27}$$

对于参数识别，由（9.27）和（9.22）知 $\boldsymbol{\Lambda}_x$、$\boldsymbol{\Phi}$、$\boldsymbol{\Theta}_\delta$ 的识别与前面中心化的因子模型一模一样。新增参数向量的识别完全在于（9.26）。以 3 个指标、1 个因子的模型为例，相应的（9.26）简化为

$$E(x_1)=\tau_1+\kappa_1$$

$$E(x_2)=\tau_2+\lambda_{21}\kappa_1$$

$$E(x_3)=\tau_3+\lambda_{31}\kappa_1$$

这里假设使用固定负荷（即 $\lambda_{11}=1$）的方法，指定潜变量的测量单位；如果是固定方差，不影响结果，因为负荷是由协方差方程识别的，在均值方程中可以看作已知的。上面 3 个方程，有 4 个新增的参数 τ_1、τ_2、τ_3、κ_1，所以起码要固定其中一个，模型才能识别。其道理和潜变量需要指定测量单位才能识别模型一样，这里是因为潜变量需要指定测量原点才能识别模型。一种常用的指定方法是将一个方程的截距固定为零。例如，设 x_1、x_2、x_3 是用 3 种智力量表测得的儿童智力分数，固定 $\lambda_{11}=1$ 和 $\tau_1=0$，则潜变量的单位和原点与 x_1 的相同，即用第一个题目分数的单位和原点作为智力的单位和

原点。第二种指定方法是固定潜变量的原点为零。不难看出，对于有均值结构的因子模型，只要指定了潜变量的原点，新增的参数就可以由均值方程识别了。

有均值结构的因子模型有许多实际用处。例如，在多组比较中，可以比较一个潜变量在不同的组是否有相同的均值。在纵向数据分析中，可以比较同一组被试在前后时间点的潜变量均值是否相等，或者在前后时间点的方程截距是否稳定。也可以比较同一个被试组的两个可比的潜变量在指定了相同的测量单位后的均值是否相等。这些问题都可以归结为多组（多样本）比较。

七、多组比较

人们对多组比较并不陌生，方差分析就是比较多个组的均值是否相等的一种统计方法。在 CFA 中，如果有多组样本，研究者可以分析不同组的因子结构是否相同。如果因子结构相同，可以进一步分析参数是否也相同。其中的多组样本，可以是来自不同总体的样本，也可以是同一个总体在不同时间点的样本。

（一）中心化模型的多组比较

先看一个例子，考虑自我概念研究中的一个分量表“外表长相”，它根据被试对下列叙述的认同程度（从“完全不同意”到“完全同意”6 级计分）来测量：（1）我长相好；（2）我有张漂亮的面孔；（3）我样子长得难看；（4）我有一副好身材；（5）别人认为我的样子好看。要比较男女学生的差异，首先要检验的是，两组是否有相同的结构模式，即因子个数相同，且所有的参数矩阵（负荷矩阵 $\boldsymbol{\Lambda}_x$、因子的协方差矩阵 $\boldsymbol{\Phi}$、误差协方差矩阵 $\boldsymbol{\Theta}_\delta$）有相同的自由、固定或约束模式。

图 9—3 表示两组有不同的因子结构，男生组只有一个因子，女生组有两个因子。图 9—4 表示两组有相同的结构模式，都只有一个因子，都固定第一个指标的负荷来指定因子的测量单位，其余 4 个负荷都自由估计，误差方差

都自由估计，但误差之间都不相关。如果同一个模型分别拟合两个样本，对两个样本都拟合得好，则认为两组有相同的结构模式。这时就可以检验两组的参数是否相同，即检验两组的参数是否有跨组不变性（invariance）。我们最感兴趣的是负荷是否相同，然后是误差方差/协方差，把因子的协方差是否相同放在最后。许多时候，研究者直接用同一个模型拟合各组样本，并做参数检验，这实际上是假设各组有相同的结构模式，只要模拟拟合可以接受，就说明假设没有问题。

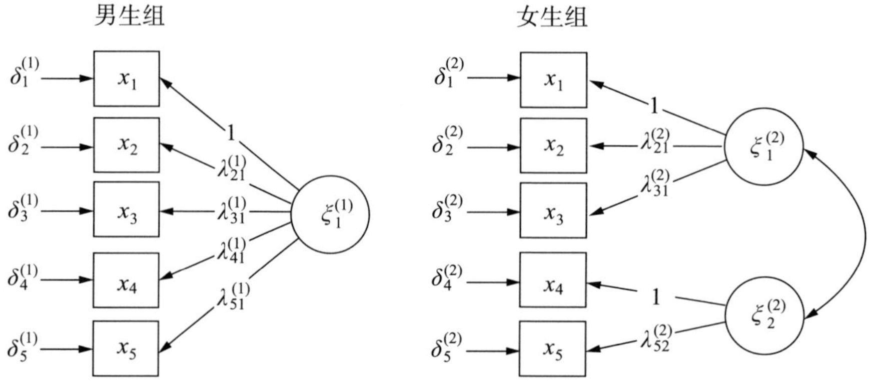

图 9—3 两组有不同的结构模式

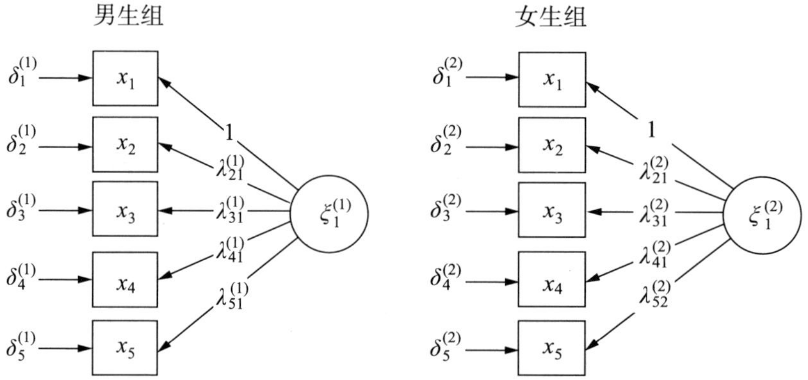

图 9—4 两组有相同的结构模式

多组比较时，模型中变量和参数的符号与单个样本的一致，但所有参数符号都带有上标，以表示所在的组（参见图 9－3 和图 9－4 中的参数符号）。以两组比较为例，应当依次检验如下假设：

（1）$H_{\boldsymbol{\Lambda}}$：$\boldsymbol{\Lambda}_x^{(1)}=\boldsymbol{\Lambda}_x^{(2)}$；

（2）$H_{\boldsymbol{\Lambda},\boldsymbol{\Theta}}$：$\boldsymbol{\Lambda}_x^{(1)}=\boldsymbol{\Lambda}_x^{(2)}$，$\boldsymbol{\Theta}_\delta^{(1)}=\boldsymbol{\Theta}_\delta^{(2)}$；

（3）$H_{\boldsymbol{\Lambda},\boldsymbol{\Theta},\boldsymbol{\Phi}}$：$\boldsymbol{\Lambda}_x^{(1)}=\boldsymbol{\Lambda}_x^{(2)}$，$\boldsymbol{\Theta}_\delta^{(1)}=\boldsymbol{\Theta}_\delta^{(2)}$，$\boldsymbol{\Phi}^{(1)}=\boldsymbol{\Phi}^{(2)}$。

对于第 g 个样本组，有一个样本协方差矩阵 $\boldsymbol{S}_g$ 和一个由模型推出的带有参数的协方差矩阵 $\boldsymbol{\Sigma}_g(\boldsymbol{\theta}_g)$。当各组的参数之间没有等式约束时，各组样本可以分别进行估计。第 g 个样本组估计的参数要使拟合函数 $F_g[\boldsymbol{S}_g,\ \boldsymbol{\Sigma}_g(\boldsymbol{\theta}_g)]$ 达到最小。但当各组有一部分参数被约束相等时，使一个样本组的拟合函数达到最小的参数，一般不会使其他样本组的拟合函数也同时达到最小。所以需要一个将多组同时进行估计的模型，并由各组的拟合函数构造出一个综合的拟合函数，通常用各组拟合函数的加权和：

$$F=\sum_{g=1}^{G}\frac{N_g}{N}F_g\left[\boldsymbol{S}_g,\ \boldsymbol{\Sigma}_g(\boldsymbol{\theta}_g)\right]$$

其中，N_g 是第 g 个样本组的容量，N 是全部 G 个样本的容量之和，F_g 是单组样本的拟合函数，可以是 ML、ULS 或 GLS 等估计对应的拟合函数中的一种。所有的样本组要放在一起同时进行估计，估计的参数要使上面的综合拟合函数达到最小。一般的结构方程模型软件都有多组分析功能，如 Mplus 是在“DATA”命令行写上“NGroups= G ”（其中“NGroups”是子命令设置项，G 是组数），对每一个样本组都可以写各自的模型。如果有约束等式（由待检验的假设得到），对参数进行约束。

在多组同时估计的模型中，上面三个假设对应的模型与没有假设的模型［实际上要假设各组有相同的结构模式，以后称为基准模型］构成系列的嵌套模型，带有假设 $H_{\boldsymbol{\Lambda},\boldsymbol{\Theta},\boldsymbol{\Phi}}$ 的模型嵌套在带有假设 $H_{\boldsymbol{\Lambda},\boldsymbol{\Theta}}$ 的模型中，而带有假设 $H_{\boldsymbol{\Lambda},\boldsymbol{\Theta}}$ 的模型嵌套在带有假设 $H_{\boldsymbol{\Lambda}}$ 的模型中，后者则嵌套在基准模型中。这样，多组比较的假设检验就可以用前面介绍的比较嵌套模型的卡方检验来进行。对于 ML 估计和 GLS 估计，卡方值等于 $N-1$ 乘以综合的拟合函数的最小值，自由度是 $\frac{p(p+1)}{2}\times G-t$，其中 t 是所有 G 组中自由估计的参数个数。

（二）有均值结构的多组比较

对于有均值结构的模型（9.25），也可以像上面那样进行多组比较。首先要检查各组是否有相同的结构模式。在各组有相同结构模式的基础上，就有了基准模型，其中各组的参数是独立估计的，没有约束关系。在有均值结构的模型中，人们最感兴趣的是因子的均值和方程的截距是否有跨组不变性。但还是应当先检验负荷的跨组不变性。

以两组比较为例，应当依次检验如下假设：

（1）$H_{\boldsymbol{\Lambda}}$：$\boldsymbol{\Lambda}_x^{(1)}=\boldsymbol{\Lambda}_x^{(2)}$；

（2）$H_{\boldsymbol{\Lambda},\boldsymbol{\tau}}$：$\boldsymbol{\Lambda}_x^{(1)}=\boldsymbol{\Lambda}_x^{(2)}$，$\boldsymbol{\tau}_x^{(1)}=\boldsymbol{\tau}_x^{(2)}$；

（3）$H_{\boldsymbol{\Lambda},\boldsymbol{\tau},\boldsymbol{\kappa}}$：$\boldsymbol{\Lambda}_x^{(1)}=\boldsymbol{\Lambda}_x^{(2)}$，$\boldsymbol{\tau}_x^{(1)}=\boldsymbol{\tau}_x^{(2)}$，$\boldsymbol{\kappa}^{(1)}=\boldsymbol{\kappa}^{(2)}$；

（4）$H_{\boldsymbol{\Lambda},\boldsymbol{\tau},\boldsymbol{\kappa},\boldsymbol{\Theta}}$：$\boldsymbol{\Lambda}_x^{(1)}=\boldsymbol{\Lambda}_x^{(2)}$，$\boldsymbol{\tau}_x^{(1)}=\boldsymbol{\tau}_x^{(2)}$，$\boldsymbol{\kappa}^{(1)}=\boldsymbol{\kappa}^{(2)}$，$\boldsymbol{\Theta}_\delta^{(1)}=\boldsymbol{\Theta}_\delta^{(2)}$；

（5）$H_{\boldsymbol{\Lambda},\boldsymbol{\tau},\boldsymbol{\kappa},\boldsymbol{\Theta},\boldsymbol{\Phi}}$：$\boldsymbol{\Lambda}_x^{(1)}=\boldsymbol{\Lambda}_x^{(2)}$，$\boldsymbol{\tau}_x^{(1)}=\boldsymbol{\tau}_x^{(2)}$，$\boldsymbol{\kappa}^{(1)}=\boldsymbol{\kappa}^{(2)}$，$\boldsymbol{\Theta}_\delta^{(1)}=\boldsymbol{\Theta}_\delta^{(2)}$，$\boldsymbol{\Phi}^{(1)}=\boldsymbol{\Phi}^{(2)}$。

当有一个假设被拒绝时，后面的假设就不用再做检验了。例如，如果假设 $H_{\boldsymbol{\Lambda},\boldsymbol{\tau}}$没有被拒绝，但假设 $H_{\boldsymbol{\Lambda},\boldsymbol{\tau},\boldsymbol{\kappa}}$被拒绝了，说明 $\boldsymbol{\Lambda}_x^{(1)}=\boldsymbol{\Lambda}_x^{(2)}$，$\boldsymbol{\tau}_x^{(1)}=\boldsymbol{\tau}_x^{(2)}$，但 $\boldsymbol{\kappa}^{(1)}\neq\boldsymbol{\kappa}^{(2)}$。这时可以依次检验 $\boldsymbol{\kappa}^{(1)}$与 $\boldsymbol{\kappa}^{(2)}$的元素是否相等，目的是检验是否有部分潜变量的均值有跨组不变性。

第十章　路径分析原理

一、因果模型中的结构方程

通常的回归模型，可以包含多个自变量，但只能包含一个因变量。而许多因果效应的问题，因变量往往不止一个。回归分析的另一个局限是，只能分析直接效应，不能分析间接效应。在有间接效应的问题中，中介变量（mediator）既是自变量，又是因变量。本章要讨论的因果模型，不仅可以处理有多个因变量和有中介变量的问题，还可以处理一些变量互为因果的问题，即所谓的非递归模型。本章中讨论的变量，除了方程中的误差项外，都假设是可以直接观测的，潜变量的情形在第十一章讨论。

先看一个简单的例子。研究小学生受同学喜欢的程度，这个变量受到该生的学习成绩、欺负行为的影响，还会受到班主任对他的喜欢程度的影响，而班主任对他的喜欢程度也受到该生的学习成绩、欺负行为的影响。其中的变量都界定为可以直接观测。

学习成绩（x_1）——最近一次测验的语文和数学平均分；

欺负行为（x_2）——同学提名被该生欺负过的人数；

班主任的喜欢程度（y_1）——班主任评分（从非常不喜欢至非常喜欢，7 级计分）；

受同学喜欢的程度（y_2）——同学提名将该生列为好朋友的人数。

假设所有的观测变量都已经标准化，由理论或经验构想的变量之间的因果关系可以写出如下的结构方程：

$$y_1 = \gamma_{11} x_1 + \gamma_{12} x_2 + \zeta_1 \tag{10.1}$$

$$y_2 = \beta_{21} y_1 + \gamma_{21} x_1 + \gamma_{22} x_2 + \zeta_2 \tag{10.2}$$

上面两个方程，加上一些必要的假设，就成了一个因果模型（causal model），也称为路径模型（path model）。通常假设：方程的误差项 ζ_1 与 x_1、x_2 不相关，ζ_2 与 x_1、x_2、y_1 不相关，ζ_1 与 ζ_2 也不相关。

在因果模型中，将回归方程称为结构方程，将回归系数称为路径系数。通常是报告标准化路径系数，即所有观测变量都做标准化后的回归系数。标准化路径系数可用来衡量变量之间的影响程度或变量的效应大小。因为有的变量既是自变量又是因变量，所以在结构方程中，自变量（或原因变量）和因变量（结果变量）只能就具体的某个方程而言。对整个模型，变量可分为外源变量和内生变量。外源变量是那些只起自变量作用的变量，在模型内没有变量会影响它们，通常用 x 表示（可观测的）外源变量。在这个例子中，x_1 和 x_2 是外源变量。其余的变量都是内生变量，它们受到模型中的外源变量甚至内生变量的影响。每一个内生变量都对应于一个方程，内生变量的个数与结构方程的个数相同。通常用 y 表示（可观测的）内生变量。这个例子中，y_1 和 y_2 是内生变量。在考虑 x_1 和 x_2 对 y_2 的影响时，y_1 成了中介变量。

为了与一般的结构方程中的符号统一，(10.1) 和 (10.2) 中变量和参数都使用了与通常的回归模型很不同的符号。开始时比较不易记住的是路径系数涉及的变量及指向，所以略加说明一下。路径系数可分为两种，一种是由外源变量影响内生变量的路径系数，用 γ 表示。例如，γ_{21} 表示由 x_1 到 y_2 的路径系数。在结构方程中，指向结果变量 y_2 的路径系数的第一个下标都是 2，路径系数的第二个下标则表示原因变量的下标。熟悉矩阵乘法的读者会很容易记住这些规则。另一种是由内生变量到内生变量的路径系数，用 β 表示，下标的规则与 γ 的相同。熟悉这些符号规则，对学习一般的结构方程很重要。

然而，如果所有的外源变量和内生变量都是可以直接观测的变量，可以使用比较单一的符号，就是所有观测变量都标准化并用 z 表示（当然也可以用 x 或 y 等字母表示），原因变量放在前面，结果变量放在后面。路径系数都用β表示（有的文献用p表示），下标的规则与上面叙述的类似，即第一个下标与方程中结果变量的下标相同，第二个下标与原因变量的下标相同。方程（10.1）和（10.2）可以重新写成

$$z_3=\beta_{31}z_1+\beta_{32}z_2+e_1 \tag{10.3}$$

$$z_4=\beta_{41}z_1+\beta_{42}z_2+\beta_{43}z_3+e_2 \tag{10.4}$$

这种写法在效应分解时可以简化符号。

二、路径分析与效应分解

路径分析（path analysis）是由生物学家 Wright（1921，1934，1960）最先提出并发展起来的一种分析因果模型的技术。它包括三个部分：路径图；依据路径图写出联系相关系数（或协方差）与模型参数（如路径系数）的方程；效应分解。

（一）路径图

因果模型除了用结构方程表示外，应用上常使用所谓的路径图来表示，图 10－1 是方程（10.3）和（10.4）的路径图。在路径图中，矩形框表示可观测变量，直线箭头表示假定变量间有因果关系，箭头由原因变量指向结果变量。弧形的双向箭头表示假定两个变量相关，但他们之间没有因果关系。没有加框的变量是误差项（未被方程解释的部分）。如果变量间没有连线，表示假定变量间没有直接联系。

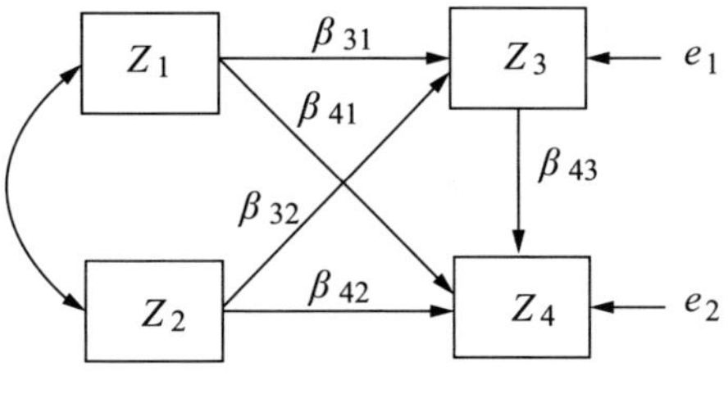

图 10－1　路径图

根据路径图，比较容易区分两类因果模型：递归模型和非递归模型。所谓递归模型，是指模型中变量之间只有单向的因果联系，没有直接或间接的反馈，且所有的误差都彼此不相关。其表现在路径图上，是只有单向的直线箭头，且误差之间没有弧线箭头联系。图 10－1 和图 10－2 表示的是递归模型。如果路径图中有直接或间接的循环直线箭头，或误差之间存在弧线箭头，则模型是非递归的。图 10－3 表示的是非递归模型。

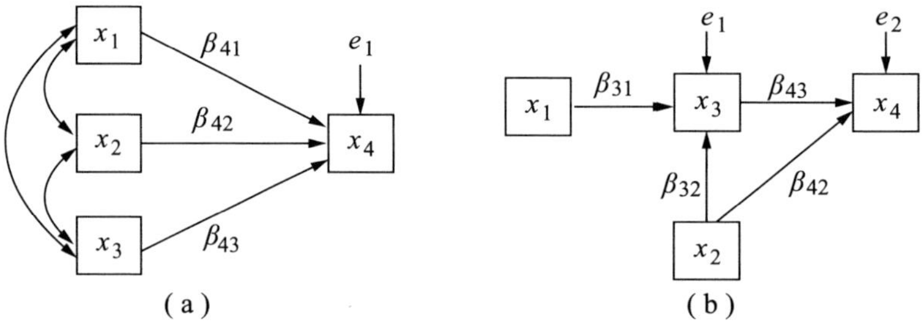

图 10－2　递归模型路径图

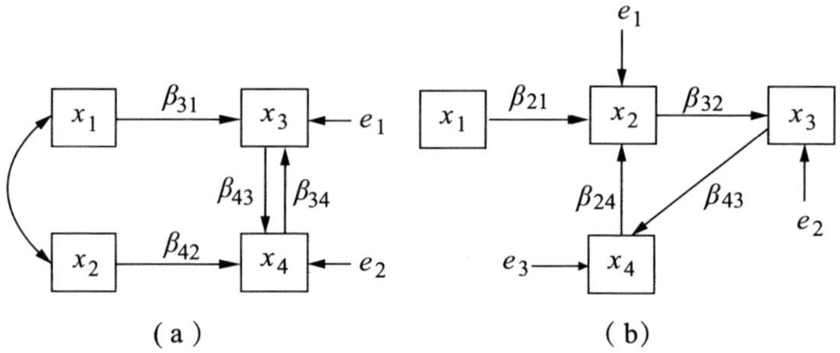

图 10－3　非递归模型路径图

（二）路径系数

注意到协方差有所谓的线性性质，即 $\text{cov}(\sum_{i=1}^{k} a_i x_i,\ y) = \sum_{i=1}^{k} a_i \text{cov}(x_i,\ y)$

对于上面的例子，考虑 z_3 与 z_1 的协方差，由（10.3）得

$$\begin{aligned}\text{cov}(z_3,\ z_1) &= \text{cov}(\beta_{31} z_1 + \beta_{32} z_2 + e_1,\ z_1)\\ &= \beta_{31}\text{cov}(z_1,\ z_1) + \beta_{32}\text{cov}(z_2,\ z_1) + \text{cov}(e_1,\ z_1)\end{aligned}$$

由于观测变量都是标准化变量，此时，协方差等于相关系数。由模型假设有 $\mathrm{cov}(e_1, z_1)=0$，所以有

$$r_{31}=\beta_{31}+\beta_{32}r_{21} \tag{10.5}$$

其中 r_{ij} 表示 z_i 与 z_j 的相关系数。同理，考虑协方差，由（10.3）可得

$$r_{32}=\beta_{31}r_{12}+\beta_{32} \tag{10.6}$$

有了样本后，变量的相关系数是已知量，由（10.5）和（10.6）可以求出路径系数 β_{31} 和 β_{32} 的估计值。不难验算，它们就是用最小二乘法做 z_3 对 z_1 和 z_2 的回归得到的回归系数的估计值。

现考虑 z_4 与 z_1 的协方差，由（10.4）可得

$$\begin{aligned}\mathrm{cov}(z_4, z_1) &= \mathrm{cov}(\beta_{41}z_1+\beta_{42}z_2+\beta_{43}z_3+e_2, z_1)\\ &= \beta_{41}\mathrm{cov}(z_1, z_1)+\beta_{42}\mathrm{cov}(z_2, z_1)+\beta_{43}\mathrm{cov}(z_3, z_1)+\mathrm{cov}(e_2, z_1)\end{aligned}$$

所以

$$r_{41}=\beta_{41}+\beta_{42}r_{21}+\beta_{43}r_{31}$$

将（10.5）代入上式得

$$r_{41}=\beta_{41}+\beta_{42}r_{21}+\beta_{43}\beta_{31}+\beta_{43}\beta_{32}r_{21} \tag{10.7}$$

再依次考虑 z_4 与 z_2、z_4 与 z_3 的协方差，由（10.4）—（10.6）可得

$$r_{42}=\beta_{41}r_{12}+\beta_{42}+\beta_{43}\beta_{31}r_{12}+\beta_{43}\beta_{32} \tag{10.8}$$

$$r_{43}=\beta_{41}\beta_{31}+\beta_{41}\beta_{32}r_{21}+\beta_{42}\beta_{31}r_{12}+\beta_{42}\beta_{32}+\beta_{43} \tag{10.9}$$

由（10.7）—（10.9）可以求出路径系数 β_{41}、β_{42} 和 β_{43} 的估计值。虽然这三个方程都与路径系数 β_{31} 和 β_{32} 有关，但求解 β_{41}、β_{42} 和 β_{43} 并不需要先求出 β_{31} 和 β_{32}，而是直接用 r_{31}、r_{32} 这些已知量。β_{41}、β_{42} 和 β_{43} 的估计值也就是 z_4 对 z_1、z_2 和 z_3 的回归系数的估计值，即单独考虑回归方程（10.4）就可以求出 β_{41}、β_{42} 和 β_{43} 的估计值。

一般地，如果因果模型是递归的，且回归方程关于观测变量（假定不考虑测量误差）是线性的，则每个方程可以分别进行估计，用通常的最小二乘回归估计出所有的路径系数。

（三）效应分解

效应分解，也称为相关系数分解，是将变量之间的相关系数分解为不同

效应部分。研究者关注的主要是因果效应，包括直接效应和间接效应。

1. 直接效应

直接效应（direct effect）是指由原因变量（外源变量或内生变量）到结果变量（内生变量）的直接影响，用原因变量到结果变量的路径系数来衡量直接效应的大小。如图 10－1，z_1 对 z_3 的直接效应是 β_{31}，z_3 对 z_4 的直接效应是 β_{43}。

2. 间接效应

间接效应（indirect effect）是指原因变量通过影响一个或多个中介变量，而对结果变量的间接影响。当只有一个中介变量时，间接效应大小是两个路径系数的乘积。如图 10－1，z_1 对 z_4 的直接效应是 β_{41}，z_1 通过中介变量 z_3 对 z_4 的间接效应是 $\beta_{43}\beta_{31}$。对于递归模型，如果中介变量不止一个，则间接效应是所有从原因变量出发，通过一个或多个中介变量后结束于结果变量的“箭头链”上的路径系数乘积之和。对于非递归模型，间接效应的计算规则更复杂一些。

3. 虚假效应

虚假效应（spurious effect）是指两个内生变量的相关系数中，由于共同的起因产生的部分。如图 10－1，在内生变量 z_3 和 z_4 的相关系数 r_{43} 中，除去 z_3 对 z_4 的直接效应 β_{43} 外，其余部分都是虚假效应，由（10.9），虚假效应等于 $\beta_{41}\beta_{31}+\beta_{42}\beta_{32}+\beta_{41}\beta_{32}r_{21}+\beta_{42}\beta_{31}r_{12}$，前两项分别是共同的起因 z_1 和 z_2 产生的虚假效应，后两项是由于共同的起因 z_1 和 z_2 相关产生的虚假效应。虚假效应只在内生变量的相关系数的分解中出现。

4. 未分解效应

未分解效应（unanalyzed effect）是指一个外源变量与一个内生变量的相关系数中，除去直接或间接的因果效应以后剩下的部分，是由于相关的外源变量对该内生变量的影响引起的。如图 10－1，$\beta_{32}r_{21}$ 是未分解效应，由（10.5）可知，它是 z_3 与 z_1 的相关系数 r_{31} 中除去 z_1 对 z_3 的直接效应 β_{31} 后剩下的部分。未分解效应项一定含有外源变量的相关系数作为乘积因子，如果外源变量不相关，则不存在未分解效应。

三、因果模型的协方差矩阵

为了从协方差分析的角度讨论一般的路径模型，考虑使用了结构方程符号的因果模型（10.1）和（10.2）：

$$y_1=\gamma_{11}x_1+\gamma_{12}x_2+\zeta_1 \tag{10.1}$$

$$y_2=\beta_{21}y_1+\gamma_{21}x_1+\gamma_{22}x_2+\zeta_2 \tag{10.2}$$

其中，ζ_1 与 x_1、x_2 不相关，ζ_2 与 x_1、x_2 不相关。而 ζ_1 与 ζ_2 可以假设为不相关（递归模型），也可以假设为相关（非递归模型）。可以将（10.1）和（10.2）写成下面的矩阵形式：

$$\begin{pmatrix} y_1 \\ y_2 \end{pmatrix}=\begin{pmatrix} 0 & 0 \\ \beta_{21} & 0 \end{pmatrix}\begin{pmatrix} y_1 \\ y_2 \end{pmatrix}+\begin{pmatrix} \gamma_{11} & \gamma_{12} \\ \gamma_{21} & \gamma_{22} \end{pmatrix}\begin{pmatrix} x_1 \\ x_2 \end{pmatrix}+\begin{pmatrix} \zeta_1 \\ \zeta_2 \end{pmatrix} \tag{10.10}$$

一般地，含有 p 个内生变量、q 个外源变量的因果模型为

$$\boldsymbol{y}=\boldsymbol{B}\boldsymbol{y}+\boldsymbol{\Gamma}\boldsymbol{x}+\boldsymbol{\zeta} \tag{10.11}$$

其中 $\boldsymbol{y}$ 是由 p 个内生变量组成的 $p\times 1$ 向量，$\boldsymbol{x}$ 是由 q 个外源变量组成的 $q\times 1$ 向量，$\boldsymbol{B}$ 和 $\boldsymbol{\Gamma}$ 分别是 $p\times p$ 和 $p\times q$ 系数矩阵，$\boldsymbol{\zeta}$ 是 p 个结构方程的残差组成的 $p\times 1$ 残差向量。模型假设：

（1）残差项的均值为零，即 $E(\boldsymbol{\zeta})=\boldsymbol{0}$；

（2）残差项与外源变量之间不相关，即 $\mathrm{cov}(\boldsymbol{x},\boldsymbol{\zeta})=\boldsymbol{O}$。

总体的真实（但未知的）协方差矩阵记为 $\boldsymbol{\Sigma}$，根据模型推出的总体协方差矩阵记为 $\boldsymbol{\Sigma}(\boldsymbol{\theta})$。设 $\boldsymbol{x}$ 的协方差矩阵 $\boldsymbol{\Sigma}_{xx}(\boldsymbol{\theta})$ 为 $\boldsymbol{\Phi}$，为了从模型推出全部变量组成的 $(p+q)\times 1$ 向量 $(\boldsymbol{y}',\boldsymbol{x}')'$ 的协方差矩阵 $\boldsymbol{\Sigma}(\boldsymbol{\theta})$，先求出 $\boldsymbol{y}$ 的协方差矩阵 $\boldsymbol{\Sigma}_{yy}(\boldsymbol{\theta})$ 以及 $\boldsymbol{y}$ 与 $\boldsymbol{x}$ 之间的协方差矩阵 $\boldsymbol{\Sigma}_{yx}(\boldsymbol{\theta})$。可以将 $\boldsymbol{y}=\boldsymbol{B}\boldsymbol{y}+\boldsymbol{\Gamma}\boldsymbol{x}+\boldsymbol{\zeta}$ 变形为

$$\boldsymbol{y}=(\boldsymbol{I}-\boldsymbol{B})^{-1}(\boldsymbol{\Gamma}\boldsymbol{x}+\boldsymbol{\zeta})=\widetilde{\boldsymbol{B}}(\boldsymbol{\Gamma}\boldsymbol{x}+\boldsymbol{\zeta}) \tag{10.12}$$

其中 $\widetilde{\boldsymbol{B}}=(\boldsymbol{I}-\boldsymbol{B})^{-1}$，这隐含了模型应当有一个假设：$\boldsymbol{I}-\boldsymbol{B}$ 是可逆矩阵。注意到 $\mathrm{cov}(\boldsymbol{A}u,\boldsymbol{B}v)=\boldsymbol{A}\,\mathrm{cov}(u,v)\boldsymbol{B}'$，由（10.12）可得

$$\boldsymbol{\Sigma}_{yy}(\boldsymbol{\theta})=\widetilde{\boldsymbol{B}}\,\mathrm{cov}(\boldsymbol{\Gamma}\boldsymbol{x}+\boldsymbol{\zeta},\boldsymbol{\Gamma}\boldsymbol{x}+\boldsymbol{\zeta})\widetilde{\boldsymbol{B}}'$$

$$=\widetilde{\boldsymbol{B}}(\boldsymbol{\Gamma\Phi\Gamma}'+\boldsymbol{\Psi})\widetilde{\boldsymbol{B}}'$$

其中 $\boldsymbol{\Psi}=\mathrm{cov}(\boldsymbol{\zeta},\boldsymbol{\zeta})$ 是残差向量的协方差矩阵。不难得到

$$\boldsymbol{\Sigma}_{yx}(\boldsymbol{\theta})=\mathrm{cov}[\widetilde{\boldsymbol{B}}(\boldsymbol{\Gamma x}+\boldsymbol{\zeta}),\ \boldsymbol{x}]=\widetilde{\boldsymbol{B}}\boldsymbol{\Gamma\Phi}$$

所以 $(\boldsymbol{y}',\ \boldsymbol{x}')'$ 的协方差矩阵为

$$\boldsymbol{\Sigma}(\boldsymbol{\theta})=\begin{bmatrix}\boldsymbol{\Sigma}_{yy}(\boldsymbol{\theta}) & \boldsymbol{\Sigma}_{yx}(\boldsymbol{\theta})\\ \boldsymbol{\Sigma}_{xy}(\boldsymbol{\theta}) & \boldsymbol{\Sigma}_{xx}(\boldsymbol{\theta})\end{bmatrix}=\begin{bmatrix}\widetilde{\boldsymbol{B}}(\boldsymbol{\Gamma\Phi\Gamma}'+\boldsymbol{\Psi})\widetilde{\boldsymbol{B}}' & \widetilde{\boldsymbol{B}}\boldsymbol{\Gamma\Phi}\\ \boldsymbol{\Phi\Gamma}'\widetilde{\boldsymbol{B}}' & \boldsymbol{\Phi}\end{bmatrix} \tag{10.13}$$

如果理论模型为真，则 $\boldsymbol{\Sigma}(\boldsymbol{\theta})$ 等于总体的协方差矩阵 $\boldsymbol{\Sigma}$，即 $\boldsymbol{\Sigma}=\boldsymbol{\Sigma}(\boldsymbol{\theta})$，从而观测变量（包括内生变量和外源变量的观测变量）的方差和协方差都是模型参数的函数。

四、因果模型识别准则

和 CFA 一样，因果模型也有识别的问题。如果所有未知参数都能用 $\boldsymbol{\Sigma}$ 的元素唯一地表示出来，即所有未知参数有唯一解，模型是可识别的。严格来说就是，如果不存在参数向量 $\boldsymbol{\theta}$ 的两个不同的解 $\boldsymbol{\theta}_1$ 和 $\boldsymbol{\theta}_2$，使得 $\boldsymbol{\Sigma}(\boldsymbol{\theta}_1)=\boldsymbol{\Sigma}(\boldsymbol{\theta}_2)$，则模型是可识别的。

下面给出一些因果模型识别的准则。

（一）t-法则

在因果模型（10.11）中，共有 $p+q$ 个变量，可以产生 $(p+q)(p+q+1)/2$ 个不同的方差或协方差。如果理论模型成立，则由 $\boldsymbol{\Sigma}(\boldsymbol{\theta})=\boldsymbol{\Sigma}$，可以得到 $(p+q)(p+q+1)/2$ 个不同的方程。记 t 为模型中未知参数个数，则模型可识别的一个必要条件是

$$t\leqslant(p+q)(p+q+1)/2$$

（二）递归模型都是可识别的

通常的回归模型（相当于 $p=1$ 的因果模型）没有识别问题，只要自变量

之间不存在高度相关（即复共线性问题），$\boldsymbol{\Sigma}_{xx}$ 不是奇异矩阵，则回归模型中所有的未知参数都是唯一确定的。

对于递归模型，由定义可知，模型中变量之间只有单向的因果联系，且所有的残差都彼此不相关。显然由后一个条件可知 $\boldsymbol{\Psi}$ 是对角矩阵。而前一个条件等价于经过适当调整内生变量的顺序，总可以将 $\boldsymbol{B}$ 写成严格下三角矩阵（即主对角线及其以上的元素都为零）。由（10.1）和（10.2）给出的模型是递归模型，其中的 $\boldsymbol{B}$ 是严格下三角矩阵［见（10.10）］。

递归模型的两个条件保证了在模型中的每一个结构方程，其残差项与该方程中的所有自变量（包括在该方程中以自变量出现的内生变量）不相关。例如，方程（10.1）和（10.2）中，模型假设是 ζ_1 与 x_1、x_2 不相关，ζ_2 与 x_1、x_2 不相关，ζ_1 与 ζ_2 也不相关。由（10.1）得

$$\mathrm{cov}(\zeta_2,\ y_1)=\mathrm{cov}(\zeta_2,\ \gamma_{11}x_1+\gamma_{12}x_2+\zeta_1)=0$$

所以（10.2）中的 ζ_2 与 y_1、x_1、x_2 不相关。这样，对于每个方程，都可以完全像通常的回归分析那样推导出与该方程有关的所有参数来，这些参数都是唯一确定的。除了 $\boldsymbol{\Phi}$ 的元素外，递归模型中没有跨方程的参数，而 $\boldsymbol{\Phi}$ 是外源变量组成的向量 $\boldsymbol{x}$ 的协方差矩阵，都是唯一确定的。所以，递归模型都是可识别的。

对于非递归模型，有些方程中的残差项将与某些（内生）自变量相关。如图 10—3（a）对应的方程为（沿用图上的记号）

$$x_3=\beta_{31}x_1+\beta_{34}x_4+e_1 \tag{10.14}$$

$$x_4=\beta_{42}x_2+\beta_{43}x_3+e_2 \tag{10.15}$$

这一模型中 x_3 和 x_4 都是内生变量，所以模型假设是 e_1、e_2 与 x_1、x_2 不相关，由第一个方程知无论 e_1 与 x_4 是否相关，e_1 一定与 x_3 相关。再由第二个方程知 e_1 与 x_4 相关，因而第一个方程不符合通常回归模型的残差项与自变量不相关的基本假设。同理可知，第二个方程也不满足这个基本假设。读者可以验证，图 10—3（b）对应的三个方程都不满足这个基本假定。这就使得非递归模型不能像递归模型那样直截了当地确定参数的解。事实上，有些非递归模型根本就是不可识别的。

(三) 零 $\boldsymbol{B}$ 因果模型都是可识别的

零 $\boldsymbol{B}$ 因果模型是指（10.11）中，$\boldsymbol{B}$ 等于零（矩阵）的模型，即没有内生变量是自变量的模型，每个内生变量只受外源变量的影响。这时，(10.11) 变为

$$\boldsymbol{y}=\boldsymbol{\Gamma x}+\boldsymbol{\zeta} \tag{10.16}$$

令 $\boldsymbol{\Sigma}(\boldsymbol{\theta})=\boldsymbol{\Sigma}$ 并在（10.13）中令 $\boldsymbol{B}=\boldsymbol{O}$ 得到

$$\begin{bmatrix}\boldsymbol{\Gamma\Phi\Gamma}'+\boldsymbol{\Psi} & \boldsymbol{\Gamma\Phi}\\ \boldsymbol{\Phi\Gamma}' & \boldsymbol{\Phi}\end{bmatrix}=\begin{bmatrix}\boldsymbol{\Sigma}_{yy} & \boldsymbol{\Sigma}_{yx}\\ \boldsymbol{\Sigma}_{xy} & \boldsymbol{\Sigma}_{xx}\end{bmatrix}$$

根据分块矩阵相等的定义有下列等式：

$$\boldsymbol{\Phi}=\boldsymbol{\Sigma}_{xx}$$

$$\boldsymbol{\Gamma\Phi}=\boldsymbol{\Sigma}_{yx} \tag{10.17}$$

$$\boldsymbol{\Gamma\Phi\Gamma}'+\boldsymbol{\Psi}=\boldsymbol{\Sigma}_{yy} \tag{10.18}$$

由（10.17）和（10.18）分别解得

$$\boldsymbol{\Gamma}=\boldsymbol{\Sigma}_{yx}\boldsymbol{\Sigma}_{xx}^{-1} \tag{10.19}$$

$$\boldsymbol{\Psi}=\boldsymbol{\Sigma}_{yy}-\boldsymbol{\Sigma}_{yx}\boldsymbol{\Sigma}_{xx}^{-1}\boldsymbol{\Sigma}_{xy} \tag{10.20}$$

这就证明了零 $\boldsymbol{B}$ 模型都是可识别的。

(四) 非递归模型可识别的阶条件和秩条件

对于非递归模型，满足上面零 $\boldsymbol{B}$ 条件的模型是很特殊的。对于一般的模型，通常使用下面的阶条件和秩条件来判断模型识别（Bollen，1989；Namboordiri et al.，1975）。

设 p 为内生变量的个数，q 为外源变量的个数，逐一检查结构方程组中的每一个方程，该方程可识别的必要条件是至少有 $p-1$ 个变量（包括内生和外源变量）不在方程中。这就是阶条件（order condition）。如果模型中有一个方程不满足阶条件，则模型是不可识别的。

当变量较多时，检查阶条件的一种可行方法是，将矩阵 $\boldsymbol{I}-\boldsymbol{B}$ 与 $-\boldsymbol{\Gamma}$ 左右并排放在一起，形成一个新的矩阵

$$\boldsymbol{C} = [\boldsymbol{I} - \boldsymbol{B},\ -\boldsymbol{\Gamma}] \tag{10.21}$$

逐行检查 $\boldsymbol{C}$ 的零元素个数，如果一行至少有 $p-1$ 个零，则满足阶条件。不过，对于变量不多的模型，很容易检视阶条件是否满足。

例如，图 10－3（a）表示的模型［见（10.14）和（10.15）］，有 2 个内生变量，每一个方程都有 1 个变量不在方程中，所以满足阶条件。但由于阶条件不是充分条件，所以只能说模型可能识别。

又如，图 10－3（b）表示的模型，其结构方程为

$$x_2 = \beta_{21}x_1 + \beta_{24}x_4 + e_1 \tag{10.22}$$

$$x_3 = \beta_{32}x_2 + e_2 \tag{10.23}$$

$$x_4 = \beta_{43}x_3 + e_3 \tag{10.24}$$

有 3 个内生变量，$p-1=2$。方程（10.22）只有一个变量（x_3）不在，不满足阶条件，因而不可识别。虽然后面两个方程（10.23）和（10.24）都是可识别的，但整个模型是不可识别的。

下面介绍的秩条件（rank condition）是模型可识别的充分必要条件。从（10.21）中的矩阵 $\boldsymbol{C}$ 出发，为了检查第 i 个方程是否可识别，将第 i 行中非零元素所在的列删除，剩下的矩阵记为 $\boldsymbol{C}_i$。第 i 个方程可识别的充分必要条件是 $\boldsymbol{C}_i$ 的秩为 $p-1$，这就是秩条件。显然，一个模型可识别的充分必要条件是每一个方程都满足秩条件。

例如，图 10－3（a）表示的模型［见（10.14）和（10.15）］，有 2 个内生变量，$p-1=1$。

$$\boldsymbol{C} = \begin{pmatrix} 1 & -\beta_{34} & -\beta_{31} & 0 \\ -\beta_{43} & 1 & 0 & -\beta_{42} \end{pmatrix}$$

显然，

$$\boldsymbol{C}_1 = \begin{pmatrix} 0 \\ -\beta_{42} \end{pmatrix},\ \boldsymbol{C}_2 = \begin{pmatrix} -\beta_{31} \\ 0 \end{pmatrix}$$

的秩都是 1，所以模型是可识别的。

下面看一个满足了阶条件而不满足秩条件的例子。设结构方程为

$$y_1 = \beta_{12}y_2 + \gamma_{11}x_1 + \zeta_1$$

$$y_2 = \beta_{21} y_1 + \zeta_2$$

可以将上述方程写成

$$y_1 = \beta_{12} y_2 + \gamma_{11} x_1 + 0 x_2 + \zeta_1$$

$$y_2 = \beta_{21} y_1 + 0 x_2 + \zeta_2$$

即外源变量 x_2 实际上没有在方程中。有 2 个内生变量，$p-1=1$。

$$\boldsymbol{C} = \begin{pmatrix} 1 & -\beta_{12} & -\gamma_{11} & 0 \\ -\beta_{21} & 1 & 0 & 0 \end{pmatrix}$$

显然，两个方程都至少有一个变量不在方程中，所以都满足阶条件。

$$\boldsymbol{C}_1 = \begin{pmatrix} 0 \\ 0 \end{pmatrix}, \quad \boldsymbol{C}_2 = \begin{pmatrix} -\gamma_{11} & 0 \\ 0 & 0 \end{pmatrix}$$

$\boldsymbol{C}_1$ 的秩为 0，不满足秩条件，从而第一个方程是不可识别的。$\boldsymbol{C}_2$ 的秩为 1，满足秩条件，第二个方程可识别。整个模型不可识别。

阶条件和秩条件适用于 $\boldsymbol{B}$、$\boldsymbol{\Gamma}$、$\boldsymbol{\Psi}$ 没有任何约束的情况。如果其中的部分参数有约束，即使不满足阶条件和秩条件，模型也可能是可识别的。例如，递归模型可以看作是对参数施加了如下约束：$\boldsymbol{B}$ 是主对角线元素为零的下三角矩阵（即主对角线及其以上元素约束为零），$\boldsymbol{\Psi}$ 是对角矩阵（即非主对角线元素约束为零）。

（五）因果模型识别小结

t-法则是一个很一般的法则，对一般的结构方程都适用。递归模型和零 $\boldsymbol{B}$ 模型是常用的因果模型，它们都是可识别的。阶条件和秩条件适用于（$\boldsymbol{I}-\boldsymbol{B}$）是可逆矩阵且对 $\boldsymbol{\Psi}$ 不加任何约束的非递归模型。阶条件和秩条件的识别对象都是方程，这有别于 t-法则，后者的识别对象是整个模型。表 10—1 列出了本节讨论的若干模型识别法则或条件。

表 10—1　因果模型的识别法则/条件

（模型 $\boldsymbol{y}=\boldsymbol{B}\boldsymbol{y}+\boldsymbol{\Gamma}\boldsymbol{x}+\boldsymbol{\zeta}$ 只涉及可观测变量）

识别法则/条件	识别对象	条件要求	充分或必要条件
t-法则	模型	$t \leqslant (p+q)(p+q+1)/2$	必要条件
递归	模型	$\boldsymbol{B}$ 是严格下三角矩阵 $\boldsymbol{\Psi}$ 是对角矩阵	充分条件
零 $\boldsymbol{B}$	模型	$\boldsymbol{B}=\boldsymbol{O}$	充分条件
阶条件	方程	不在方程中的变量至少有 $p-1$ 个 $\boldsymbol{\Psi}$ 自由估计	必要条件
秩条件	方程	$\boldsymbol{C}_i$ 的秩为 $p-1$ $\boldsymbol{\Psi}$ 自由估计	充要条件

建立因果模型时，要考虑模型的识别问题。通常的结构方程模型软件都会对不能识别的模型给出提示信息，所以一开始不用在识别方面费功夫。无论是建立模型还是修正模型，理论假设是最重要的依据。当碰到不可识别的模型时，可以通过约束其中的一些参数（即规定这些参数的取值），探索出可识别的模型。例如，规定 $\boldsymbol{B}$ 的主对角线元素都是零，这意味着内生变量不直接影响其本身。又如，规定 $\boldsymbol{\Psi}$ 的部分或全部非对角线元素为零，意味着对应的回归残差之间不相关。理论假设和常识，是参数约束的依据。

五、参数估计

对于递归模型，可以像通常的回归模型那样，使用普通最小二乘法估计模型参数，可以使用比较流行的统计软件（如 SPSS）进行数据处理和分析。对于一般的因果模型，需要用结构方程模型软件进行分析。参数估计方法与 CFA 的一样。这里只列出主要的方法，不重复细节。

（一）极大似然估计

使得下面的拟合函数 F_{ML} 达到最小值的估计 $\hat{\boldsymbol{\theta}}$ 称为极大似然估计，简记为 ML 估计。

$$F_{ML}=\mathrm{tr}[\boldsymbol{S\Sigma}^{-1}(\boldsymbol{\theta})]+\log|\boldsymbol{\Sigma}(\boldsymbol{\theta})|-\log|\boldsymbol{S}|-(p+q)$$

其中 tr（$\boldsymbol{A}$）表示矩阵 $\boldsymbol{A}$ 的迹，即矩阵 $\boldsymbol{A}$ 的对角线元素之和；log｜$\boldsymbol{A}$｜表示矩阵 $\boldsymbol{A}$ 的行列式的自然对数。$\boldsymbol{S}$ 是全部变量组成的（$p+q$）×1 向量（$\boldsymbol{y}'$，$\boldsymbol{x}'$）$'$的样本协方差矩阵，$\boldsymbol{\Sigma}(\boldsymbol{\theta})$ 是由模型推出的协方差矩阵。假设 $\boldsymbol{S}$ 和 $\boldsymbol{\Sigma}(\boldsymbol{\theta})$ 都是正定矩阵，因而它们的行列式大于零，并且 $\boldsymbol{\Sigma}(\boldsymbol{\theta})$ 有逆矩阵。

（二）未加权最小二乘估计

使得下面的拟合函数 F_{ULS} 达到最小值的估计 $\hat{\boldsymbol{\theta}}$ 称为未加权最小二乘估计，简记为 ULS 估计。

$$F_{ULS}=\frac{1}{2}\mathrm{tr}\{[\boldsymbol{S}-\boldsymbol{\Sigma}(\boldsymbol{\theta})]^2\}$$

tr｛$[\boldsymbol{S}-\boldsymbol{\Sigma}(\boldsymbol{\theta})]^2$｝等于残差矩阵 $[\boldsymbol{S}-\boldsymbol{\Sigma}(\boldsymbol{\theta})]$ 中全部元素的平方和。这和回归分析中最小二乘法的思想是一样的。两者的主要区别在于，回归分析中考虑的是因变量的预测值与观测值之间的距离（即残差的绝对值），结构方程中考虑的是由模型推出的相关矩阵 $\boldsymbol{\Sigma}(\boldsymbol{\theta})$ 与样本相关矩阵 $\boldsymbol{S}$ 的距离。

（三）广义最小二乘估计

使得下面的拟合函数 F_{GLS} 达到最小值的估计 $\hat{\boldsymbol{\theta}}$ 称为广义最小二乘估计，简记为 GLS 估计。

$$F_{GLS}=\frac{1}{2}\mathrm{tr}\{[\boldsymbol{I}-\boldsymbol{\Sigma}(\boldsymbol{\theta})\boldsymbol{S}^{-1}]^2\}$$

六、模型评价与修正

和 CFA 一样，估计出因果模型后，需要从不同的角度对模型进行评价，并对模型做出修正。评价因果模型也可以从三个方面进行：一是用各种拟合指数对模型做整体的评价。二是检验参数的显著性，评价参数的意义和合理性。三是计算测定系数，评价方程对数据的解释能力。前两方面在 CFA 中有比较详细的介绍，这里主要讨论测定系数。在人们熟悉的回归模型中，测定系数是评价模型好坏的重要标准。

(一) 方程的测定系数

在回归分析中，测定系数是回归平方和占总平方和的比例，用残差平方和来表示，就是

$$R^2 = 1 - \frac{SS_E}{SS_T}$$

在因果模型中，第 i 个方程的测定系数是

$$R_{y_i}^2 = 1 - \frac{\psi_{ii}}{\sigma_{y_i}^2}$$

其中，ψ_{ii} 是第 i 个方程的残差方差（相当于残差平方和），$\sigma_{y_i}^2$ 是 y_i 的方差（相当于 y_i 的总平方和）。计算时，ψ_{ii} 用估计值，$\sigma_{y_i}^2$ 用 y_i 的样本方差。$R_{y_i}^2$ 用于评价第 i 个方程对数据的解释能力。对于恰当的解，ψ_{ii} 的估计是非负值，因而 $R_{y_i}^2$ 的最大值是 1。$R_{y_i}^2$ 越大，说明该方程对数据的拟合程度越高。

(二) 因果模型的测定系数

评价整个因果模型的总测定系数定义为

$$R^2 = 1 - \frac{|\boldsymbol{\Psi}|}{|\boldsymbol{\Sigma}_{yy}|}$$

其中 $|\boldsymbol{\Psi}|$ 是 $\boldsymbol{\Psi}$ 的行列式，$|\boldsymbol{\Sigma}_{yy}|$ 是 $\boldsymbol{\Sigma}_{yy}$ 的行列式。计算时，$\boldsymbol{\Psi}$ 用估计值，$\boldsymbol{\Sigma}_{yy}$ 用 $\mathbf{y}$ 的样本协方差矩阵。测定系数的取值范围是 0 和 1 之间。

不过，这样定义的测定系数有明显的不足。一个拟合程度高的方程可能会掩盖另一个或多个拟合程度很低的方程。以 $\boldsymbol{\Psi}$ 是对角矩阵为例，如果其中有一个对角元素很接近于零，即使其他一些对角元素的值较大，$|\boldsymbol{\Psi}|$ 也可能很小，导致很高的总测定系数。还有，总测定系数与方程的个数有关。例如，一个模型有三个方程，另一个模型有两个方程，即使每个方程的测定系数都

相同，两个模型的测定系数也可能相差很大。可以举出这样的例子，模型总测定系数比任何一个方程的测定系数都高。所以，建议只把测定系数用来评价方程，对整个模型的评价还是用拟合指数比较合适。

（三）模型修正

和 CFA 一样，得到一个模型的估计后，首先要检视估计的参数值是否恰当。如果有不恰当的参数值出现，模型应当修正。其次，检视常用的拟合指数，看看模型拟合程度，对拟合程度低的模型要设法进行修正。和 CFA 不一样的是，因果模型修正可以粗略地分为四类，第一类是增加或减少内生变量，分别相当于增加或减少方程。第二类是保持内生变量不变，只增加或减少外源变量。第三类是保持内生变量和外源变量不变，但变动它们之间的路径联系。第四类是保持内生变量、外源变量和它们之间的路径联系不变，只变动残差的相关模式。

无论哪种修正，从纯技术的角度说，减少自由参数可以通过参数检验进行，对那些不显著的参数，可以固定它们的值为零，这就减少了自由参数。增加自由参数则可以检视修正指数，将有最大修正指数的那个参数设定为自由参数，重新拟合模型。这一过程可以重复进行，在减少卡方的同时，模型变得复杂，直到在减少卡方与模型简约性方面，达到可以接受的平衡时为止。如果一次增加或减少多于一个自由参数，用卡方检验比较新旧两个嵌套的模型。

对于第一类修正，除了做卡方检验和检视拟合指数的变化外，应当看修正了的方程的测定系数，如果一个方程的测定系数几乎是零，说明该方程是没有必要的。也可以检验该方程的回归系数，如果所有回归系数都是不显著的，说明该方程是多余的。第二类修正可以通过回归系数的检验，和比较修正前后方程的测定系数的变化情况来进行。即使一个外源变量的回归系数是显著的，如果剔除后测定系数变化很少，该外源变量也是可以剔除的。第三类修正主要通过参数检验和嵌套模型的卡方检验进行。和 CFA 一样，模型修正应当根据学科理论和实际背景进行。

七、因果模型与因果分析

路径分析是一种实证性技术，根据样本数据验证假定的因果模型是否合理。因果模型的假定，尤其是变量之间因果关系的假定，需要所研究领域的专业知识和常识。首先，研究者根据专业知识和常识，假定变量之间可能的因果关系，相应地可以建立可能的因果模型。其次，对因果模型进行路径分析，如果分析的结果认为模型可以接受，说明样本数据与所做的变量之间因果关系的假设没有矛盾。因果解释和因果推论是在理论假设和数据分析结合的基础上进行的，理论假设产生因果模型，而路径分析则是分析和验证因果模型的技术。不能指望用路径分析来寻找或发现因果关系。有关因果推理和建模依据可参考温忠麟（2017）的文章。

第十一章　结构方程分析原理

一、结构方程基本概念

回归分析（或更一般的路径分析）研究的是显变量之间的关系。如果面对的是潜变量，要像回归分析那样研究它们之间的关系时，常用的做法是“化潜为显”：先设计若干指标去间接测量潜变量，通过指标的观测值“产生”潜变量的“观测值”，然后将潜变量当作显变量进行回归分析。有多种方法可以“产生”潜变量的“观测值”，最简单、最常用的是用指标的平均值，有时也用指标的加权平均值，权重一般由研究者根据专业知识确定。有人偏爱因子分析中的因子得分，因为它们是由理论推算的，比较客观。常用的因子得分其实都是指标的某种加权平均值。将潜变量当作显变量处理的缺点是没有将测量误差与变量之间的关系同时考虑，在许多情况下据此得到的统计结果可能很不精确，甚至是错误的。

结构方程模型是验证性因子模型和（潜变量）因果模型的结合，所包含的因子模型部分称为测量模型，其中的方程称为测量方程，描述了潜变量与指标之间的关系。结构方程模型包含的因果模型部分称为潜变量模型（latent variable model），也称为结构模型，其中的方程称为结构方程，描述了潜变量之间的关系。

二、结构方程模型及其协方差结构

结构方程模型包括测量方程、结构方程和模型假设。最一般的情形是因果模型中的外源变量和内生变量都是潜变量，这时外源变量和内生变量都有测量方程。模型如下：

测量方程

$$\boldsymbol{y}=\boldsymbol{\Lambda}_y\boldsymbol{\eta}+\boldsymbol{\varepsilon} \tag{11.1}$$

$$\boldsymbol{x}=\boldsymbol{\Lambda}_x\boldsymbol{\xi}+\boldsymbol{\delta} \tag{11.2}$$

结构方程

$$\boldsymbol{\eta}=\boldsymbol{B}\boldsymbol{\eta}+\boldsymbol{\Gamma}\boldsymbol{\xi}+\boldsymbol{\zeta} \tag{11.3}$$

其中（11.1）是内生变量的测量方程，$\boldsymbol{y}$ 是由 p 个内生指标组成的 $p\times 1$ 向量，$\boldsymbol{\eta}$ 是由 m 个内生潜变量（因子）组成的 $m\times 1$ 向量，$\boldsymbol{\Lambda}_y$ 是 $\boldsymbol{y}$ 在 $\boldsymbol{\eta}$ 上的 $p\times m$ 因子负荷矩阵，$\boldsymbol{\varepsilon}$ 是 p 个测量误差组成的 $p\times 1$ 向量；（11.2）是外源变量的测量方程，$\boldsymbol{x}$ 是由 q 个外源指标组成的 $q\times 1$ 向量，ξ 是由 n 个外源潜变量（因子）组成的 $n\times 1$ 向量，$\boldsymbol{\Lambda}_x$ 是 $\boldsymbol{x}$ 在 $\boldsymbol{\xi}$ 上的 $q\times n$ 因子负荷矩阵，$\boldsymbol{\delta}$ 是 q 个测量误差组成的 $q\times 1$ 向量。在结构方程（11.3）中，$\boldsymbol{B}$ 是 $m\times m$ 系数矩阵，描述了内生潜变量 $\boldsymbol{\eta}$ 的彼此影响；$\boldsymbol{\Gamma}$ 是 $m\times n$ 系数矩阵，描述了外源潜变量 $\boldsymbol{\xi}$ 对内生潜变量 $\boldsymbol{\eta}$ 的影响；$\boldsymbol{\zeta}$ 是 $m\times 1$ 残差向量。

模型假设：

（1）测量方程误差项 $\boldsymbol{\varepsilon}$、$\boldsymbol{\delta}$ 的均值为零；

（2）结构方程残差项 $\boldsymbol{\zeta}$ 的均值为零；

（3）误差项 $\boldsymbol{\varepsilon}$、$\boldsymbol{\delta}$ 与因子 $\boldsymbol{\eta}$、ξ 之间不相关，$\boldsymbol{\varepsilon}$ 与 $\boldsymbol{\delta}$ 不相关；

（4）残差项 $\boldsymbol{\zeta}$ 与 ξ、$\boldsymbol{\varepsilon}$、$\boldsymbol{\delta}$ 之间不相关。

通常还假设指标和潜变量都是中心化的，但这个条件不是必需的，本章也会讨论不是中心化的模型。

一个完整的结构方程模型包含如下 8 个参数矩阵：$\boldsymbol{\Lambda}_y$、$\boldsymbol{\Lambda}_x$、$\boldsymbol{B}$、$\boldsymbol{\Gamma}$、$\boldsymbol{\Phi}$、$\boldsymbol{\Psi}$、$\boldsymbol{\Theta}_\varepsilon$ 和 $\boldsymbol{\Theta}_\delta$。前面 4 个矩阵已经在测量方程或结构方程中出现。$\boldsymbol{\Phi}$ 为潜变量 $\boldsymbol{\xi}$ 的协方差矩阵，$\boldsymbol{\Psi}$ 为残差项 $\boldsymbol{\zeta}$ 的协方差矩阵，$\boldsymbol{\Theta}_\varepsilon$ 和 $\boldsymbol{\Theta}_\delta$ 分别是 $\boldsymbol{\varepsilon}$ 和 $\boldsymbol{\delta}$ 的协方差矩阵。

为了求出全部指标组成的 $(p+q)\times 1$ 向量 $(\boldsymbol{y}', \boldsymbol{x}')'$ 的协方差矩阵，可以先求出 $\boldsymbol{y}$、$\boldsymbol{x}$ 的协方差矩阵以及它们之间的协方差矩阵。由因子分析中的

结果［见（9.22）］可知 x 的协方差矩阵为

$$\boldsymbol{\Sigma}_{xx}(\boldsymbol{\theta})=\boldsymbol{\Lambda}_x\boldsymbol{\Phi}\boldsymbol{\Lambda}_x'+\boldsymbol{\Theta}_\delta \tag{11.4}$$

$\boldsymbol{y}$ 的协方差矩阵比较复杂。用推导 $\boldsymbol{\Sigma}_{xx}(\boldsymbol{\theta})=\boldsymbol{\Lambda}_x\boldsymbol{\Phi}\boldsymbol{\Lambda}_x'+\boldsymbol{\Theta}_\delta$ 同样的方法，可得

$$\boldsymbol{\Sigma}_{yy}(\boldsymbol{\theta})=\boldsymbol{\Lambda}_y E(\boldsymbol{\eta}\boldsymbol{\eta}')\boldsymbol{\Lambda}_y'+\boldsymbol{\Theta}_\varepsilon \tag{11.5}$$

将 $\boldsymbol{\eta}=\boldsymbol{B}\boldsymbol{\eta}+\boldsymbol{\Gamma}\xi+\zeta$ 变形为

$$\boldsymbol{\eta}=(\boldsymbol{I}-\boldsymbol{B})^{-1}(\boldsymbol{\Gamma}\xi+\zeta)=\breve{\boldsymbol{B}}(\boldsymbol{\Gamma}\xi+\zeta) \tag{11.6}$$

其中 $\breve{\boldsymbol{B}}=(\boldsymbol{I}-\boldsymbol{B})^{-1}$，这隐含了模型应当有一个假设：$\boldsymbol{I}-\boldsymbol{B}$ 是可逆矩阵。由（11.6）可求出

$$E(\boldsymbol{\eta}\boldsymbol{\eta}')=\breve{\boldsymbol{B}}(\boldsymbol{\Gamma}\boldsymbol{\Phi}\boldsymbol{\Gamma}'+\boldsymbol{\Psi})\breve{\boldsymbol{B}}' \tag{11.7}$$

将（11.7）代入（11.5）得

$$\boldsymbol{\Sigma}_{yy}(\boldsymbol{\theta})=\boldsymbol{\Lambda}_y\breve{\boldsymbol{B}}(\boldsymbol{\Gamma}\boldsymbol{\Phi}\boldsymbol{\Gamma}'+\boldsymbol{\Psi})\breve{\boldsymbol{B}}'\boldsymbol{\Lambda}_y'+\boldsymbol{\Theta}_\varepsilon$$

$\boldsymbol{y}$ 与 $\boldsymbol{x}$ 的协方差矩阵为

$$\begin{aligned}\boldsymbol{\Sigma}_{yx}(\boldsymbol{\theta})&=E(\boldsymbol{y}\boldsymbol{x}')\\&=E[(\boldsymbol{\Lambda}_y\boldsymbol{\eta}+\boldsymbol{\varepsilon})(\boldsymbol{\xi}'\boldsymbol{\Lambda}_x'+\boldsymbol{\delta}')]\\&=\boldsymbol{\Lambda}_y E(\boldsymbol{\eta}\boldsymbol{\xi}')\boldsymbol{\Lambda}_x'\\&=\boldsymbol{\Lambda}_y\breve{\boldsymbol{B}}\boldsymbol{\Gamma}\boldsymbol{\Phi}\boldsymbol{\Lambda}_x'\end{aligned}$$

所以（$\boldsymbol{y}'$，$\boldsymbol{x}'$）$'$的协方差矩阵可表示为 8 个参数矩阵的函数

$$\begin{aligned}\boldsymbol{\Sigma}(\boldsymbol{\theta})&=\begin{bmatrix}\boldsymbol{\Sigma}_{yy}(\boldsymbol{\theta}) & \boldsymbol{\Sigma}_{yx}(\boldsymbol{\theta})\\ \boldsymbol{\Sigma}_{xy}(\boldsymbol{\theta}) & \boldsymbol{\Sigma}_{xx}(\boldsymbol{\theta})\end{bmatrix}\\&=\begin{bmatrix}\boldsymbol{\Lambda}_y\breve{\boldsymbol{B}}(\boldsymbol{\Gamma}\boldsymbol{\Phi}\boldsymbol{\Gamma}'+\boldsymbol{\Psi})\breve{\boldsymbol{B}}'\boldsymbol{\Lambda}_y'+\boldsymbol{\Theta}_\varepsilon & \boldsymbol{\Lambda}_y\breve{\boldsymbol{B}}\boldsymbol{\Gamma}\boldsymbol{\Phi}\boldsymbol{\Lambda}_x'\\ \boldsymbol{\Lambda}_x\boldsymbol{\Phi}\boldsymbol{\Gamma}'\breve{\boldsymbol{B}}'\boldsymbol{\Lambda}_y' & \boldsymbol{\Lambda}_x\boldsymbol{\Phi}\boldsymbol{\Lambda}_x'+\boldsymbol{\Theta}_\delta\end{bmatrix}\end{aligned} \tag{11.8}$$

如果理论模型为真，则 $\boldsymbol{\Sigma}(\boldsymbol{\theta})$ 等于总体的协方差矩阵 $\boldsymbol{\Sigma}$，即 $\boldsymbol{\Sigma}=\boldsymbol{\Sigma}(\boldsymbol{\theta})$，从而观测变量（即内生变量和外源变量的指标）的方差和协方差都是模型参数的函数。

三、若干特殊的结构方程模型

在一般的结构方程模型中，对 p、q、m 和 n 做一些限制，或指定某些参数矩阵的元素，可以得到一些有用的特殊模型，包括 CFA 模型和因果模型。

（一）不含内生变量的模型

不含内生变量即 $p=m=0$，对应的结构方程模型就是第九章的验证性因子模型。要估计的参数矩阵有 3 个：$\boldsymbol{\Lambda}_x$、$\boldsymbol{\Phi}$、$\boldsymbol{\Theta}_\delta$。

（二）不含测量误差的模型

不含测量误差相当于 $m=p$，$n=q$，且 $\boldsymbol{\Lambda}_y=\boldsymbol{I}_p$，$\boldsymbol{\Lambda}_x=\boldsymbol{I}_q$，$\boldsymbol{\Theta}_\varepsilon=\boldsymbol{O}$，$\boldsymbol{\Theta}_\delta=\boldsymbol{O}$，对应的结构方程模型就是第十章的因果模型。要估计的参数矩阵有 3 个：$\boldsymbol{B}$、$\boldsymbol{\Gamma}$、$\boldsymbol{\Psi}$。

进一步假设 $\boldsymbol{B}=\boldsymbol{O}$，就是通常的回归模型。

（三）不含外源指标的模型

不含外源指标即 $q=0$，模型只含方程（11.1）和（11.3）。可以写成

$$\boldsymbol{y}=\boldsymbol{\Lambda}_y(\boldsymbol{I}-\boldsymbol{B})^{-1}(\boldsymbol{\Gamma\xi}+\boldsymbol{\zeta})+\boldsymbol{\varepsilon}$$

要估计的参数矩阵有 6 个：$\boldsymbol{\Lambda}_y$、$\boldsymbol{B}$、$\boldsymbol{\Gamma}$、$\boldsymbol{\Phi}$、$\boldsymbol{\Psi}$ 和 $\boldsymbol{\Theta}_\varepsilon$。因为内生变量既可以做自变量，又可以做因变量，所以任何一个结构方程模型都可以通过将外源变量视为内生变量，变成不含外源变量的模型。

（四）不含外源变量的模型

此时 $q=n=0$，模型可以写成

$$\boldsymbol{y}=\boldsymbol{\Lambda}_y(\boldsymbol{I}-\boldsymbol{B})^{-1}\boldsymbol{\zeta}+\boldsymbol{\varepsilon}$$

要估计的参数矩阵有 4 个：$\boldsymbol{\Lambda}_y$、$\boldsymbol{B}$、$\boldsymbol{\Psi}$ 和 $\boldsymbol{\Theta}_\varepsilon$。

特别地，当 $\boldsymbol{B}=\boldsymbol{O}$ 时，变成以 $\boldsymbol{y}$ 为指标的因子模型：

$$\boldsymbol{y}=\boldsymbol{\Lambda}_y\boldsymbol{\zeta}+\boldsymbol{\varepsilon}$$

四、模型识别

与因子分析和路径分析一样，结构方程分析也要考虑模型识别问题。先看一个例子。考虑图 11－1 的路径图所示的模型，方程如下：

$$\begin{aligned} y_1 &= \eta_1+\varepsilon_1 \\ y_2 &= \lambda_2\eta_1+\varepsilon_2 \\ x_1 &= \xi_1+\delta_1 \\ x_2 &= \lambda_4\xi_1+\delta_2 \\ x_3 &= \lambda_5\xi_1+\delta_3 \\ \eta_1 &= \gamma_1\xi_1+\zeta_1 \end{aligned} \tag{11.9}$$

误差方差矩阵 $\boldsymbol{\Theta}_\varepsilon$ 和 $\boldsymbol{\Theta}_\delta$ 都是对角矩阵。

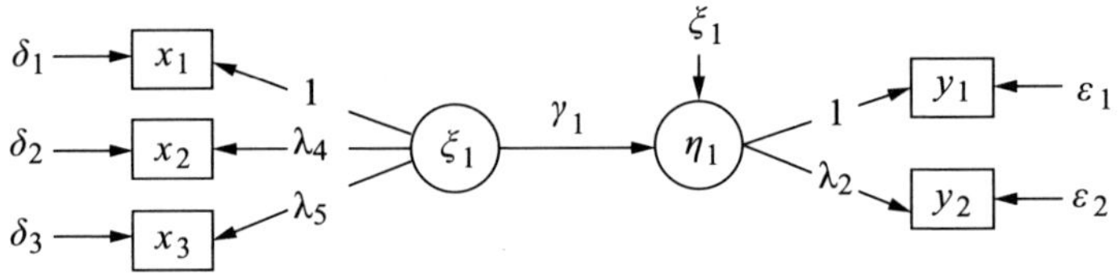

图 11－1 结构方程路径图

指标向量 $(y_1, y_2, x_1, x_2, x_3)'$ 在总体中的真实（但未知的）协方差矩阵为

$$\boldsymbol{\Sigma}=\begin{pmatrix} \text{var}(y_1) & & & & \\ \text{cov}(y_2, y_1) & \text{var}(y_2) & & & \\ \text{cov}(x_1, y_1) & \text{cov}(x_1, y_2) & \text{var}(x_1) & & \\ \text{cov}(x_2, y_1) & \text{cov}(x_2, y_2) & \text{cov}(x_2, x_1) & \text{var}(x_2) & \\ \text{cov}(x_3, y_1) & \text{cov}(x_3, y_2) & \text{cov}(x_3, x_1) & \text{cov}(x_3, x_2) & \text{var}(x_3) \end{pmatrix} \tag{11.10}$$

根据方程组（11.9）推出的总体协方差矩阵为

$$\boldsymbol{\Sigma}(\boldsymbol{\theta})=\begin{pmatrix} \gamma_1^2\phi_{11}+\psi_{11}+\theta_{\varepsilon1} & & & & \\ \lambda_2(\gamma_1^2\phi_{11}+\psi_{11}) & \lambda_2^2(\gamma_1^2\phi_{11}+\psi_{11})+\theta_{\varepsilon2} & & & \\ \gamma_1\phi_{11} & \lambda_2\gamma_1\phi_{11} & \phi_{11}+\theta_{\delta1} & & \\ \lambda_4\gamma_1\phi_{11} & \lambda_4\lambda_2\gamma_1\phi_{11} & \lambda_4\phi_{11} & \lambda_4^2\phi_{11}+\theta_{\delta2} & \\ \lambda_5\gamma_1\phi_{11} & \lambda_5\lambda_2\gamma_1\phi_{11} & \lambda_5\phi_{11} & \lambda_5\lambda_4\phi_{11} & \lambda_5^2\phi_{11}+\theta_{\delta3} \end{pmatrix} \tag{11.11}$$

模型有 11 个未知参数，即 $\boldsymbol{\theta}'=(\lambda_2, \lambda_4, \lambda_5, \gamma_1, \phi_{11}, \theta_{\varepsilon1}, \theta_{\varepsilon2}, \theta_{\delta1}, \theta_{\delta2}, \theta_{\delta3}, \psi_{11})$。如果理论模型为真，那么 $\boldsymbol{\Sigma}=\boldsymbol{\Sigma}(\boldsymbol{\theta})$。由（11.10）和（11.11）可以得到 15 个方程［一般地可以得到 $(p+q)(p+q+1)/2$ 个方程］。参数 λ_2、λ_4、λ_5、γ_1、ϕ_{11}、ψ_{11} 可由下面 6 个方程确定：

$$\gamma_1\phi_{11}=\text{cov}(x_1, y_1) \tag{11.12}$$

$$\lambda_2\gamma_1\phi_{11}=\text{cov}(x_1, y_2) \tag{11.13}$$

$$\lambda_4\gamma_1\phi_{11}=\text{cov}(x_2, y_1) \tag{11.14}$$

$$\lambda_5\gamma_1\phi_{11}=\text{cov}(x_3, y_1) \tag{11.15}$$

$$\lambda_4\phi_{11}=\text{cov}(x_2, x_1) \tag{11.16}$$

$$\lambda_2(\gamma_1^2\phi_{11}+\psi_{11})=\text{cov}(y_2, y_1) \tag{11.17}$$

由（11.14）和（11.16）可解出 γ_1：

$$\gamma_1=\frac{\text{cov}(x_2, y_1)}{\text{cov}(x_2, x_1)} \tag{11.18}$$

由（11.12）和（11.13）可解出 λ_2，由（11.12）和（11.14）可解出 λ_4，由（11.12）和（11.15）可解出 λ_5。将（11.18）代入（11.12）可解出 ϕ_{11}，将已经解出的 λ_2、γ_1 和 ϕ_{11} 代入（11.17）可解出 ψ_{11}。剩下的 5 个参数是误差方差，可以由 $\boldsymbol{\Sigma}=\boldsymbol{\Sigma}(\boldsymbol{\theta})$ 的对角线上的 5 个方程解出。所以，模型中所有 11 个未知参数都是可识别的，因而模型是可识别的。

但在一些特殊情形下，如一个样本使得 $\text{cov}(x_2, x_1)=0$，则 γ_1 没有合适的解，故不可识别。如果总体的参数是 $\gamma_1=0$，模型是不可识别的，因为这时 10 个未知参数却只有 9 个方程。

当模型不是对任何参数都可识别时，可以考虑在某个范围内的识别问题，即局部识别。如果在参数向量的一个点 θ_1 的附近不存在 θ_2 使得 $\boldsymbol{\Sigma}(\theta_1)=\boldsymbol{\Sigma}(\theta_2)$，则模型是局部可识别的（locally identified）。相对的是整体识别的概念。如果不存在参数向量 $\boldsymbol{\theta}$ 的两个不同的解 θ_1 和 θ_2，使得 $\boldsymbol{\Sigma}(\theta_1)=\boldsymbol{\Sigma}(\theta_2)$，则模型是整体可识别的（globally identified）。

下面给出一些结构方程模型识别的法则。

（一）t -法则

在结构方程模型（11.1）—（11.3）中，共有 $p+q$ 个可观测变量（即指标），可以产生 $(p+q)(p+q+1)/2$ 个不同的方差或协方差。如果理论模型成立，则由 $\boldsymbol{\Sigma}(\boldsymbol{\theta})=\boldsymbol{\Sigma}$，可以得到 $(p+q)(p+q+1)/2$ 个不同的方程。记 t 为模型中未知参数个数，则模型可识别的一个必要条件是

$$t\leqslant(p+q)(p+q+1)/2$$

（二）两步法则

将结构方程模型分成测量方程和结构方程两部分，分别进行判别。

第一步，对于测量方程部分［即（11.1）和（11.2）］，不区分外源变量和内生变量，而是将它们合在一起作为一个验证性因子模型。把所有指标都看作 $\boldsymbol{x}$ 指标，把所有因子都看作 $\boldsymbol{\xi}$ 因子，即所有变量都作为外源变量。要注意的是，凡在结构方程（11.3）中有路径相连的潜变量（因子），都是相关的。按第九章介绍的验证性因子模型识别法则进行判别。如果模型可识别，进行下面的第二步。如果模型不可识别，则说明两步法则不适用，不用往下进行第二步。

第二步，把结构方程部分［即（11.3）］看成是可观测变量之间的因果模型，即把外源和内生的潜变量视为可观测变量（没有测量误差），按第十章介绍的因果模型识别法则进行判别。

如果第一步和第二步判别的结果都是可识别的，则整个模型是可识别的。两步法则是结构方程模型可识别的一个充分条件，但不是必要条件。

对方程组（11.9）定义的模型应用两步法则。第一步，将（11.9）的前5个方程作为一个因子模型（见图11－2），有两个因子，第一个因子有2个指标，第二个因子有3个指标。由（11.9）最后一个方程知道这两个因子是相关的，由第九章介绍的判别因子模型可识别的两指标法则可知，这个模型是可识别的。第二步，将潜变量当作可观测变量时，（11.9）中结构方程是简单的直线回归方程，因而是可识别的。由两步法则，方程组（11.9）定义的整个结构方程模型是可识别的。

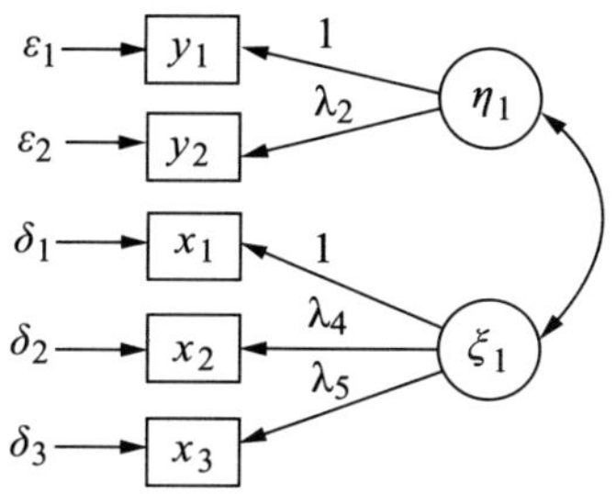

图11－2　两步法则中的第一步：因子模型示意图

Bollen（1989，p.330）给出了一个反例，说明两步法则不是必要条件。模型如图11－3（a）所示。两步法则中的第一步，是要判断图11－3（b）所示的因子模型是否可识别。该模型共有7个未知参数，其中有3个是因子的方差，3个是因子之间的协方差，还有1个是误差 ε_1 的方差，但只有3个指标，故最大可能的自由度为6，不满足 t-法则，所以因子模型不可识别。故该模型不满足两步法则。

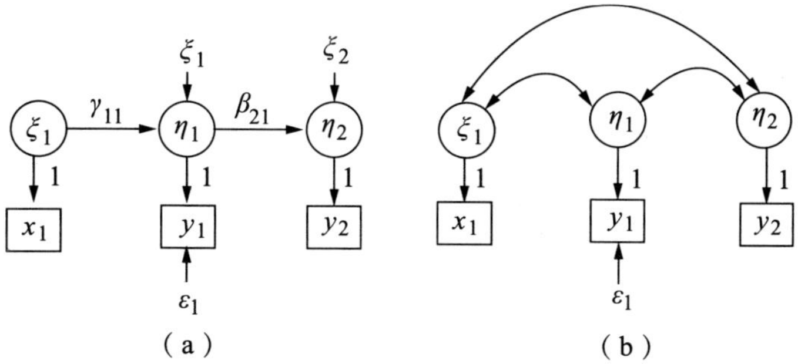

图11－3　一个不满足两步法则但可识别的结构方程模型

然而，路径图 11－3（a）所示的模型是可识别的。依路径图容易写出如下方程：

$$y_1=\eta_1+\varepsilon_1$$

$$y_2=\eta_2$$

$$x_1=\xi_1$$

$$\eta_1=\gamma_{11}\xi_1+\zeta_1$$

$$\eta_2=\beta_{21}\eta_1+\zeta_2$$

整理一下，3 个指标可以写成

$$x_1=\xi_1$$

$$y_1=\gamma_{11}\xi_1+\zeta_1+\varepsilon_1$$

$$y_2=\beta_{21}(\gamma_{11}\xi_1+\zeta_1)+\zeta_2$$

将指标的方差和协方差用参数表示，

$$\mathrm{var}(x_1)=\mathrm{var}(\xi_1)=\phi_{11} \tag{11.19}$$

$$\mathrm{cov}(x_1,\ y_1)=\mathrm{cov}(\xi_1,\ \gamma_{11}\xi_1+\zeta_1+\varepsilon_1)=\gamma_{11}\phi_{11} \tag{11.20}$$

$$\mathrm{var}(y_1)=\gamma_{11}^2\phi_{11}+\psi_{11}+\theta_{\varepsilon 1} \tag{11.21}$$

$$\mathrm{cov}(x_1,\ y_2)=\mathrm{cov}[\xi_1,\ \beta_{21}(\gamma_{11}\xi_1+\zeta_1)+\zeta_2]=\beta_{21}\gamma_{11}\phi_{11} \tag{11.22}$$

$$\mathrm{cov}(y_1,\ y_2)=\mathrm{cov}[\gamma_{11}\xi_1+\zeta_1+\varepsilon_1,\ \beta_{21}(\gamma_{11}\xi_1+\zeta_1)+\zeta_2]=\beta_{21}\gamma_{11}^2\phi_{11}+\beta_{21}\psi_{11} \tag{11.23}$$

$$\mathrm{var}(y_2)=\beta_{21}^2(\gamma_{11}^2\phi_{11}+\psi_{11})+\psi_{22} \tag{11.24}$$

由（11.19）可确定参数 ϕ_{11}，代入（11.20）可解出 γ_{11}，将 ϕ_{11}、γ_{11} 代入（11.22）可解出 β_{21}，将已求出的 3 个参数代入（11.23）可解出 ψ_{11}，进而可分别通过（11.21）和（11.24）求出 $\theta_{\varepsilon 1}$ 和 ψ_{22}。每个参数都可以求出唯一的解，因而模型是可识别的。

（三）MIMIC 法则

由于一般的模型识别问题不是一件容易的事，所以考虑一些特殊模型的识别问题是有意义的。其中一类常用的特殊模型是所谓的多指标多因（multiple indicators and multiple causes，MIMIC）模型。这是一种零 $\boldsymbol{B}$ 模型，外源变量都是可观测变量，但有内生潜变量（可以有不止一个指标）。即使是这样的一类特殊模型，其识别问题也不容易。这里只讨论 MIMIC 模型中比较简单的一种，其中的潜变量只有一个，方程如下：

$$\boldsymbol{y}=\boldsymbol{\Lambda}_y\eta_1+\boldsymbol{\varepsilon} \tag{11.25}$$

$$\boldsymbol{x}=\boldsymbol{\xi} \tag{11.26}$$

$$\boldsymbol{\eta}_1=\boldsymbol{\Gamma\xi}+\boldsymbol{\zeta}_1 \tag{11.27}$$

其中唯一的潜变量 η_1 由一个或多个指标测量，并且受一个或多个 $\boldsymbol{x}$ 变量的影响。这是一个很特殊的结构方程模型：$m=1, n=q$，并且 $\boldsymbol{\Lambda}_x=\boldsymbol{I}_q$。这个结果其实是两步法则的一个推论。因为是零 $\boldsymbol{B}$ 模型，所以在第二步中的因果模型（11.27）显然是可识别的。需要证明的是由（11.25）和（11.26）合在一起的因子模型是可识别的。不妨设 y_1 是 η_1 的尺度指标，即 $y_1=\eta_1+\varepsilon_1$，任取 η_1 的另一个指标 $y_i=\lambda_i\eta_1+\varepsilon_i$，再任取一个 $\boldsymbol{x}$ 指标 x_k。由

$$\text{var}(y_1)=\text{var}(\eta_1)+\theta_{\varepsilon 1}$$

$$\text{cov}(y_i,\ y_1)=\lambda_i\text{var}(\eta_1)$$

$$\text{var}(y_i)=\lambda_i^2\text{var}(\eta_1)+\theta_{\varepsilon_i}$$

$$\text{cov}(x_k,\ y_1)=\text{cov}(\xi_k,\ \eta_1)$$

$$\text{cov}(x_k,\ y_i)=\lambda_i\text{cov}(\xi_k,\ \eta_1)$$

$$\text{var}(x_k)=\text{var}(\xi_k)$$

显然，涉及的所有 6 个未知参数：λ_i、$\text{var}(\eta_1)$、$\text{cov}(\xi_k,\ \eta_1)$、$\text{var}(\xi_k)$、$\theta_{\varepsilon 1}$、$\theta_{\varepsilon_i}$ 都可以由 y_1、y_i、x_k 的方差和协方差唯一确定，因而都是可识别的。当 $p>2$ 或（和）$q>1$ 时，可以重复上面的做法，便可以解出所有的未知参数。

上面的 MIMIC 法则不是模型可识别的必要条件。例如，当 $p=q=1$ 时，MIMIC 模型就是通常的直线回归模型，自然是可识别的。

五、参数估计

对于一般的结构方程模型，需要用结构方程模型软件进行分析。参数估

计方法与 CFA、路径分析的一样。这里除了列出前两章已经介绍过的主要方法，也简要介绍其他几个估计方法。

（一）极大似然估计

使得拟合函数 F_{ML} 达到最小值的估计 $\hat{\boldsymbol{\theta}}$ 称为极大似然估计，简记为 ML 估计。

$$F_{ML} = \log|\boldsymbol{\Sigma}(\boldsymbol{\theta})| - \log|\boldsymbol{S}| + \mathrm{tr}[\boldsymbol{S}\boldsymbol{\Sigma}^{-1}(\boldsymbol{\theta})] - (p+q)$$

其中，$\mathrm{tr}(\boldsymbol{A})$ 表示矩阵 $\boldsymbol{A}$ 的迹，$\log|\boldsymbol{A}|$ 表示矩阵 $\boldsymbol{A}$ 的行列式的对数。$\boldsymbol{S}$ 是全部指标组成的 $(p+q)\times 1$ 向量 $(\boldsymbol{y}', \boldsymbol{x}')'$ 的样本协方差矩阵，$\boldsymbol{\Sigma}(\boldsymbol{\theta})$ 是由模型推出的协方差矩阵。假设 $\boldsymbol{S}$ 和 $\boldsymbol{\Sigma}(\boldsymbol{\theta})$ 都是正定矩阵，因而它们的行列式大于零，并且 $\boldsymbol{\Sigma}(\boldsymbol{\theta})$ 有逆矩阵。

（二）未加权最小二乘估计

使得拟合函数 F_{ULS} 达到最小值的估计 $\hat{\boldsymbol{\theta}}$ 称为未加权最小二乘估计，简记为 ULS 估计。

$$F_{ULS} = \frac{1}{2}\mathrm{tr}\{[\boldsymbol{S} - \boldsymbol{\Sigma}(\boldsymbol{\theta})]^2\}$$

$\mathrm{tr}\{[\boldsymbol{S} - \boldsymbol{\Sigma}(\boldsymbol{\theta})]^2\}$ 等于残差矩阵 $[\boldsymbol{S} - \boldsymbol{\Sigma}(\boldsymbol{\theta})]$ 中全部元素的平方和。

（三）广义最小二乘估计

使得拟合函数 F_{GLS} 达到最小值的估计 $\hat{\boldsymbol{\theta}}$ 称为广义最小二乘估计，简记为 GLS 估计。

$$F_{GLS} = \frac{1}{2}\mathrm{tr}\{[\boldsymbol{I} - \boldsymbol{\Sigma}(\boldsymbol{\theta})\boldsymbol{S}^{-1}]^2\}$$

（四）一般加权最小二乘估计

上述 ML 估计、ULS 估计和 GLS 估计都是加权最小二乘（WLS）估计的特例。使得拟合函数 F_{WLS} 达到最小值的估计 $\hat{\boldsymbol{\theta}}$ 称为加权最小二乘估计，简记为 WLS 估计。

$$F_{\mathrm{WLS}}=(\boldsymbol{s}-\boldsymbol{\sigma}^{*})'\boldsymbol{V}^{-1}(\boldsymbol{s}-\boldsymbol{\sigma}^{*}) \tag{11.28}$$

其中 $\boldsymbol{s}=(s_{11},\ s_{21},\ s_{22},\ s_{31},\ \cdots,\ s_{kk})'$ 是 $\boldsymbol{S}=(s_{ij})$ 的下三角（主对角线及其以下）元素按列顺序排列成的 $k(k+1)/2$ 维向量（$k=p+q$），$\boldsymbol{\sigma}^{*}=(\boldsymbol{\sigma}_{11}^{*},\ \boldsymbol{\sigma}_{21}^{*},\ \boldsymbol{\sigma}_{22}^{*},\ \boldsymbol{\sigma}_{31}^{*},\ \cdots,\ \boldsymbol{\sigma}_{kk}^{*})'$ 是 $\boldsymbol{\Sigma}(\boldsymbol{\theta})=(\sigma_{ij}^{*})$ 的下三角（主对角线及其以下）元素按列顺序排列成的向量，$\boldsymbol{V}$ 是一个用于加权的 $k(k+1)/2$ 阶正定矩阵。相应于 $\boldsymbol{s}=(s_{11},\ s_{21},\ s_{22},\ s_{31},\ \cdots,\ s_{kk})'$ 中元素的下标，可以将 $\boldsymbol{V}$ 表示成 $\boldsymbol{V}=(v_{gh,ij})$。如果 $v_{gh,ij}=w_{gi}w_{hj}+w_{gj}w_{hi}$，则有（Browne，1984）：

$$F_{\mathrm{WLS}}=(\boldsymbol{s}-\boldsymbol{\sigma}^{*})'\boldsymbol{V}^{-1}(\boldsymbol{s}-\boldsymbol{\sigma}^{*})=\frac{1}{2}\mathrm{tr}\{[(\boldsymbol{S}-\boldsymbol{\Sigma}(\boldsymbol{\theta}))\boldsymbol{W}^{-1}]^{2}\}$$

其中 $\boldsymbol{W}=(w_{ij})$。ULS 估计、GLS 估计和 ML 估计分别对应于 $\boldsymbol{W}=\boldsymbol{I}$、$\boldsymbol{W}=\boldsymbol{S}$ 和 $\boldsymbol{W}=\boldsymbol{\Sigma}(\hat{\boldsymbol{\theta}}_{\mathrm{ML}})$。

通常选择 $\boldsymbol{V}=(v_{gh,ij})$ 使得 $v_{gh,\ ij}$ 是 $\mathrm{Acov}(s_{gh},\ s_{ij})$ 的一致估计，其中 $\mathrm{Acov}(s_{gh},\ s_{ij})$ 为 s_{gh} 和 s_{ij} 的渐近协方差。如果所有 $k=p+q$ 个指标服从多元正态分布，则

$$\mathrm{Acov}(s_{gh},\ s_{ij})=(\sigma_{gi}\sigma_{hj}+\sigma_{gj}\sigma_{hi})/N$$

其中 $\boldsymbol{\Sigma}=(\sigma_{ij})$ 是指标的总体协方差矩阵，σ_{ij} 可以用 s_{ij} 来估计。对于一般的情形，$\mathrm{Acov}(s_{gh},\ s_{ij})$ 涉及四阶矩，这里不做介绍。

WLS 估计在有些文献中也被称为渐近无分布假设（ADF）估计。在指标不满足多元正态性假设时，从理论上说，使用 WLS 比其他方法合理，在样本容量充分大时，得到的 χ^2 值和参数的标准误比其他方法精确。

（五）对角加权最小二乘估计

将 WLS 估计的加权矩阵 $\boldsymbol{V}$ 取为对角矩阵，相应的 WLS 估计就是对角加权最小二乘（DWLS）估计。DWLS 对应的拟合函数为

$$F_{\mathrm{DWLS}}=\sum_{i=1}^{p+q}\sum_{j=1}^{p+q}v_{ij}^{-1}(s_{ij}-\sigma_{ij}^{*})^{2}$$

作为 ULS 与 WLS 之间的一个折中方法，DWLS 实际上并不常用。

(六) 工具变量估计

上面介绍的估计方法都需要用迭代法进行数值运算，在计算机运算速度不断加快的今天，迭代法在运算时间上的局限性已经不是问题。不过，迭代法需要一个初始值，在软件中，用户可以指定各参数的初始值，否则初始值由系统产生，估计方法是借助工具变量。

这里以一个简单的CFA模型说明工具变量。一个单因子模型为

$$x_1=\xi_1+\delta_1 \tag{11.29}$$

$$x_2=\lambda_{21}\xi_1+\delta_2 \tag{11.30}$$

$$x_3=\lambda_{31}\xi_1+\delta_3 \tag{11.31}$$

$$x_4=\lambda_{41}\xi_1+\delta_4 \tag{11.32}$$

其中 $\mathrm{cov}(\xi_1, \delta_i)=0, \mathrm{cov}(\delta_i, \delta_j)=0\ (i\neq j)$。由（11.29）得 $\xi_1=x_1-\delta_1$，代入（11.30）得

$$x_2=\lambda_{21}(x_1-\delta_1)+\delta_2=\lambda_{21}x_1+e \tag{11.33}$$

其中 $e=-\lambda_{21}\delta_1+\delta_2$。乍一看，（11.33）是指标 x_2 对 x_1 直线回归，可以用通常回归方法解出 λ_{21}，然而，e 与 x_1 相关，不满足通常最小二乘假定。注意到 x_3 和 x_4 与 e 都不相关，将 x_3 和 x_4 作为工具变量，由（11.33）可得

$$\mathrm{cov}(x_2, x_3)=\lambda_{21}\mathrm{cov}(x_1, x_3)$$

$$\mathrm{cov}(x_2, x_4)=\lambda_{21}\mathrm{cov}(x_1, x_4)$$

这是关于参数 λ_{21} 的矛盾方程组，将样本协方差代入，得到 λ_{21} 的最小二乘估计为

$$\lambda_{21}=\left[(s_{13}\quad s_{14})\begin{pmatrix}s_{13}\\ s_{14}\end{pmatrix}\right]^{-1}(s_{13}\quad s_{14})\begin{pmatrix}s_{23}\\ s_{24}\end{pmatrix} \tag{11.34}$$

虽然（11.34）是 λ_{21} 的一致估计，但不是有效的。下面的加权最小二乘估计在渐近意义上更加有效（Hägglund，1982）：

$$\lambda_{21}=\left[(s_{13}\quad s_{14})\begin{pmatrix}s_{33} & s_{34}\\ s_{43} & s_{44}\end{pmatrix}^{-1}\begin{pmatrix}s_{13}\\ s_{14}\end{pmatrix}\right]^{-1}(s_{13}\quad s_{14})\begin{pmatrix}s_{33} & s_{34}\\ s_{43} & s_{44}\end{pmatrix}^{-1}\begin{pmatrix}s_{23}\\ s_{24}\end{pmatrix}$$

用同样的方法可以求出 λ_{31} 和 λ_{41}，但注意工具变量要相应地变化。如求 λ_{31} 时工具变量是 x_2 和 x_4。

在有了负荷矩阵 $\boldsymbol{\Lambda}_x$ 的估计后，就可以求因子的协方差矩阵 $\boldsymbol{\Phi}$ 和误差协方差矩阵 $\boldsymbol{\Theta}_\delta$ 的估计。

（七）两步最小二乘估计

两步最小二乘（TSLS 或 2SLS）估计与工具变量密切相关。看一个简单的结构方程模型。设因变量 y 是可观测变量，自变量 ξ_1 有两个指标 x_1、x_2，ξ_2 有两个指标 x_3、x_4。从而模型的测量方程为

$$x_1 = \xi_1 + \delta_1, \quad x_2 = \lambda_2 \xi_1 + \delta_2 \tag{11.35}$$

$$x_3 = \xi_2 + \delta_3, \quad x_4 = \lambda_4 \xi_2 + \delta_4 \tag{11.36}$$

结构方程为

$$y = \alpha + \gamma_1 \xi_1 + \gamma_2 \xi_2 + \zeta \tag{11.37}$$

其中，误差项之间不相关，因子与误差项之间也不相关。由（11.35）可得 $\xi_1 = x_1 - \delta_1$，由（11.36）可得 $\xi_2 = x_3 - \delta_3$，代入（11.37）得到

$$\begin{aligned} y &= \alpha + \gamma_1(x_1 - \delta_1) + \gamma_2(x_3 - \delta_3) + \zeta \\ &= \alpha + \gamma_1 x_1 + \gamma_2 x_3 + e \end{aligned} \tag{11.38}$$

其中

$$e = -\gamma_1 \delta_1 - \gamma_2 \delta_3 + \zeta$$

虽然（11.38）只涉及可观测变量，但误差项 e 与自变量 x_1、x_3 相关，不符合通常最小二乘回归模型的假设。解决的办法是用 x_2、x_4 的函数取代（11.38）的 x_1、x_3。第一步，作 x_1 对 x_2、x_4 的最小二乘回归得到预测值 $\hat{x}_1$，做 x_3 对 x_2、x_4 的最小二乘回归得到预测值 $\hat{x}_3$。第二步，分别用 $\hat{x}_1$、$\hat{x}_3$ 代替（11.38）中的 x_1、x_3，但误差项 e 不变，即作 y 对 $\hat{x}_1$、$\hat{x}_3$ 的最小二乘回归。由于 $\hat{x}_1$、$\hat{x}_3$ 都是 x_2、x_4 的函数，与 e 无关，从而符合通常回归模型的假设，可以用最小二乘估计。这里的 x_2、x_4 即为工具变量。

六、模型评价与修正

结构方程模型的评价要综合验证性因子模型和因果模型的评价方法。前面两章已经详细介绍了评价方法，这里只给出评价结构方程模型的要点。

（1）检视所估计的参数是否恰当。如参数的符号是否符合理论构想，是否可以得到合理解释。如果方差的估计或标准误的估计出现负值，则估计是不恰当的，应当对模型进行修正。

（2）参数检验。以 Mplus 的输出结果为例，软件会给出所有自由参数的估计值、标准误和 t 值。在实际应用中，如果一个自由参数对应的 t 值小于 2，则认为该自由参数不显著，可以从模型中剔除，然后重新拟合模型。

（3）检视测定系数。测量方程和结构方程（回归方程）都有测定系数，一个方程如果测定系数很低，说明该方程意义不大，可以考虑删除该方程。

（4）检视拟合指数。拟合指数可以用来衡量模型整体拟合程度，对于拟合程度低的模型要设法进行修正。

模型修正是在模型评价的基础上进行的，过程如下：

假设模型—评价模型—修正模型—评价模型……修正模型—评价模型（确定或放弃）。

对测量方程部分的修正主要是：

（1）添加或删除因子负荷，即变动矩阵 $\boldsymbol{\Lambda}_x$ 或（和）$\boldsymbol{\Lambda}_y$。

（2）添加或删除因子之间的协方差，即变动矩阵 $\boldsymbol{\Phi}$。

（3）添加或删除测量误差之间的协方差，即变动矩阵 $\boldsymbol{\Theta}_\varepsilon$ 或（和）$\boldsymbol{\Theta}_\delta$。

对结构方程部分的修正主要是：

（4）增加或减少内生变量，分别相当于增加或减少方程，即变动矩阵 $\boldsymbol{B}$ 和 $\boldsymbol{\Gamma}$ 的行数；

（5）内生变量不变，增加或减少外源变量，即变动 $\boldsymbol{\Gamma}$ 的列数；

（6）保持内生变量和外源变量，添加或删除路径，即变动 $\boldsymbol{B}$ 或（和）$\boldsymbol{\Gamma}$ 中的自由估计的元素；

(7) 保持内生变量、外源变量和它们之间的路径不变，只修正残差的协方差，即变动 $\boldsymbol{\Psi}$。

有时候会发现，一个模型可能从一个角度看很不错，但从另一个角度看却不好。或者，模型整体上说拟合得不错，但部分方程却拟合得不好。如果修改方程，测定系数是提高了，但拟合指数却降低了。实际上，应用中几乎找不到从各个角度看都很理想的模型，我们能做的是在有理论支持的模型中找到一个相对好的折中模型。

七、标准化系数

在结构方程分析时，一般是用指标的协方差矩阵，得到的系数不是标准化系数，其大小依赖于有关变量的尺度单位。以 $x_2=\lambda_{21}\xi_1+\delta_2$ 为例，λ_{21} 表示：当 ξ_1 变化一个单位时，模型预测的在 x_2 上引起的变化是 λ_{21} 个（ξ_1 的）单位。显然 λ_{21} 同时受到 ξ_1 的单位和 x_2 的单位的影响。

还是以 $x_2=\lambda_{21}\xi_1+\delta_2$ 为例，可以变成

$$\frac{x_2}{\sqrt{\operatorname{var}(x_2)}}=\left(\lambda_{21}\frac{\sqrt{\operatorname{var}(\xi_1)}}{\sqrt{\operatorname{var}(x_2)}}\right)\frac{\xi_1}{\sqrt{\operatorname{var}(\xi_1)}}+\frac{\delta_2}{\sqrt{\operatorname{var}(x_2)}} \tag{11.39}$$

标准化后的方程记为 $x'_2=\lambda'_{21}\xi'_1+\delta'_2$，与（11.39）比较知

$$\lambda'_{21}=\lambda_{21}\sqrt{\frac{\phi_{11}}{s_{22}}}$$

其中 s_{22} 和 ϕ_{11} 分别是 x_2 和 ξ_1 的方差。其他参数标准化前后的关系可以类似得出。在 Mplus 中，标准化解（STD）指的是潜变量标准化的解，如果指标也要求标准化，则应当在结果中输出完全标准化解（STDYX）。

八、有常数项的结构方程模型

前面几节都假设了所有的潜变量和指标都是中心化变量（即均值为零），我们也可以考虑一般的模型，变量不做中心化，测量方程和结构方程都带有

常数项，模型如下：

$$\boldsymbol{y}=\boldsymbol{\tau}_y+\boldsymbol{\Lambda}_y\boldsymbol{\eta}+\boldsymbol{\varepsilon} \tag{11.40}$$

$$\boldsymbol{x}=\boldsymbol{\tau}_x+\boldsymbol{\Lambda}_x\boldsymbol{\xi}+\boldsymbol{\delta} \tag{11.41}$$

$$\boldsymbol{\eta}=\boldsymbol{\alpha}+\boldsymbol{B\eta}+\boldsymbol{\Gamma\xi}+\boldsymbol{\zeta} \tag{11.42}$$

其中，$\boldsymbol{y}$ 是由 p 个内生指标组成的 $p\times1$ 向量，$\boldsymbol{\eta}$ 是由 m 个内生潜变量组成的 $m\times1$ 向量，$\boldsymbol{\Lambda}_y$ 是 $\boldsymbol{y}$ 在 $\boldsymbol{\eta}$ 上的 $p\times m$ 因子负荷矩阵，$\boldsymbol{\varepsilon}$ 是 p 个测量误差组成的 $p\times1$ 向量，$\boldsymbol{\tau}_y$ 是 $p\times1$ 向量（$\boldsymbol{y}$ 的测量方程的常数项）；$\boldsymbol{x}$ 是由 q 个外源指标组成的 $q\times1$ 向量，$\boldsymbol{\xi}$ 是由 n 个外源潜变量组成的 $n\times1$ 向量，$\boldsymbol{\Lambda}_x$ 是 $\boldsymbol{x}$ 在 $\boldsymbol{\xi}$ 上的 $q\times n$ 因子负荷矩阵，$\boldsymbol{\delta}$ 是 q 个测量误差组成的 $q\times1$ 向量，$\boldsymbol{\tau}_x$ 是 $q\times1$ 向量（$\boldsymbol{x}$ 的测量方程的常数项）。$\boldsymbol{B}$ 是 $m\times m$ 系数矩阵，$\boldsymbol{\Gamma}$ 是 $m\times n$ 系数矩阵，$\boldsymbol{\zeta}$ 是 $m\times1$ 残差向量，$\boldsymbol{\alpha}$ 是 $m\times1$ 向量（结构方程的常数项）。模型的假设与前面中心化模型的相同。增加的参数向量除了 $\boldsymbol{\tau}_y$、$\boldsymbol{\tau}_x$ 和 $\boldsymbol{\alpha}$ 外，还有 $\boldsymbol{\xi}$ 的均值向量，记为 $\boldsymbol{\kappa}$。

由于变量是否含有均值项不影响变量之间的协方差，所以非中心化结构方程模型推出的协方差矩阵与中心化的相同［见（11.8）］。不同之处是，非中心化模型还可以推出指标的均值向量。注意到 $E(\boldsymbol{\xi})=\boldsymbol{\kappa}$，由（11.42）得

$$\begin{aligned}E(\boldsymbol{\eta})&=E[(\boldsymbol{I}-\boldsymbol{B})^{-1}(\boldsymbol{\alpha}+\boldsymbol{\Gamma\xi}+\boldsymbol{\zeta})]\\&=(\boldsymbol{I}-\boldsymbol{B})^{-1}(\boldsymbol{\alpha}+\boldsymbol{\Gamma\kappa})\end{aligned} \tag{11.43}$$

由（11.40）和（11.43）得

$$E(\boldsymbol{y})=\boldsymbol{\tau}_y+\boldsymbol{\Lambda}_y(\boldsymbol{I}-\boldsymbol{B})^{-1}(\boldsymbol{\alpha}+\boldsymbol{\Gamma\kappa}) \tag{11.44}$$

由（11.41）显然有

$$E(\boldsymbol{x})=\boldsymbol{\tau}_x+\boldsymbol{\Lambda}_x\boldsymbol{\kappa} \tag{11.45}$$

非中心化模型的参数识别比较复杂。对于中心化模型中已有的 8 个参数矩阵 $\boldsymbol{\Lambda}_y$、$\boldsymbol{\Lambda}_x$、$\boldsymbol{B}$、$\boldsymbol{\Gamma}$、$\boldsymbol{\Phi}$、$\boldsymbol{\Theta}_\varepsilon$、$\boldsymbol{\Theta}_\delta$ 和 $\boldsymbol{\Psi}$ 的识别，可以和中心化模型一样进行。新增的 4 个矩阵 $\boldsymbol{\tau}_y$、$\boldsymbol{\tau}_x$、$\boldsymbol{\alpha}$ 和 $\boldsymbol{\kappa}$ 则由（11.44）和（11.45）来识别。

再来看看本章第四节中的例子［见图 11－1 和方程组（11.9）］。非中心化的模型如下：

$$
\begin{aligned}
y_1 &= \tau_1 + \eta_1 + \varepsilon_1 \\
y_2 &= \tau_2 + \lambda_2 \eta_1 + \varepsilon_2 \\
x_1 &= \tau_3 + \xi_1 + \delta_1 \\
x_2 &= \tau_4 + \lambda_4 \xi_1 + \delta_2 \\
x_3 &= \tau_5 + \lambda_5 \xi_1 + \delta_3 \\
\eta_1 &= \alpha_1 + \gamma_1 \xi_1 + \zeta_1
\end{aligned}
\tag{11.46}
$$

由第四节知 $\boldsymbol{\Lambda}_y$、$\boldsymbol{\Lambda}_x$、$\boldsymbol{\Gamma}$、$\boldsymbol{\Phi}$、$\boldsymbol{\Theta}_\varepsilon$、$\boldsymbol{\Theta}_\delta$ 和 $\boldsymbol{\Psi}$（注意此例没有 $\boldsymbol{B}$）都是可识别的，这里只考虑常数项的识别问题。与均值有关的参数如下

$$
\begin{aligned}
E(\eta_1) &= \alpha_1 + \gamma_1 \kappa_1 \\
E(y_1) &= \tau_1 + \alpha_1 + \gamma_1 \kappa_1 \\
E(y_2) &= \tau_2 + \lambda_2(\alpha_1 + \gamma_1 \kappa_1) \\
E(x_1) &= \tau_3 + \kappa_1 \\
E(x_2) &= \tau_4 + \lambda_4 \kappa_1 \\
E(x_3) &= \tau_5 + \lambda_5 \kappa_1
\end{aligned}
\tag{11.47}
$$

注意到 γ_1、λ_2、λ_4、λ_5 由协方差识别，上面 6 个方程还有 7 个未知参数 τ_1、τ_2、τ_3、τ_4、τ_5、α_1、κ_1，因而两个潜变量 ξ_1 和 η_1 需要指定测量原点，模型才能识别（参见第九章第六节）。一种方法是将两个原点指定为零，即 $\kappa_1=0, \alpha_1=0$。另一种方法是将潜变量的单位和原点都指定为与其中一个指标相同。这里因为 η_1 与 y_1 的单位相同，所以将 τ_1 指定为零。同理将 τ_3 指定为零。这时，其余 5 个参数已经可以识别：

$$
\begin{aligned}
\kappa_1 &= E(x_1) \\
\tau_2 &= E(y_2) - \lambda_2 E(y_1) \\
\tau_4 &= E(x_2) - \lambda_4 E(x_1) \\
\tau_5 &= E(x_3) - \lambda_5 E(x_1) \\
\alpha_1 &= E(y_1) - \gamma_1 E(x_1)
\end{aligned}
$$

一般地，如果一个非中心化模型对应的中心化模型可识别，每个潜变量都指定了原点，那么这个非中心化模型也可识别。

对于参数估计，拟合函数除了包含协方差矩阵外，还包含均值向量。如极大似然估计的拟合函数为

$$F_{\mathrm{ML}}=\log|\boldsymbol{\Sigma}(\boldsymbol{\theta})|-\log|\boldsymbol{S}|+\mathrm{tr}[\boldsymbol{S}\boldsymbol{\Sigma}^{-1}(\boldsymbol{\theta})]-(p+q)+[\bar{z}-\boldsymbol{\mu}(\boldsymbol{\theta})]'\boldsymbol{\Sigma}^{-1}(\boldsymbol{\theta})[\bar{z}-\boldsymbol{\mu}(\boldsymbol{\theta})]$$

其中，$\boldsymbol{z}=(\boldsymbol{y}', \boldsymbol{x}')'$ 是全部指标组成的 $(p+q)\times 1$ 向量，$\boldsymbol{\mu}(\boldsymbol{\theta})$ 是由模型推出的 $\boldsymbol{z}$ 的均值，$\bar{z}$ 是样本均值。其他符号的含义与中心化模型的相同。

有常数项的结构方程模型在多组比较和纵向数据分析中有用。

九、多组比较

第九章中讨论了 CFA 的多组比较问题，这里只考虑因果分析和一般的结构方程分析的多组比较。和 CFA 一样，所讨论的多组样本，可以是来自不同总体的样本，也可以是同一个总体在不同时间点的样本。假设各组有相同的结构模式，即有了基准模型，其中各样本组的参数是独立估计的，组之间没有约束关系。在此基础上，主要关心的是在检验跨组不变性时，被检验的参数矩阵的顺序。虽然这个顺序与问题的实质和研究者的兴趣有关，但研究者通常最感兴趣的跨组不变性的参数顺序如下。

中心化模型：

(1) 负荷；

(2) 结构方程的路径系数；

(3) 测量误差的方差和协方差，回归残差的方差和协方差；

(4) 潜变量之间的方差和协方差。

非中心化模型：

(1) 负荷，测量方程的常数项；

(2) 结构方程的常数项和路径系数；

(3) 测量误差的方差和协方差，回归残差的方差和协方差；

(4) 潜变量之间的方差和协方差。

负荷的跨组不变性检验总是要最优先考虑的，因为此检验比较的是在各组中测量的特质（潜变量）是否相同。如果不同，就失去了进一步比较的基础。除此之外，先考虑哪个不变性检验，与所研究的问题有关。例如，除非要检验测量的信度有跨组不变性，否则就不会对误差方差和协方差的不变性检验有兴趣（Byrne，2013）。

以两组比较的中心化因果模型为例，可依次检验如下假设：

（1）$H_{\boldsymbol{B},\boldsymbol{\Gamma}}$：$\boldsymbol{B}^{(1)}=\boldsymbol{B}^{(2)}$，$\boldsymbol{\Gamma}^{(1)}=\boldsymbol{\Gamma}^{(2)}$；

（2）$H_{\boldsymbol{B},\boldsymbol{\Gamma},\boldsymbol{\Psi}}$：$\boldsymbol{B}^{(1)}=\boldsymbol{B}^{(2)}$，$\boldsymbol{\Gamma}^{(1)}=\boldsymbol{\Gamma}^{(2)}$，$\boldsymbol{\Psi}^{(1)}=\boldsymbol{\Psi}^{(2)}$；

（3）$H_{\boldsymbol{B},\boldsymbol{\Gamma},\boldsymbol{\Psi},\boldsymbol{\Phi}}$：$\boldsymbol{B}^{(1)}=\boldsymbol{B}^{(2)}$，$\boldsymbol{\Gamma}^{(1)}=\boldsymbol{\Gamma}^{(2)}$，$\boldsymbol{\Psi}^{(1)}=\boldsymbol{\Psi}^{(2)}$，$\boldsymbol{\Phi}^{(1)}=\boldsymbol{\Phi}^{(2)}$。

当有一个假设被拒绝时，后面的假设一般就不用再检验了。

附录　Mplus 编程入门

一、Mplus 零基础入门

Mplus 初学者要面对两道相对独立的门槛：第一道门槛是与统计知识无关的操作环境上手经验；第二道门槛是操作化地掌握统计概念的数学语言。在跨越第一道门槛的时候，可以先绕开第二道门槛，从复现、套用范例入手。

（一）排查疑难，复现范例

初学者可以复现运行 Mplus 安装目录中自带的示例，排查安装、运行操作环境的常见错误。如果遇到难以独立排除的障碍，建议请有经验的帮手绕过问题，避免受挫于这些与统计知识无关的障碍。这类障碍比如：32 位系统上无法安装 64 位版本（改为安装 32 位版本即可）；纯英文软件无法访问带有中文的路径名、文件名（检查完整的路径名中是否出现中文、在根目录下新建用于练习的纯英文文件目录、用英文文件名）；Mplus 安装目录缺乏足够的文件访问权限（将系统自带的示例复制到具有完整访问权限的目录下）。

（二）替换数据，套用范例

复现本书中的任何一个示例，比如数据量少、代码简洁的第四章第四节的简单回归示例。尝试如下的操作：

1. 不改变示例数据的文件名，编辑个别数据但不改变数据格式，尝试范例是否仍然可以顺利运行，得到新数据的结果。

2. 改变示例数据的内容和文件名，相应地编辑 *.inp 代码中的数据文件名，尝试范例是否仍然可以顺利运行，得到新数据的结果。

3. 改变示例数据的格式，比如替换为每行一份个案、每列一个变量的原始数据，相应地编辑 *.inp 代码中“DATA”语句，将“TYPE＝”和“NOBSERVATIONS＝”这两个语句用“!”符号改为注释，尝试范例是否仍然可以顺利运行，得到新数据的结果，与熟悉的其他统计软件比对结果。

4. 进一步改变 *.inp 代码中的变量个数，套用新的数据，尝试新的模型是否仍然可以顺利运行。

（三）Mplus 模型结果的可视化

Mplus 需要安装、更新与之搭配的（32 位或 64 位）Java，才能在运行结果的界面通过菜单 Diagram 之下的 View diagram 命令（快捷键 Alt＋D）输出模型的图示结果。在弹出的图示结果界面，还可以在菜单 View 和 Diagram 下选择图示的对象，调整图示的效果。

在图示界面，可以用鼠标右击单向箭头路径，通过弹出的 Change arrow position，在弹出的窗口选择美观的箭头路径调整方式。还可以用鼠标右击变量方框、潜变量圆圈，在弹出的命令菜单中选 Rename object，设置图示中的变量、潜变量显示的名称。如使用中文变量名称，为避免乱码，可在菜单 View 下点选 Change diagram font settings，在弹出的窗口选用中文字体（比如 SimSun 字体）。菜单 View 下常用的设置入口还有 Specify decimal places，可设置图示中数值结果的小数点位数。

二、阅读结构方程模型文献需要掌握的向量、矩阵语言

主流文献遵循若干默认写法，了解其中规则可规避错误、有助记忆。对矩阵不熟悉的读者，可参考温忠麟和刘红云（2020）著作的第一章。

(一) 结果←原因的单向箭头与协方差双向箭头

按惯例，回归方程的因变量写在等号左边，自变量的线性表达式写在等号右边。结构方程中，二者是因果关系，因变量是结果（在左边），自变量是原因（在右边）。看一个典型的结构方程式：$\eta_3 = \alpha_3 + \beta_{31}\eta_1 + \beta_{32}\eta_2 + \gamma_{32}\xi_2 + \zeta_3$，注意到截距 α_3，回归系数 β_{31}、β_{32}、γ_{32}，预测误差 ζ_3 的第一个下标都是3，跟从等号左边的结果变量 η_3 的下标；回归系数的第二个下标跟从各自原因变量的下标。相乘的两个符号，比如 $\beta_{32}\eta_2$，第一个符号的第二下标与第二个符号的第一下标匹配，不妨称为"链式咬合"。通常结构方程中，一组结果来自一组原因的多个单向箭头，每个单向箭头作为回归系数带有下标 ij，下标按惯例总是"结果 $i \leftarrow$ 原因 j"。比如前式出现的最后一个原因变量 ξ_2 的回归系数为 γ_{32}，即单向箭头"$\eta_3 \leftarrow \xi_2$"。前式出现的另外两个回归系数 β_{31}、β_{32} 也是类似的单向箭头。

此外，还包括两个特别的单向箭头：$\eta_3 = \alpha_3 \times 1 + \cdots + 1 \times \zeta_3$。第一个是截距 α_3，"$\eta_3 \leftarrow$常数 1"，只有一个下标；第二个是来自误差项的箭头，总是固定为 1。

双向箭头作为协方差，下标则无所谓顺序。结果变量之间的协方差由模型解释，不可以作为参数，所以双向箭头不会直接指向任何一个结果变量，而是指向残差项（结果变量未被解释的部分）。总之，双向箭头只能指向原因变量、误差项或者残差项。如果文献的图示中出现双向箭头指向结果变量，同时省略不画残差项圆圈，那么其实际指向的是省略的残差项，而不是结果变量。

(二) 矩阵与向量

矩阵用大写字母，矩阵元素和列向量（即只有一列的矩阵）用小写字母。矩阵维度总是写成"行数×列数"，先行数后列数。矩阵相乘，其维度也遵循"链式咬合"，比如 $\boldsymbol{\Gamma} \times \boldsymbol{\xi}$，如果用｛行数×列数｝标记出矩阵维度，即 $\boldsymbol{\Gamma}_{\{N_\eta \times N_\xi\}} \times \boldsymbol{\xi}_{\{N_\xi \times 1\}}$，乘号左边矩阵第二维度与乘号右边矩阵（或列向量）第一维度匹配。为了排版方便，列向量通常以一行元素展开写为一个行向量再加转置符号，比如 $\boldsymbol{\xi} = (\xi_1, \xi_2, \cdots, \xi_{N_\xi})'$，注意转置符号不能省略。

希腊字母 β 对应的大写希腊字母是 B，这个矩阵的维度是：N_η 行表示指向 N_η 个内生因子，N_η 列表示来自 N_η 个内生因子，每个元素表示一个回归系数。如果我们把内生因子按因前果后的顺序排序，η_i 作为结果，其原因只存在于 η_1，η_2，…，η_{i-1}。$\boldsymbol{B}$ 矩阵行、列下标相等的对角线元素及其上方的元素 β_{ij} 都固定为 0，因为行（结果）下标 $i \leqslant$ 列（原因）下标 j 与因果顺序相悖。

希腊字母 γ 对应的大写希腊字母是 Γ，标记指向 N_η 个内生因子、来自 N_ξ 个外源因子的回归系数。截距 α、来自内生因子的回归系数 β、来自外源因子的回归系数 γ 恰好是希腊字母表的前三个字母。希腊字母表第六个字母 ζ 标记这个回归方程的残差项。希腊字母表第四、五个字母分别是 δ、ε，遵循字母顺序，排在前的 δ 总是与排在前的 x 搭配，排在后的 ε 总是与排在后的 y 搭配，在结构方程的"指标←因子"测量模型中，它们也分别作为 x、y 的测量误差。

（三）结构方程模型的符号体系

初学者接触向量、矩阵符号，常见的困难是不记得它们有几行几列，是单个数值还是一组元素。这里我们特别用"$_{\{N_x \times N_\xi\}}$"这样的下标提示矩阵、向量的行数和列数。其中 N_x 是 x 指标的个数，N_ξ 是 ξ 因子的个数，以此类推。正式文献中，通常不标记这部分维度信息。

"指标←因子"的测量方程：

$$\boldsymbol{x}_{\{N_x \times 1\}} = \boldsymbol{\tau}_{x\,\{N_x \times 1\}} + \boldsymbol{\Lambda}_{x\,\{N_x \times N_\xi\}} \boldsymbol{\xi}_{\{N_\xi \times 1\}} + \boldsymbol{\delta}_{\{N_x \times 1\}}$$

$$\boldsymbol{y}_{\{N_y \times 1\}} = \boldsymbol{\tau}_{y\,\{N_y \times 1\}} + \boldsymbol{\Lambda}_{y\,\{N_y \times N_\eta\}} \boldsymbol{\eta}_{\{N_\eta \times 1\}} + \boldsymbol{\varepsilon}_{\{N_y \times 1\}}$$

如果不用向量、矩阵的写法，其中第 2 式第 2 行（假定 $N_\eta = 5$）展开写是这样的：

$$y_2 = \tau_{y_2} + \lambda_{y_{2,1}} \eta_1 + \lambda_{y_{2,2}} \eta_2 + \cdots + \lambda_{y_{2,5}} \eta_5 + \varepsilon_2$$

"因子←因子"的结构方程：

$$\boldsymbol{\eta}_{\{N_\eta \times 1\}} = \boldsymbol{\alpha}_{\{N_\eta \times 1\}} + \boldsymbol{B}_{\{N_\eta \times N_\eta\}} \boldsymbol{\eta}_{\{N_\eta \times 1\}} + \boldsymbol{\Gamma}_{\{N_\eta \times N_\xi\}} \boldsymbol{\xi}_{\{N_\xi \times 1\}} + \boldsymbol{\zeta}_{\{N_\eta \times 1\}}$$

其中第 4 行展开写是这样的（假定 $N_\xi = 2$，假定 η 因子已按照因果顺序排列）：

$$\eta_4 = \alpha_4 + \beta_{4,1}\eta_1 + \beta_{4,2}\eta_2 + \beta_{4,3}\eta_3 + \gamma_{4,1}\xi_1 + \gamma_{4,2}\xi_2 + \zeta_4$$

“因子←因子”的结构方程的残差之间的方差-协方差矩阵：

$$\mathrm{cov}(\boldsymbol{\zeta}_{\{N_\eta\times 1\}}, \boldsymbol{\zeta}_{\{N_\eta\times 1\}})=\boldsymbol{\Psi}_{\{N_\eta\times N_\eta\}}$$

其中第1行、第3列的元素是：$\mathrm{cov}(\zeta_1, \zeta_3)=\psi_{1,3}$

“指标←因子”的测量误差之间的方差-协方差矩阵：

$$\mathrm{cov}(\boldsymbol{\delta}_{\{N_x\times 1\}}, \boldsymbol{\delta}_{\{N_x\times 1\}})=\boldsymbol{\Theta}_{\delta\{N_x\times N_x\}}$$

$$\mathrm{cov}(\boldsymbol{\varepsilon}_{\{N_y\times 1\}}, \boldsymbol{\varepsilon}_{\{N_y\times 1\}})=\boldsymbol{\Theta}_{\varepsilon\{N_y\times N_y\}}$$

$$\mathrm{cov}(\boldsymbol{\delta}_{\{N_x\times 1\}}, \boldsymbol{\varepsilon}_{\{N_y\times 1\}})=\boldsymbol{\Theta}_{\boldsymbol{\delta\varepsilon}\{N_x\times N_y\}}$$

外源因子的方差-协方差矩阵与均值向量：

$$\mathrm{cov}(\boldsymbol{\xi}_{\{N_\xi\times 1\}}, \boldsymbol{\xi}_{\{N_\xi\times 1\}})=\boldsymbol{\Phi}_{\{N_\xi\times N_\xi\}},\ E(\boldsymbol{\xi}_{\{N_\xi\times 1\}})=\boldsymbol{\kappa}_{\{N_\xi\times 1\}}$$

其中$\boldsymbol{\Phi}$的第1行、第3列的元素是：$\mathrm{cov}(\xi_1, \xi_3)=\phi_{1,3}$。

在“因子←因子”的结构方程中，等号左边的因变量是内生因子；在“指标←因子”的测量方程中，等号左边的因变量是指标。它们的均值和方差-协方差都已经由这些方程组决定，不能（像外源因子的方差-协方差与均值那样）成为模型的参数。

三、Mplus 语法基础

（一）描述回归方程的关键词 ON

$\eta_3=\alpha_3+\beta_{31}\eta_1+\beta_{32}\eta_2+\gamma_{32}\xi_2+\zeta_3$ 在 Mplus 中以 ON 语句表述为：

```
eta3 ON eta1 eta2 xi2;    ！3个自变量，定义了3个回归系数
```

其中的英文字符“!”标记注释，Mplus 遇到“!”会自动忽略“!”到同一行结尾的内容。

（二）描述测量方程的关键词 BY

“因子←因子”的结构方程往往是一个因变量、多个自变量，适用 ON 语

句。"因子→指标"的测量方程往往是多个因变量（指标）、一个自变量（因子），此时采用BY语句。比如，x5、x6、x7是因子ξ_2的指标，在Mplus中以BY语句表述为：

```
xi2 BY x5 - x7;    ！定义了3个负荷参数λx52、λx62、λx72
```

附表1列出了ON与BY的对比。

附表1 Mplus中ON语句与BY语句的对比

	ON语句	BY语句
常用形式	因变量因子ON一系列自变量因子	原因因子BY一系列结果指标
因果方向	结果变量←一系列原因变量	因子→一系列指标
误差项的协方差	如有多个因变量，各残差项的协方差默认自由估计、彼此相关；适用于$\boldsymbol{\Psi}$	指标误差协方差默认固定为0；适用于$\boldsymbol{\Theta}_\delta$、$\boldsymbol{\Theta}_\varepsilon$

（三）误差项的方差-协方差、因子（或残差）的方差-协方差

测量方程误差项的方差-协方差语句、结构方程的残差项的方差-协方差语句、与（外源）因子的方差-协方差语句形式相同（可以将外源因子解读为无自变量、只有截距项的回归方程，此时外源因子方差-协方差即"只有截距项的回归方程"的残差方差-协方差）：

```
x5 - x7;              ！指标x5、x6、x7的误差方差θδ5、θδ6、θδ7
xi2;                  ！xi2（ξ2）的方差（φ22）
eta3;                 ！eta3（η3）的残差zeta3（ζ3）的方差（ψ33）
xi2 eta3;             ！以上两句可以合写为本句
xi2 WITH xi1;         ！xi2与xi1的协方差（φ21）
eta3 WITH eta1;       ！eta3残差ζ3与eta1残差ζ1的协方差（ψ31）
```

（四）截距项与外源因子均值

估计截距项的语句与估计外源因子均值的语句形式相同（可以将外源因子解读为无自变量、只有截距项的回归方程，此时截距即总体均值），放在方括号里面。

```
[x5 - x7];        ! 指标 x5、x6、x7 的截距 τ5、τ6、τ7
[xi2];            ! xi2 的均值 kappa2（κ2）
[eta3];           ! eta3（η3）的截距项 alpha3（α3）
```

（五）Mplus 如何处理不可同时识别的参数

在简单的四指标单因子 CFA 情形下，比如春夏秋冬的四次重复测量体重，以克为单位，作为四个指标 x1 - x4，每条路径固定为 1，那么因子 xi1 的单位也是克，假定因子方差估计为$(12123g)^2$。如果我们将路径改为固定到 1000，那么因子 xi1 的单位就变为千克，同时因子的标准差在读数上变为原先的千分之一，方差变为 $(12.123kg)^2$，单位 kg 是原先单位 g 的 1000 倍，彼此抵消。两种表述得到同样的再生矩阵 $\boldsymbol{\Sigma}(\hat{\boldsymbol{\theta}})$，尽管两种表述的 $\hat{\boldsymbol{\theta}}$ 在读数上彼此不同。更一般的情形下，如果我们固定因子方差为 1（没有量纲单位），四条路径彼此约束相等且自由估计，那么四个负荷的估计值就是 12123g（有量纲）。由此可见，路径与因子方差同时自由估计，就会有无数组再生矩阵等价的不同参数结果，所谓不可同时识别。附表 2 总结了两种常见的参数不可同时识别情形下 Mplus 的默认设置。

附表 2 不可同时识别情形下 Mplus 的默认设置

	Mplus 的默认固定	Mplus 的默认自由估计
负荷与外源因子的方差（或内生因子误差的方差）不能同时识别	因子第一个指标的负荷在 Mplus 中默认固定为 1；无指标因子，比如高阶因子，第一个单向路径默认固定为 1	外源因子方差-协方差在 Mplus 中默认自由估计；内生因子的残差方差默认自由估计
截距 τ 与外源因子均值 κ（或内生因子截距 α）不能同时识别	内生因子截距与外源因子均值都默认固定为 0	指标截距默认自由估计

对比一下如下的 Mplus 代码：

```
MODEL：的子命令——
xi1 BY x1 - x4；                    ! x1 的负荷固定为 1，x2 - x4 的负荷
                                      和因子方差自由估计
xi1 BY x1 *  x2 - x4； xi1@1；       ! 4 个负荷自由估计，因子方差固定为 1
xi1 BY x1 - x4 (a)；                ! x1 的负荷固定为 1，x2 - x4 的负荷
                                      自由估计且相等
xi1 BY x1 *  x2 - x4 (a)； xi1@1；   ! 4 个负荷自由估计且相等，因子
                                      方差固定为 1
xi1 BY x1 - x4 @1；                 ! 4 个负荷固定为 1
xi1 BY x1 - x4 @2；                 ! 4 个负荷固定为 2
```

Mplus 代码中的“ * ”表示自由估计；“@ 2”表示参数固定为 2；“(a) ”表示这一行未固定的所有自由估计参数都约束相等，并对估计值加标签“a”。用于标记约束相等的同一标签可以在不同的位置出现，比如：

```
xi1 BY x1 - x4 (a)；    ! x1 的负荷固定为 1，x2 - x4 的负荷自由估计且相等
eta1 ON xi1 (a)；       ! 该回归系数就等于上面的 x2 - x4 的负荷
```

在“MODEL CONSTRAINT”的子命令中，还可以对标签做非线性约束或者不等式约束，比如：

```
xi1 BY x1 - x4 (a)； x4 (b)；
MODEL CONSTRAINT：b > a^2； ! x4 的误差方差大于其负荷的平方
```

参考文献

中文文献

侯杰泰，成子娟，钟财文．(1996)．结构方程式之拟合优概念及常用指数之比较．教育研究学报（香港），*11*，73－81.

林文莺，侯杰泰．(1995)．结构方程分析：模式之等同及修正．教育学报（香港），*23*，147－162.

王权，李金波．(2002)．实证性因素分析．浙江大学出版社.

温忠麟．(2017)．实证研究中的因果推理与分析．心理科学，*40*（1），200－208.

温忠麟，侯杰泰．(2003)．心理测验中的趋中回归与超常分数重现概率．心理学报，*35*（3），419－425.

温忠麟，刘红云．(2020)．中介效应和调节效应：方法及应用．教育科学出版社.

温忠麟，叶宝娟．(2011)．测验信度估计：从 α 系数到内部一致性信度．心理学报，*43*（7），821－829.

温忠麟，侯杰泰，马什．(2003)．潜变量交互效应分析方法．心理科学进展，*11*（5），593－599.

温忠麟，侯杰泰，马什．(2004)．结构方程模型检验：拟合指数与卡方准则．心理学报，*36*（2），186－194.

温忠麟，黄彬彬，汤丹丹．(2018)．问卷数据建模前传．心理科学，*41*（1），204－210.

吴艳，温忠麟．(2011)．结构方程建模中的题目打包策略．心理科学进展，*19*（12），1859－1867.

张雷，雷雳，郭伯良．(2003)．多层线性模型应用．教育科学出版社.

英文文献

Akaike, H. (1973). Information theory and the maximum likelihood principle. In B. N. Petrov & F. Csäki (Eds.), *2nd International Symposium on Information Theory* (pp. 276—281). AkademiaiKiàdo.

Anderson, J. C., & Gerbing, D. W. (1988). Structural equation modeling in practice: A review and recommended two-step approach. *Psychological Bulletin*, *103* (3), 411—423.

Asparouhov, T., & Muthén, B. O. (2014). Multiple-group factor analysis alignment. *Structural Equation Modeling*, *21* (4), 495—508.

Bentler, P. M. (1989). *EQS, structural equations, program manual* (Version 3.0). BMDP Statistical Software.

Bentler, P. M. (1990). Comparative fit indexes in structural models. *Psychological Bulletin*, *107* (2), 238—246.

Bentler, P. M., & Bonett, D. G. (1980). Significance tests and goodness of fit in the analysis of covariance structures. *Psychological Bulletin*, *88* (3), 588—606.

Bentler, P. M., & Dudgeon, P. (1996). Covariance structure analysis: Statistical practice, theory, and directions. *Annual Review of Psychology*, *47* (1), 563—592.

Bentler, P. M., & Mooijaart, A. B. (1989). Choice of structural model via parsimony: A rationale based on precision. *Psychological Bulletin*, *106* (2), 315—317.

Bollen, K. A. (1989). *Structural equations with latent variables*. John Wiley & Sons.

Bollen, K. A., & Long, J. S. (Eds.). (1993). *Testing Structural Equation Models*. Sage.

Boomsma, A. (1983). *On the robustness of LISREL against small sample size and non-normality*. Unpublished doctoral dissertation. University of Groningen.

Boomsma, A. (1985). Nonconvergence, improper solutions, and starting values in LISREL maximum likelihood estimation. *Psychometrika*, *50* (2), 229—242.

Breckler, S. J. (1990). Applications of covariance structure modeling in psychology: Cause for concern? . *Psychological Bulletin*, *107* (2), 260—273.

Browne, M. W. (1974). Generalized least squares estimators in the analysis of covariance structures. *South African Statistical Journal*, *8* (1), 1—24.

Browne, M. W. (1984). Asymptotically distribution-free methods for the analysis of covariance structures. *British Journal of Mathematical and Statistical Psychology*, *37* (1), 62—83.

Browne, M. W., & Cudeck, R. (1989). Single sample cross-validation indices for covariance structures. *Multivariate Behavioral Research*, *24* (4), 445—455.

Browne, M. W., & Cudeck, R. (1993). Alternative ways of assessing model fit. In K. A. Bollen & J. S. Long (Eds.), *Testing Structural Equation Models* (pp. 136—162). Sage.

Byrne, B. M. (1994). Testing for the factorial validity, replication, and invariance of a measuring instrument: A paradigmatic application based on the Maslach Burnout Inventory. *Multivariate Behavioral Research*, *29* (3), 289—311.

Byrne, B. M. (2013). *Structural equation modeling with LISREL, PRELIS, and SIMPLIS: Basic concepts, applications, and programming*. 2nd ed. Psychology Press.

Campbell, D. T., & Fiske, D. W. (1959). Convergent and discriminant validation by the multitrait-multimethod matrix. *Psychological Bulletin*, *56* (2), 81—105.

Cliff, N. (1983). Some cautions concerning the application of causal modeling methods. *Multivariate Behavioral Research*, *18* (1), 115—126.

Collins, L. M., Schafer, J. L., & Kam, C. M. (2001). A comparison of inclusive and restrictive strategies in modern missing data procedures. *Psychological Methods*, *6* (4), 330—351.

Connell, J. P., & Tanaka, J. S. (1987). Introduction to the special section on structural equation modeling. *Child Development*, *58* (1), 2—3.

Cronbach, L. J. (1951). Coefficient alpha and the internal structure of tests. *Psychometrika*, *16* (3), 297—334.

Cudeck, R. (1989). Analysis of correlation matrices using covariance structure models. *Psychological Bulletin*, *105* (2), 317—327.

Cudeck, R., & Browne, M. W. (1983). Cross-validation of covariance structures. *Multivariate Behavioral Research*, *18* (2), 147—167.

Duncan, T. E., Duncan, S. C., & Strycker, L. A. (2006). *An Introduction to Latent*

Variable Growth Curve Modeling: Concepts, Issues, and Applications. Lawrence Erlbaum Associates.

Hägglund, G. (1982). Factor analysis by instrumental variables methods. *Psychometrika*, *47* (2), 209—222.

Hau, K. T. (1995). Confirmatory factor analyses of seven locus of control measures. *Journal of Personality Assessment*, *65* (1), 117—132.

Hau, K. T., & Marsh, H. W. (2004). The use of item parcels in structural equation modelling: Non-normal data and small sample sizes. *British Journal of Mathematical and Statistical Psychology*, *57* (Pt 2), 327—351.

Heywood, H. B. (1931). On finite sequences of real numbers. Proceedings of the Royal Society of London, Series A, Containing Papers of a Mathematical and Physical Character, *134* (1824), 486—501.

Hu, L. T., & Bentler, P. M. (1995). Evaluating model fit. In R. H. Hoyle (Ed.), *Structural Equation Modeling: Concepts, Issues, and Applications* (pp. 76 — 99). Sage.

Hu, L. T., & Bentler, P. M. (1998). Fit indices in covariance structure modeling: Sensitivity to underparameterized model misspecification. *Psychological Methods*, *3* (4), 424—453.

Hu, L. T., & Bentler, P. M. (1999). Cutoff criteria for fit indexes in covariance structure analysis: Conventional criteria versus new alternatives. *Structural Equation Modeling: A Multidisciplinary Journal*, *6* (1), 1—55.

Hu, L. T., Bentler, P. M., & Kano, Y. (1992). Can test statistics in covariance structure analysis be trusted? . *Psychological Bulletin*, *112* (2), 351—362.

Jöreskog, K. G. (1993). Testing structural equation models. In K. A. Bollen & J. S. Long (Eds.), *Testing Structural Equation Models* (pp. 294—316). Sage.

Jöreskog, K. G., & Sörbom, D. (1982). Recent developments in structural equation modeling. *Journal of Marketing Research*, *19* (4), 404—416.

Jöreskog, K. G., & Sörbom, D. (1989). *LISREL 7: A guide to the program and applications*. SPSS.

Jöreskog, K. G., & Sörbom, D. (1993). *LISREL 8: Structural equation modeling with the SIMPLIS command language*. Scientific Software International.

Jöreskog, K. G., & Sörbom, D. (1996). *LISREL 8: User's reference guide*. Scientific Software International.

Jöreskog, K. G., & Sörbom, D. (1999). *LISREL 8: New statistical features*. Scientific Software International.

Lance, C. E., Noble, C. L., & Scullen, S. E. (2002). A critique of the correlated trait-correlated method and correlated uniqueness models for multitrait-multimethod data. *Psychological Methods*, *7* (2), 228—244.

Lee, S., & Hershberger, S. A. (1990). Simple rule for generating equivalent models in covariance structure modeling. *Multivariate Behavioral Research*, *25* (3), 313—334.

MacCallum, R. C., Browne, M. W., & Sugawara, H. M. (1996). Power analysis and determination of sample size for covariance structure modeling. *Psychological Methods*, *1* (2), 130—149.

MacCallum, R. C., Roznowski, M., Mar, C. M., & Reith, J. V. (1994). Alternative strategies for cross-validation of covariance structure models. *Multivariate Behavioral Research*, *29* (1), 1—32.

MacCallum, R. C., Wegener, D. T., Uchino, B. N., & Fabrigar, L. R. (1993). The problem of equivalent models in applications of covariance structure analysis. *Psychological Bulletin*, *114* (1), 185—199.

Marsh, H. W. (1988). Multitrait-multimethod analyses. In J. P. Keeves (Ed.), *Educational Research Methodology, Measurement and Evaluation: An International Handbook*. Pergamon.

Marsh, H. W. (1989). Confirmatory factor analyses of multitrait-multimethod data: Many problems and a few solutions. *Applied Psychological Measurement*, *13* (4), 335—361.

Marsh, H. W. (1990). Causal ordering of academic self-concept and academic achievement: a multiwave, longitudinal panel analysis. *Journal of Educational Psychology*, *82* (4), 646—656.

Marsh, H. W. (1994). Confirmatory factor analysis models of factorial invariance: A multifaceted approach. *Structural Equation Modeling: A Multidisciplinary Journal*, *1*

(1), 5—34.

Marsh, H. W., & Bailey, M. (1991). Confirmatory factor analyses of multitrait-multimethod data: A comparison of alternative models. *Applied Psychological Measurement*, *15* (1), 47—70.

Marsh, H. W., & Balla, J. (1994). Goodness of fit in confirmatory factor analysis: The effects of sample size and model parsimony. *Quality and Quantity*, *28* (2), 185—217.

Marsh, H. W., & Hau, K. T. (1996). Assessing goodness of fit: Is parsimony always desirable? . *The Journal of Experimental Education*, *64* (4), 364—390.

Marsh, H. W., & Hau, K. T. (1998). Is parsimony always desirable: Response to Sivo and Willson, Hoyle, Markus, Mulaik, Tweedledee, Tweedledum, the Cheshire cat, and others. *The Journal of Experimental Education*, *66* (3), 274—285.

Marsh, H. W., & Hau, K. T. (1999). Confirmatory factor analysis: Strategies for small sample sizes. In R. H. Hoyle (Ed.), *Statistical Strategies for Small Sample Research* (pp. 251—284). Sage.

Marsh H. W., Balla, J. R., & Hau, K. T. (1996). An evaluation of incremental indexes: A clarification of mathematical and empirical properties. In G. A. Marcoulides & R. E. Schumacker (Eds.), *Advanced Structural Equation Modeling: Issues and Techniques* (pp. 315—353). Lawrence Erlbaum Associates.

Marsh, H. W., Balla, J. R., & McDonald, R. P. (1988). Goodness-of-fit indexes in confirmatory factor analysis: The effect of sample size. *Psychological Bulletin*, *103* (3), 391—410.

Marsh, H. W., Hau, K. T., & Grayson, D. (2005). Goodness of fit in structural equation models. In A. Maydeu-Olivares & J. J. McArdle (Eds.), *Contemporary Psychometrics: A Festchrift to Roderick P. McDonald* (pp. 225—340). Lawrence Erlbaum Associates.

Marsh, H. W., Hau, K. T., & Wen, Z. (2004). In search of golden rules: Comment on hypothesis testing approaches to setting cutoff values for fit indexes and dangers in overgeneralising Hu & Bentler's (1999) findings. *Structural Equation Modeling: A Multidisciplinary Journal*, *11* (3), 320—341.

Marsh, H. W., Wen, Z., & Hau, K. T. (2004). Structural equation models of latent interactions: evaluation of alternative estimation strategies and indicator construction. *Psychological Methods*, *9* (3), 275—300.

Marsh, H. W., Wen, Z., & Hau, K. T. (2013). Structural equation models of latent interaction and quadratic effects. In G. Hancock & R. O. Mueller (Eds.), A Second Course in Structural Equation Modeling (2nd ed., pp. 267—308). Information Age Publishing.

Marsh, H. W., Dowson, M., Pietsch, J., & Walker, R. (2004). Why multicollinearity matters: A reexamination of relations between self-efficacy, self-concept, and achievement. *Journal of Educational Psychology*, *96* (3), 518—522.

Marsh, H. W., Hau, K. T., Balla, J. R., & Grayson, D. (1998). Is more ever too much?. The number of indicators per factor in confirmatory factor analysis. *Multivariate Behavioral Research*, *33* (2), 181—220.

McDonald, R. P. (2014). *Factor Analysis and Related Methods* (digital ed.). Psychology Press. https://doi.org/10.4324/9781315802510

McDonald, R. P., & Ho, M. H. R. (2002). Principles and practice in reporting structural equation analyses. *Psychological Methods*, *7* (1), 64—82.

McDonald, R. P., & Marsh, H. W. (1990). Choosing a multivariate model: Noncentrality and goodness of fit. *Psychological Bulletin*, *107* (2), 247—255.

Micceri, T. (1989). The unicorn, the normal curve, and other improbable creatures. *Psychological Bulletin*, *105* (1), 156—166.

Mulaik, S. A., James, L. R., van Alstine, J., Bennett, N., Lind, S., & Stilwell, C. D. (1989). Evaluation of goodness-of-fit indices for structural equation models. *Psychological Bulletin*, *105* (3), 430—445.

Muthén, L. K., & Muthén, B. O. (1998—2019). *Mplus User's Guide*. Muthén & Muthén.

Namboordiri, N. K., Carter, L. F., & Blalock, H. M. (1975). Simultaneous-equation models. In N. K. Namboodiri, L. F. Carter, & H. M. Blalock. (Eds.), *Applied Multivariate Analysis and Experimental Designs* (pp. 439—532). McGraw-Hill.

Nunnally, J. C., & Bernstein, I. H. (1967). *Psychometric Theory*. McGraw-Hill.

Satorra, A., & Bentler, P. M. (1994). Corrections to test statistics and standard errors in covariance structure analysis. In A. van Eye & C. C. Clogg (Eds.), *Latent Variables Analysis: Applications for Developmental Research* (pp. 399—419). Sage.

Schumacker, R. E., & Lomax, R. G. (1996). *A Beginner's Guide to Structural Equation Modeling*. Lawrence Erlbaum Associates.

Schwarz, G. (1978). Estimating the dimension of a model. *The Annals of Statistics*, *6* (2), 461—464.

Steiger, J. H. (1989). *EzPATH: A supplementary module for SYSTAT and SYSGRAPH* [computer program]. SYSTAT.

Steiger, J. H. (1990). Structural model evaluation and modification: An interval estimation approach. *Multivariate Behavioral Research*, *25* (2), 173—180.

Steiger, J. H. (2002). When constraints interact: A caution about reference variables, identification constraints, and scale dependencies in structural equation modeling. *Psychological Methods*, *7* (2), 210—227.

Steiger, J. H., & Lind, J. M. (1980). Statistically-based tests for the number of common factors. Paper presented at the Psychometrika Society Meeting, Iowa City, May.

Stelzl, I. (1986). Changing a causal hypothesis without changing the fit: Some rules for generating equivalent path models. *Multivariate Behavioral Research*, *21* (3), 309—331.

Tanaka, J. S. (1987). "How big is big enough?": Sample size and goodness of fit in structural equation models with latent variables. *Child Development*, *58* (1), 134—146.

Tucker, L. R., & Lewis, C. (1973). A reliability coefficient for maximum likelihood factor analysis. *Psychometrika*, *38* (1), 1—10.

Van Driel, O. P. (1978). On various causes of improper solutions in maximum likelihood factor analysis. *Psychometrika*, *43* (2), 225—243.

Vandenberg, R. J., & Lance, C. E. (2000). A review and synthesis of the measurement invariance literature: Suggestions, practices, and recommendations for organizational research. *Organizational Research Methods*, *3* (1), 4—70.

Velicer, W. F., & Fava, J. L. (1987). An evaluation of the effects of variable sampling on component, image, and factor analysis. *Multivariate Behavioral Research*, *22* (2), 193—209.

Velicer, W. F., & Fava, J. L. (1989). The effects of variable and subject sampling on factor recovery. Paper presented at the Annual Meeting of the Society for Multivariate Experimental Psychology, Oahu, Hawaii, Nov.

Velicer, W. F., & Fava, J. L. (1998). Affects of variable and subject sampling on factor pattern recovery. *Psychological Methods*, *3* (2), 231—251.

Wen, Z., Marsh, H. W., & Hau, K. T. (2002). Interaction effects in growth modeling: A full model. *Structural Equation Modeling: A Multidisciplinary Journal*, *9* (1), 20—39.

West, S. G., Finch, J. F., & Curran, P. J. (1995). Structural equation models with nonnormal variables: Problems and remedies. In R. H. Hoyle (Ed.), *Structural Equation Modeling: Concepts, Issues, and Applications* (pp. 56—75). Sage.

Wothke, W. (1996). Models for multitrait-multimethod matrix analysis. In G. A. Marcoulides & R. E. Schumacker (Eds.), *Advanced Structural Equation Modeling: Issues and Techniques* (pp. 7—56). Lawrence Erlbaum Associates.

Wright, S. (1921). Correlation and causation. *Journal of Agricultural Research*, *20* (7), 557—585.

Wright, S. (1934). The method of path coefficients. *Annals of Mathematical Statistics*, *5* (3), 161—215.

Wright, S. (1960). Path coefficients and path regression: alternative or complementary concepts? . *Biometrics*, *16* (2), 189—202.

Yuan, K. -H., Wu, R., & Bentler P. M. (2011). Ridge structural equation modelling with correlation matrices for ordinal and continuous data. *British Journal of Mathematical and Statistical Psychology*, *64* (1), 107—133.

术语索引

结构方程模型文献的向量、矩阵符号详见附录。

E

F

G

H

J

K

L

M

N

P

Q

S

T

W

X

Y

Z

出版人　李　东
责任编辑　翁绮睿
版式设计　沈晓萌
责任校对　贾静芳
责任印制　叶小峰

图书在版编目（CIP）数据

结构方程模型及其应用／侯杰泰，温忠麟，成子娟著. —北京：教育科学出版社，2004.7（2023.9 重印）
（社会科学研究方法丛书/张雷，侯杰泰主编）
ISBN 978-7-5041-2816-4

Ⅰ.①结…　Ⅱ.①侯…②温…③成…　Ⅲ.线性模型：统计模型—应用—教育心理学—研究　Ⅳ.G44

中国版本图书馆 CIP 数据核字（2004）第 022475 号

社会科学研究方法丛书
结构方程模型及其应用
JIEGOU FANGCHENG MOXING JI QI YINGYONG

出版发行	教育科学出版社		
社　　址	北京·朝阳区安慧北里安园甲 9 号	**邮　　编**	100101
总编室电话	010-64981290	**编辑部电话**	010-64981167
出版部电话	010-64989487	**市场部电话**	010-64989009
传　　真	010-64891796	**网　　址**	http://www.esph.com.cn
经　　销	各地新华书店		
制　　作	北京金奥都图文制作中心		
印　　刷	唐山玺诚印务有限公司		
开　　本	720 毫米×1020 毫米　1/16	**版　　次**	2004 年 7 月第 1 版
印　　张	18.75	**印　　次**	2023 年 9 月第 16 次印刷
字　　数	257 千	**定　　价**	68.00 元